세상을 바꾼 **결단의 리더들**

위기를 기회로
바꾼 역사 속
위대한 선택

유필화 지음

세상을 바꾼 결단의 리더들

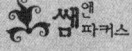

추천의 글

역사 속 패턴은 끊임없이 반복된다. 우리가 역사를 공부해야 하는 이유도 여기에 있다. 역사의 교훈을 외면하는 순간, 피할 수 있었던 실수를 되풀이하며 귀중한 자원을 낭비하게 된다. 특히 세상의 패러다임을 바꾸는 도전에는 더욱 깊은 역사적 통찰이 필요하다. 유필화 교수는 풍부한 역사 지식에 경영학자의 현실적 감각을 더한 독창적 시각으로 이 책을 집필했다. 단순한 역사서나 흔한 경영서가 아닌 저자만이 전할 수 있는 밀도 높은 지혜를 담은 귀중한 저작이다.

문휘창 | 서울과학종합대학원대학교 석좌교수, 서울대학교 명예교수, 한국 투자홍보대사

가정에서 기업, 사회, 국가에 이르기까지 규모와 대상은 달라도 경영의 기본 원리는 같다. 유필화 교수는 경영학 이론 뿐 아니라 역사적 인물 연구를 통해 기업 경영 전략을 폭넓게 탐구해왔으며, 이에 관한 여러 저서를 집필한 것으로도 잘 알려져 있다.

    나는 저자와 대학 시절부터 동기로 오랜 인연을 이어왔다. 지난해, 시골 중고등학교 학원 이사장직으로서 학생들을 위한 특강을 부탁했을 때 유필화 교수는 흔쾌히 수락해 '11인의 위인에게 배우는 경영리더십'이라는 뜻깊은 강연을 들려주었다. 이 책 또한 그런 맥락에 주요점을 두고 있다. 오늘날처럼 세상이 빠르게 변화하는 시대일수록 과거의 상황을 되살펴 보는 일은 더욱 중요해진다. 이 책에 등장하는 결단의 리더들을 통해 급변하는 시대에 앞으로 어떤 결단과 행동이 필요한지 실질적인 통찰을 얻을 수 있다.

박영안 | 태영상선(주) 회장

경영학을 공부할수록 조직의 성패는 결국 그 조직을 이끄는 리더의 역량에 달려 있음을 확인하게 된다. 국가의 흥망성쇠가 지도자의 능력에서 갈리듯, 기업의 성과도 최고경영자에 따라 좌우됨을 수없이 목격해왔다. 이처럼 조직을 성공적으로 이끄는 리더들에게는 몇 가지 공통점이 있다. 미래를 내다보는 통찰력, 권력 앞에서도 흐트러지지 않는 겸손, 조직 내외와 폭넓게 교류하는 소통 능력, 그리고 주저하지 않는 결단력이다.

유필화 교수는 이러한 특성을 지닌 역사 속 리더들 일곱 명을 선정해 그들의 리더십을 깊이 있게 분석했다. 저자는 불교 경전에서 새로운 경영학적 통찰을 찾아내고, 헤르만 지몬 교수와 함께 '히든 챔피언' 기업들을 발굴하는 등 꾸준히 독창적인 연구를 이어온 경영학계 석학이다. 이번 책에서도 역사 속 리더들의 결단을 통해 오늘의 경영에 적용할 수 있는 통찰을 친절하게 설명한다.

오랫동안 학계의 동료로서 지켜본 유필화 교수는 끊임없는 연구열과 창조적 시도로 늘 존경받는 학자다. 이 책은 경영을 공부하는 이들에게는 든든한 길잡이가, 조직의 성과를 고민하는 리더들에게는 실질적인 나침반이 되어줄 것이다.

유관희 | 고려대학교 명예교수, 전 한국경영학회 회장

유필화 교수는 경제경영 분야에서 오랜 기간 명성을 쌓아온 학자로, 여러 저서를 통해 역사 속 인물로부터 얻을 수 있는 리더십 철학을 현대 기업 경영 관점에서 살펴본 바 있다. 이번 책 역시 그 연장선에서 어려운 시기에 나라를 성공적으로 이끌었던 최고지도자들이 어떤 시대적 상황에 놓여 있었고, 어떤 덕목으로 위기를 돌파했는지 되짚는다. 이를 통해 오늘의 기업을 경영하는 리더들이 갖추어야 할 자질이 무엇인지 스스로 성찰하게 만드는, 역사적 통찰에 기반한 인문경영서로서 깊은 울림을 주는 책이다.

이용호 | 딜로이트 안진회계법인 고문, 노스웨스턴대학교 경영학 박사

경영학자로서 '히든 챔피언' 연구로 학계에 기여해온 유필화 교수는 역사와 불교까지 넘나들며 학문의 지평을 넓혀왔다. 이 책은 역사적 지도자들의 리더십을 경영적 관점에서 재해석해 생생하게 보여준다. 그중 서독의 초대 총리 콘라트 아데나워는 독일이 과거를 철저히 반성해야 미래로 나아갈 수 있다고 강조했다. 그의 현실적 외교 전략은 훗날 독일통일과 EU 확대의 기반이 되었고, 오늘날 독일을 세계의 중심국으로 이끌었다.

전쟁 가해자에서 유럽 재건의 동반자로 독일을 전환시킨 아데나워의 행적은 식민지, 전쟁, 분단을 겪으면서도 산업화와 민주화를 이룬 우리에게 중요한 교과서이며, 여전히 강대국에 둘러싸인 채 국내 갈등을 통합해야 하는 현실에도 깊은 시사점을 준다. 이번 책은 이러한 위대한 지도자들의 선택과 행동을 경영학자의 시선으로 다시 읽어내며, 저자의 인문경영 여정에 한 획을 긋는 작업이다. 리더십의 본질을 깊고 넓게 분석한 저자의 통찰이 오늘날 한국 사회가 마주한 문제를 해결하는 데 단초가 되기를 기원하며, 더 나아가 우리의 길을 비추는 또 하나의 밝은 등불을 되기를 기대한다.

김기영 | 서울대학교 경영대학 영우회 회장

차례

추천의 글 · 004
들어가면서 · 012

1장 · |겸양| 리더십은 시대를 초월하는 태도의 문제다
폐허 위에 새로운 국가를 세운 위대한 지도자 **콘라트 아데나워** · 016

독일 역사상 최악의 날 019 | 신념의 뿌리, 시련의 시작 022 | 서독의 초대 총리가 되기까지 026 | 서방 편입: 독일의 미래를 여는 선택 033 | 패전국에서 동맹의 기둥으로 038 | 라인강의 기적과 국가 재탄생 044 | 인간적인 리더의 과감한 결단 049 | 진심과 겸양을 다하여 052 | 외교정책의 근본을 뒤흔드는 사건 056 | 아데나워가 꿈꾼 평화적 통일 059 | 결단이 만든 역사적 통일 064 | 거인이 남긴 웅장한 메시지 066

2장 · |비전| 변화는 언제나 창조적 파괴를 부른다
거센 저항에도 신념을 지킨 강인한 리더 **마거릿 대처** · 072

서민의 딸에서 대영제국의 총리로 074 | 과감한 경제개혁 077 | 영국의 명예가 걸린 위기 083 | 홍콩 반환을 둘러싼 외교전 086 | 종교와 정치가 뒤얽힌 북아일랜드 갈등 089 | 냉전 절정기를 이끈 지도자 094 | 독일통일과 외교적 현실 099 | 영국의 영원한 화두: 유럽 대륙 102 | 강인한 신념과 결단력이 초래한 분열 105 | 미래의 비전을 제시한 리더 107 | 변화경영의 유산 109

3장 · |신뢰| 단호함과 유연함 사이의 균형을 지켜라
불굴의 의지로 제국을 다시 일으킨 여제 **마리아 테레지아** · 112

저항정신의 화신 115 | 언어로 제국을 지휘한 군주 120 | 결단과 개혁의 리더십 125 | 신뢰로 완성한 파트너십 129 | 왕관을 둘러싼 두 신념 132 | 양심으로 버틴 마지막 싸움 135 | 마지막까지 품위를 지킨 명군 138 | 근세 유럽의 히든 챔피언 지도자 140 | 위기를 기회로 바꾸는 지혜 142

4장 · |경청| 주의 깊게 듣고 자유롭게 이야기하게 하라
우직한 리더십으로 천하를 통일한 군주 **조광윤** · 144

평범함 속의 비범함 148 | 난세에 깨어난 영웅 150 | 준비된 자가 기회를 얻는다 155 | 새로운 황제로 태어나다 159 | 강한 줄기, 약한 가지 161 | 천하의 흐름을 듣다 164 | 검소함으로 다스린 군주 168 | 우직한 리더십의 저력 171

5장 • |공정| 마음을 얻는 것이 상책이다
감정에 치우치지 않은 신상필벌의 교본 **제갈공명** • 176

민심과 함께한 전설적인 책사 178 | 혼란을 꿰뚫을 지략가 180 | 밭을 갈고 글을 읽으며 때가 오기를 기다리다 183 | 천하를 셋으로 나누는 계책 185 | 적벽대전: 판도를 바꾼 설득의 힘 189 | 촉 건국, 전략이 현실이 된 순간 195 | 마음을 얻는 것을 상책으로 삼다 199 | 모두 두려워하면서 동시에 사랑했다 204 | 무리하지 말고 신중하게 지휘하라 209 | 준엄과 온정의 균형 212 | 적이 도망갈 길을 열어두라 213 | 원칙을 지킨 마지막 순간 219

6장 • |전략| 한순간도 현장에서 눈을 떼지 마라
전설로 남은 이집트의 마지막 여성 통치자 **클레오파트라** • 224

지식의 도시에서 태어나다 227 | 로마를 흔든 여왕의 승부수 231 | 프톨레마이오스 왕조의 영광을 되찾기 위해 234 | 전략으로 다시 쓴 운명 239 | 악티움 해전: 국가를 삼킨 결단 246 | 최후의 선택을 둘러싼 논쟁 255 | 이름이 상징이 되기까지 259 | 전략적 제휴의 두 얼굴 262

7장 • |의지| 야망은 상상을 초월하는 힘이 된다
시대를 뒤흔든 전무후무한 여걸 **측천무후** • 266

잔혹함인가 결단인가, 유일한 여제가 남긴 궤적 269 | 최하층에서 시작된 권력의 첫걸음 272 | 황후 자리를 둘러싼 피의 승부 275 | 뜻에 방해가 된다면 주저하지 않는다 279 | 타인의 입과 귀를 내 것처럼 다루다 285 | 누구를 쓰고 누구를 버릴 것인가 288 | 문화가 꽃핀 치세 292 | 결단을 움직이는 거대한 힘의 원천 294

참고문헌 • 297

들어가면서

2025년은 제2차 세계 대전이 끝난 지 그리고 우리가 일제의 압제에서 벗어난 지 꼭 80년이 되는 해다. 그간 세계는 수많은 격변을 겪었고, 지금 이 순간에도 역사는 끊임없이 전개되고 있다. 그동안 우리는 전쟁과 재건, 성장과 위기, 번영과 분열의 역사를 경험하며 수많은 결단의 장면을 목도해왔다.

인류가 살아온 총체적인 기록인 역사는 많은 것의 보물창고다. 그 안에는 교훈과 시사점, 전략과 지도력 사례, 영광과 치욕, 슬픔과 기쁨, 환호와 탄식, 아름다움과 추함 등이 뒤섞여 있다. 그러나 한편 역사는 보는 사람의 시각에 따라 다르게 보이고, 또 같은 것을 보더라도 각자의 사관史觀에 따라 해석과 깨달음이 다르다. 그럼에도 불구하고 우리가 겪어온 지난 80년뿐 아니라 인류 전체의 역사를 되돌아볼 때, 모든 사람이 동의할 수 있는 교훈이 있다. 어느 시대, 어느 나라, 어느 사회에서든 최고지도자의 자질과 그가 선택하는 전략이 역사의 전개에 엄청난 영향을 끼친다는 사실이다. 비전과 실천력을 갖춘 뛰어난 지도자가 등장했을 때, 몰락의 길을 걷던 나라는 다시 일어설 수 있었다. 반면 분명한 강점이 있더라도 전략을 잘못 쓰거나 약점을 보완하지 못하는 등 갖가지 이유로 끝내 꿈을 이루지 못한 지도자들도 수없이 많았다. 더 나아가 애초부터 역량이 부족한 지도자가 혈연 등의 요인으로 스스로 감당하기 힘든 높은 자리에 앉게 되면 결과는 그야말로 파탄이다.

이런 사실을 생각하면 역사를 제대로 공부하는 것이 얼마나 중요한가를 새삼 깨닫게 된다. 1953년 5월 영국, 미국에서 온 교환학생이 제2차 세계 대전의 영웅 윈스턴 처칠Winston Churchill에게 이런 질문을 던졌다. "리더십이라는 도전에 맞서려면 어떤 준비를 해야 할까요?" 처칠은 강한 어조로 이렇게 대꾸했다. "역사를 공부하세요. 국가 통치의 모든 비결은 역사 속에 있습니다." 처칠 자신도 역사를 열심히 공부하였으며, 좋은 역사책을 쓰기도 했다. 그는 자신이 어떤 역사적 맥락 속에서 전쟁을 하고 나라를 이끌어가고 있는지를 잘 이해하는 훌륭한 지도자였다.

중국 삼국시대 오吳나라의 장수 여몽呂蒙도 흥미로운 예다. 그는 전투 능력이 탁월해 진급을 거듭하여 장군의 지위에 올랐지만, 젊은 시절 가난한 집안 형편 탓에 학문을 익힐 여유가 없어 학문적 교양이 부족했다. 예로부터 중국에서는 지도자라면 반드시 학문적 교양을 갖추어야 한다는 인식이 뿌리 깊었다. 아무리 전쟁을 잘하고 정치적 수완이 뛰어나더라도 학문적 교양이 없으면 경멸당하는 풍토였다. 여몽도 세간의 멸시를 피할 수 없었다.

그래서 어느 날 손권이 여몽을 불러 무엇보다도 역사를 공부할 것을 강력히 권했다. 그때 손권이 여몽에게 추천한 책들은 《손자병법孫子兵法》을 비롯한 병법서와 《사기史記》 등의 역사서였다. 장군인 여몽에게 병법서를 권하는 것은 당연한 일이었지만, 그 밖에 역사서를 권한 까닭은 무엇일까?

그것은 역사야말로 훌륭한 지도자에게 꼭 필요한 통찰력과 선견지명을 익히는 데에 더할 나위 없는 길잡이이기 때문이다. 손권의 조언으로 열심히 공부한 여몽은 힘으로 싸우는 장수에서 지략으로 싸우는 전략가로 멋지게 변신했다고 전해진다.

나 역시 젊은 시절 경영학자로 훈련을 받으며 비교적 이른 시기에 역사 공부의 중요성을 깨달았다. 그리고 1990년대 후반부터 주로 역사와 고전에 바탕을 둔 여러 인문경영서를 출간해왔다. 그 과정에서 나는 결단은 시대를 움직이고, 리더는 그 결단으로 세상을 바꾼다는 확신에 이르렀다. 오늘날 리더들은 역사 속 리더들의 발자취를 통해 지금 시점에 자신에게 가장 필요한 결단이 무엇일지 고민해볼 수 있다.

이 책에서 다루는 일곱 명의 지도자들 또한 오늘을 살아가는 우리에게 많은 교훈과 시사점을 던져준다. 엄청나게 어려운 상황에서 나라를 지키거나 일으킨 지도자도 있고(아데나워, 대처, 테레지아), 평범함이 오히려 무기가 되어 큰 업적을 이룩한 지도자도 있다(조광윤). 그런가 하면, 뛰어난 지략가이면서도 상황이 여의치 않아 결국 좌절하고 만 지도자도 있고(제갈공명), 여성이라는 이유로 무시받아야 했던 시대에 황제의 자리까지 오른 지도자도 있다(측천무후).

이렇듯 각기 다른 시대와 환경 속에서 그들은 저마다의 결단으로 세상을 바꿨다. 그들의 이야기를 통해 우리는 리더십의 본질이 무엇인지, 그리고 한 사람의 선택이 얼마나 큰 변화를 일으키는지를 다시금 깨닫게 된다. 수많은 자료를 바탕으로 한 이 책을 통해 내가 독자들과 공유하고 싶은 궁극적인 교훈은 이 한마디다. "숭고한 역사 앞에서 우리는 아무리 겸손해도 지나치지 않다."

끝으로 이 책을 집필하는 과정에서 도움을 주신 많은 분들께 감사드린다. 특히 기수경, 김경욱, 임나경 씨는 적지 않은 분량의 원고를 깔끔히 타이핑, 편집, 교정해주었다. 그리고 나의 아내 이기향은 공동 작업하는 우리를 위해 온갖 정성을 기울여 이 프로젝트가 잘 마무리될 수 있도록 최선을 다했다. 이 네 분에게 이 자리를 빌려 진심으로 깊은 고마움의 뜻을 전한다.

유필화

1장

|겸양|

리더십은 시대를 초월하는 태도의 문제다

폐허 위에 새로운 국가를 세운 위대한 지도자
콘라트 아데나워

1945년 5월 8일은 세계의 강국 독일 역사를 통틀어 최악의 날이었다. 그날의 의의는 세 가지로 요약된다.

- 1939년 9월 1일, 독일의 폴란드 침공으로 시작된 제2차 세계대전이 5년 8개월 만에 유럽 전선에서 끝났다.*
- 전쟁을 일으킨 나치 정권이 몰락했다.
- 1871년 1월 18일 수립된 통일 독일 체제가 74년 만에 무너졌다.

---

* 1945년 5월 8일 유럽 전선에서의 전쟁은 종결되었지만, 태평양 전선에서는 일본이 1945년 8월 15일 항복하기 전까지 전투가 계속되었다.

독일 국방군의 '무조건항복'으로 끔찍한 전쟁은 종지부를 찍었다. 그때 독일은 온 나라가 쑥대밭이었다. 베를린, 함부르크, 뮌헨, 프랑크푸르트, 쾰른 등 대도시는 물론 수많은 중소 도시까지 연합군의 폭격과 치열한 시가전으로 폐허가 되었다. 전쟁으로 인한 독일군 전사자는 약 325만 명, 민간인 희생자는 약 244만 명에 이르렀는데, 전쟁 직전인 1939년 독일 인구가 6931만 명으로 추산되니 인구의 8.2퍼센트가 전쟁으로 목숨을 잃은 셈이다. 여기에 부상자를 포함하면 전체 인명 피해는 훨씬 더 컸다.

소련군이 점령한 독일 동부 지역에서 탈출한 수많은 피난민이 서쪽으로 몰려들었으며,* 강제 노동에 시달리던 수백만 명의 전쟁 포로와 외국인 노동자는 해방과 함께 귀환을 준비했다. 항복한 독일군들은 포로수용소에 수감되었고, 가족을 잃거나 행방을 모르는 부녀자와 아이들이 거리를 헤매고 있었다. 한때 막강한 군사력과 경제력을 자랑하던 독일은 주권을 잃고 미국, 소련, 영국, 프랑스가 나누어 통치하는 신세가 되었다.

---

* 독일군이 소련에서 자행한 학살과 약탈로 누적된 분노가 폭발하며, 전쟁 말기 소련군은 독일 동부에 보복을 가했다.

독일 역사상 최악의 날

폐허로 끝난 이 전쟁의 비극은 지도자의 오판에서 비롯되었다. 12년 전 히틀러가 정권을 장악한 순간, 독일의 운명은 이미 파국으로 향하고 있었다. 1933년 1월 30일, 바이마르 공화국을 무너뜨리고 정권을 잡은 아돌프 히틀러Adolf Hitler와 나치당은 패망할 때까지 12년 내내 '독일 민족의 통일'*을 부르짖었다. 그러나 1945년 봄, 나치가 비참하게 무너졌을 때 독일인들은 다시 통일된 국가 안에서 살 수 있을지조차 미지수였다. 독일의 몰락은 단순히 전쟁의 패배 때문만은 아니었다. 히틀러 정권은 전쟁을 일방적으로 일으켰을 뿐 아니라, 그 과정에서 인간의 존엄을 철저히 짓밟는 범죄를 저질렀다. 약 600만 명의 유대인을 학살했고, 수많은 포로와 민간인을 살해했으며, 점령지에서 이들을 강제로 끌고 와 혹독한 환경에서 군수품 생산을 강요했다. 이러한 만행으로 독일은 세계인의 기억 속에 '극악한 패륜 국가'로 각인되었다.

한마디로 독일은 군사적, 정치적, 경제적, 외교적, 도덕적으로 완전히 몰락했고, 전 세계로부터 철저히 외면당한 절망 속에서 종전을 맞이했다. 독일인들은 미래가 전혀 보이지 않던 1945년 5월 8일

---

* 나치가 내세운 정치 슬로건으로, 독일어 원문은 'Die nationale Einheit der Deutschen'이다. 독일인의 단결을 내세워 주변국 침략과 영토 확장을 정당화하는 명분으로 사용되었다.

을 '0시Stunde Null'라 불렀다.

그러나 독일에는 폐허 속에서 나라를 다시 일으킨 리더가 있었다. 서독 초대 총리 콘라트 아데나워Konrad Adenauer가 총리직에서 물러나 한 명의 시민으로 돌아간 1963년, 독일(당시 서독)은 이미 전쟁 직후와는 완전히 달라져 있었다. 정치적으로는 자유민주주의 체제를 확립하며 대내적인 안정과 평화를 누리고 있었고, 경제적으로는 '라인강의 기적'*을 통해 세계 굴지의 경제 대국으로 부상했다. 외교적으로는 자유 서방 세계의 당당한 일원으로 자리매김하며 세계 평화와 유럽 통합에 크게 기여했다. 서독은 1955년 북대서양 조약기구North Atlantic Treaty Organization, NATO에 가입했고, 1957년 유럽공동시장European Common Market, EEC을 창립한 여섯 나라 가운데 하나였으며, 공산 진영을 제외한 다수 국가와 수교했다. 비록 독일을 원수의 나라로 여기는 이스라엘과는 국교를 맺지 못했으나, 1953년 5월 18일 서독 의회가 유대인 보상법인 '연방보상법Bundesentschädigungsgesetz'을 통과시키며 화해를 위한 진지한 노력을 기울였다.

또한 전쟁 중 소련군을 피해, 혹은 전쟁 후 현지인들의 박해와 공산 독재를 피해 1200만~1400만 명에 이르는 독일계 피난민 대

---

* '라인강의 기적'은 한국에서 통용되는 표현으로, 독일 내에서는 '경제 기적(Wirtschaftswunder)'이라 부른다.

부분이 서독으로 이주했다. 1949년 10월 7일 독일민주공화국(동독)이 건국된 이후, 1961년 8월 13일 베를린장벽이 세워지기 전까지 약 280만 명의 동독 시민이 공산 정권을 피해 서독으로 이주했으며, 이들 역시 서독 사회에 마찰 없이 편입되었다. 또한 방대한 사회 통합 작업을 성공적으로 수행했다.

그 무렵 이탈리아, 그리스, 터키를 비롯한 많은 나라의 노동자들이 서독에 일하러 오기를 희망했고, 전 세계의 수많은 젊은이들이 독일의 대학교에서 공부하거나 유학을 꿈꿨다. 전쟁으로 나라가 완전히 파괴되고, 한때 가장 부도덕한 국가로 낙인찍혔던 독일이 20년도 채 되지 않아 전 세계가 흠모하는 일류 명품 국가로 거듭난 것이다. 그 기적 같은 위업을 일궈낸 이가 바로 콘라트 아데나워다. 그는 폐허 위에서 다시 일어선 신생 독일연방공화국의 초대 총리로서 온갖 난제를 냉철한 전략과 현실적인 리더십으로 풀어냈다.

두 차례의 세계 대전과 동서 냉전이라는 거대한 시련 속에서, 20세기는 수많은 걸출한 정치지도자를 배출했다. 미국의 프랭클린 루스벨트Franklin Roosevelt와 해리 트루먼Harry Truman, 영국의 윈스턴 처칠, 프랑스의 샤를 드골Charles de Gaulle 등도 모두 뛰어난 정치가였지만, 아데나워만큼 완전히 붕괴된 조국을 이끌어야 하는 처지는 아니었다. 이렇게 최악의 나락에 떨어진 나라를 국제사회에서 존경받는 민주국가이자 경제 대국으로 탈바꿈시킨, 그야말로 20세기 최고의 정치지도자다. 1장에서는 아데나워가 어떻게 이토록 어려운 과제를 해결했는지, 그리고 그가 일관되게 추진한 전략과 지도력의 핵심은 무엇인지 살펴본다.

신념의 뿌리, 시련의 시작

아데나워는 오토 폰 비스마르크Otto von Bismarck의 '철혈정책Eisen und Blut'*으로 독일이 제국으로 통일된 지 불과 5년 뒤인 1876년 1월 5일 쾰른에서 태어났다. 하급 공무원이었던 그의 아버지 요한과 삯바느질로 생계를 도운 어머니는 모두 자녀 교육에 큰 정성을 쏟았다. 특히 부모는 아들에게 가톨릭의 신앙과 도덕적 가치관을 심어주고자 노력했는데, 그 결과 그는 어린 시절부터 죄의식과 사회적 책임, 그리고 신앙이 개인의 삶에 지니는 의미를 깊이 인식하며 성장했다.

그는 쾰른과 멀지 않은 곳에 위치한 본대학교에서 법학을 전공한 뒤, 집안의 전통을 이어 공무원의 길을 택했다. 1904년 쾰른 시청에서 관리 생활을 시작한 그는 5년 뒤 수석 부시장에 올랐고, 1917년 마침내 쾰른 시장으로 취임했다. 시장으로서의 명성은 날

---

* 1862년 비스마르크가 자유주의자들의 반대를 무시하고 무력에 의한 통일을 제창한 정책이다.

로 높아져 1926년에는 당시 바이마르 공화국의 베를린 중앙정부가 그를 총리로 영입하려는 논의까지 있었다. 비록 당사자들 간의 협상이 결렬되며 성사되지는 않았으나, 이는 그가 그동안 얼마나 훌륭한 명성을 쌓아 왔는지를 잘 보여주는 일화다.

그러나 1933년 1월, 히틀러가 집권하면서 아데나워의 정치적 시련이 시작되었다. 히틀러는 정치적 입지를 강화하기 위해 3월 5일 총선거*를 실시하고, 의회에 사실상 법치주의를 중단시키는 악법 '전권위임법Ermächtigungsgesetz'을 통과시켜 달라고 요구했다. 아데나워는 히틀러의 요청에 공개적으로 반대하며 세 가지 행동에 나섰다.

- 쾰른 시장 자격으로 참여한 프로이센 상원에서 전권위임법에 반대표를 던졌다.
- 선거 기간 중 쾰른 공항에 나가 히틀러를 영접하라는 제의를 거부했다.
- 선거 직전, 쾰른 시내의 모든 다리와 공공기념물에서 나치 깃발을 철거하라고 지시했다.

---

* 나치당이 정권을 완전히 장악하기 전, 형식상 마지막 자유선거였다.

이 일련의 조치는 히틀러의 즉각적인 보복을 불러왔고, 그는 선거 직후 시장직에서 해임되었다. 신변의 위협을 느낀 아데나워는 쾰른에서 남쪽으로 약 80킬로미터 떨어진 마리아 라흐 수도원으로 국내 망명을 했다. 그곳에서 그는 주로 당대의 두 교황(레오 13세와 비오 11세)이 반포한 교서를 깊이 연구했는데, 가톨릭의 가르침을 현대 정치와 사회에 어떻게 적용할지 고민하는 내용이었다. 두 교황은 특히 산업화로 성장한 노동자 계급의 삶과 권리에 가톨릭이 어떻게 대응해야 하는가에 대해 깊은 관심을 보였다. 아데나워는 이 교서 속에서 자신의 정치적 신념과 부합하는 사상을 발견했다.

- 정치적 정체성보다 기독교인으로서의 정체성을 우선시한다.
- 공산주의와 사회주의를 배척한다.
- 계급 갈등을 겸양과 기독교적 자선 활동으로 완화한다.
- 시장의 자유경쟁을 보장한다.

하지만 그는 마리아 라흐에 오래 머물 수 없었다. 그를 보기 위해 몰려든 인파와 크리스마스 미사 참석이 나치 당국의 눈에 띄면서 수도원이 압력을 받았기 때문이다. 결국 1934년 1월, 아데나워는 어쩔 수 없이 마리아 라흐 수도원을 떠났다.

그 후 전쟁이 끝날 때까지 아데나워의 11년은 불안정으로 가득 차 있었다. 언제 체포될지 모르는 상황 속에서 목숨이 위태로운 순간도 적지 않았다. 특히 1944년 7월 20일 히틀러 암살 시도*가 실패로 돌아간 뒤 히틀러가 무자비한 정치 보복을 시작하자, 그는 한곳에 머무르지 못한 채 여러 곳을 전전하며 피신해야 했다. 그러나 그에게 법치주의는 '근대국가의 필수 조건'이었기에, 그는 어떤 상황에서도 법치주의를 짓밟은 히틀러를 용서하지 않았다.

아데나워는 널리 알려진 반정부 인사였지만, 나치 정권을 전복하려는 비밀 조직은 성공할 가능성이 매우 낮다고 판단해 가담하지 않았다. 대신 가족과 함께 최대한 눈에 띄지 않게 조용히 생존을 이어갔다. 그럼에도 불구하고 1944년 가을, 나치 정권은 결국 그를 체포해 감옥에 가두었다. 그는 두 달 동안 수감 생활을 하며 그 안에서 여러 차례 처형 장면을 목격했다. 한번은 열여섯 살 소년이 무참히 처형되는 모습을 직접 본 적도 있고, 위층에서는 고문당하는 수감자들의 비명소리가 끊임없이 들려왔다. 다행히 독일군에 복무 중이던 아들 막스의 노력 덕분에 간신히 석방될 수 있었다.

1945년 2월, 미군 탱크가 쾰른을 포함한 라인란트 지역에 진주하자 마침내 아데나워는 다시 세상을 마주했다. 그는 군사적으로도, 경제적으로도, 정치적으로도 완전히 몰락한 조국을 바라보며 자신이 무엇을 해야 할지를 고민하기 시작했다.

---

* '발키리 작전(Operation Valkyrie)'이라 불리는 이 사건은 육군 대령 클라우스 폰 슈타우펜베르크(Claus von Stauffenberg)가 주도한 정권 쿠데타였다.

서독의 초대 총리가 되기까지

1944년 7월, 히틀러는 자신을 암살하려 한 세력을 철저히 숙청했는데 그 여파로 전후 독일을 이끌 만한 유력 지도자 상당수가 희생되었다. 사회민주당 출신 가운데 경륜을 갖춘 몇몇 정치가가 살아남았으나 사회민주당은 독일의 무조건항복에 따른 각종 징벌을 이행하는 데 필요한 대중적 지지를 확보할 만큼 기반이 탄탄하지 않았다. 반면 미국을 중심으로 영국, 프랑스 등 서방 진영*의 승전국들의 신뢰를 얻으려면 항복과 징벌의 성실한 이행이 필수였다.

1945년 5월, 쾰른을 점령한 미군은 아데나워를 다시 쾰른 시장으로 복귀시켰다. 그러나 그는 점령군의 간섭 없이 독일인이 도시 재건을 주도해야 한다는 입장이었다. 곧 쾰른이 영국군 관할 구역으로 편입되면서 영국 당국과 마찰을 빚게 되었고, 결국 얼마 후 영국은 그를 해임했다. 이로써 그는 한동안 정치 활동에서 배제되었지만, 다가올 독일 자치 정부 출범에 대비해 조용히 기반을 다지는 데 주력했다.

같은 해 12월, 아데나워는 가톨릭과 개신교 인사들이 주축이 되

---

* '서방 진영'은 단순히 지리적 의미의 서유럽이 아니라, 미국을 중심으로 한 자유민주주의 국가들의 세력 전체를 가리켰다. 반대편의 '동방 진영'에는 소련을 비롯한 공산주의 국가들이 속했다.

어 새 정당 창당을 논의하는 모임에 참석했다. 이 자리에는 그가 쾰른 시장 시절 속했던 가톨릭중앙당, 보수 성향의 독일민족당, 자유주의를 지향했던 독일민주당의 옛 지도자들이 함께했다. 이들 중 상당수는 히틀러에 반대했고 일부는 그로 인해 투옥되기도 했다. 지난 12년 동안 혹독한 시련과 독일의 무조건항복은 그들에게 커다란 충격을 안겨주었고, 다시는 그 과거를 반복하지 않으려 마음을 모았다.

이날 참석자들은 향후 어떤 정치 노선과 이념을 채택할지 아직 확고한 합의를 이루지 못한 상태였다. 따라서 첫 모임에서는 새 정당의 기본 골격을 정하지 않고, 우선 정당 명칭을 '기독민주당(기민당)'으로 확정하고 모임을 마무리 지었다. 이듬해 1월부터 아데나워는 기민당의 정체성을 본격적으로 확립했다. 그가 구상한 기민당의 정치 노선은 다음과 같았다.

- 자유와 법치를 보장하는 철저한 민주주의를 확립한다.
- 전통적 가치와 개인의 책임을 중시하는 사회적 보수주의를 지향한다.
- 전쟁 재발을 막기 위해 유럽 통합을 추진한다.
- 나치 정권으로 대표되는 과거와 단절하고 새로운 도덕적 질서를 세운다.
- 공산주의를 비롯한 모든 형태의 전체주의를 배격한다.

1946년 1월 22일과 23일, 영국군 점령지 헤르포르트 시청에 기민당 지도자 스물여섯 명이 모였다. 아데나워는 이 자리에서 기민당의 정치 철학을 더 정교하게 다듬었고, 사실상 새 정당의 당수로서 입지를 굳혔다. 이 과정에서 그는 유머를 활용한 뛰어난 정치 감각을 발휘했다. 회의 초입, 의장석이 비어 있자 아데나워는 이렇게 말하며 앞으로 걸어갔다. "나는 1876년 1월 5일에 태어났으니, 아마 이 자리에서 가장 나이가 많을 것입니다. 이의가 없다면 최고령자로서 의장을 맡겠습니다."

웃음과 함께 찬성의 박수가 터져 나왔고, 그때부터 아데나워는 전후 독일을 대표하는 친서방 보수정당을 15년 넘게 이끌었다. 1946년 3월 26일, 그는 전쟁 후 처음으로 쾰른대학교 대강당에서 대중 연설을 열어 관중들에게 물었다. "어떻게 나치가 정권을 잡을 수 있었습니까?" 이어 히틀러 치하 독일의 행태를 강하게 비판했다. "독일인들은 그들이 저지른 끔찍한 죄악을 직면하고 과거를 철저히 반성해야만 더 나은 미래로 나아갈 수 있습니다." 그는 과거에 대한 성찰이야말로 독일 재건을 위한 필수 전제 조건이라 판단했다.

아데나워의 이 연설은 독일 정치사의 전환점을 이루는 중요한 선언이었다. 이러한 관점에서 제2차 세계 대전 이후 독일의 태도는 제1차 세계 대전 직후와는 정반대여야 했다. 더 이상 "이길 수도 있었는데 아쉽게 졌다"는 민족주의가 아니라, 유럽 통합의 틀 안에서 미래를 개척해야 했다. 헨리 키신저Henry Kissinger는 이러한 아데나워의 철학을 '겸양의 전략'이라 명명했다.*

문화사적으로 독일은 오랫동안 로마 교황청과 가톨릭을 중심으로 한 서구의 일부였다. 이 지역에서는 일찍이 정치와 종교가 분리되고, 영주와 귀족 사이에서 권력 분립이 이루어졌다. 르네상스 시대의 인본주의, 종교개혁, 계몽주의로 이어지는 해방의 흐름도 이 지역에서 전개되었는데, 독일도 이러한 서양사의 큰 물결에 결정적으로 이바지했다. 그러나 계몽주의가 낳은 정치 이념**에 대해서만은 독일의 엘리트들이 끈질기게 저항했다. 1914년 제1차 세계대전이 발발하자, 독일 지식인들은 프랑스 혁명이 내세운 자유, 평등, 박애에 대항해 '1914년의 이념'***이라 불리는 반서구적 민족주의 사상을 내세웠다. 1933년부터 1945년까지 이어진 나치 통치는 이 사상이 극단에 달한 시기였다. 끔찍한 경험을 거친 뒤에야 지식인들은 서구의 정치 이념을 받아들였고, 서양의 일원으로 확립하려는 노력을 상징적으로 보여주는 이가 콘라트 아데나워다. 그런 의미에서 서방 편입 정책은 그의 국가 전략의 핵심이었다.

독일은 유럽의 중앙이라는 지정학적 위치를 이용해 때때로 동

---

* Henry Kissinger, 《Leadership: Six Studies in World Strategy》, 2022.
** 1776년 미국 혁명과 1789년 프랑스 혁명이 주창한 인권의 불가침성, 주권재민, 대의민주주의, 법치주의, 삼권분립.
*** '군부가 뒷받침하는 강한 국가', '민족공동체', '독일식 사회주의'를 예찬하는 사상이었다.

방의 러시아와 기회주의적으로 관계를 맺었다. 1918년 3월 3일, 브레스트-리토프스크에서 독일제국은 신생 소비에트 러시아 정부(소련)와 단독 강화 조약을 맺었고, 1922년 4월 16일 바이마르 공화국은 라팔로에서 러시아 혁명 이후 최초로 소련과 우호 조약을 체결했다.* 1939년 8월 23일에는 나치 독일이 모스크바에서 소련과 독·소 불가침 조약을 체결하며 동유럽 분할을 비밀리에 약속했었다. 아데나워와 기민당은 이러한 관행을 철저히 단절하고, 국내에서는 기독교 정신에 기초한 민주주의를, 대외적으로는 서구(특히 미국)와의 외교, 안보 관계를 강화하는 방향으로 나아갔다.

1946년에 들어서 독일은 정치와 경제 재건을 시작했다. 기초 지방선거를 시작으로 주의회 선거와 연방의회 선거를 차례로 치르면서 독일인들은 점차 정치와 행정의 책임을 회복했다. 1947년 1월 미국과 영국은 각자의 점령 지역에서 산업 생산, 무역, 세금 정책 등을 공동으로 운영하기 시작했고, 이듬해 프랑스가 합류하면서 서방 3국 점령 지역은 공동 경제권으로 발전했다.

마침내 1949년 5월 23일, 무조건항복 4년 만에 새로운 헌법이 제정되었다. 독일인들은 이를 통일될 때까지의 임시 헌법으로 보았기 때문에 '헌법'이 아닌 '기본법'이라 명명했다. 기본법 제1조 1항

---

* 브레스트-리토프스크 조약은 독일과 러시아 간의 전쟁을 종결한 강화 조약으로, 협력 관계라기보다 러시아의 영토 양보를 강요한 불평등한 조약이었다.

은 당시의 정신을 분명히 드러낸다. "인간의 존엄성은 침해될 수 없다. 이를 존중하고 보호하는 것은 모든 국가 권력의 의무다." 그날 기본법 제정과 함께 신생 국가 독일연방공화국이 공식 출범했고, 그해 8월 14일 첫 의회 선거가 실시되었다.

1949년 여름 선거전은 짧지만 격렬했다. 본질적으로 아데나워와 사회민주당(사민당)의 쿠르트 슈마허Kurt Schumacher의 대결이자, 시장경제와 계획경제를 가르는 승부였다. 사민당은 나치 정권 붕괴 이후 보수 세력에 대한 불신 여론, 경제 파탄 속에서 고조된 계획경제에 대한 기대, 저항 운동의 상징이었던 슈마허의 도덕적 권위와 대중적 신뢰에 힘입어 손쉬운 승리를 예상했다. 하지만 아데나워가 내세운 사회적 시장경제 노선이 국민의 지지를 얻어 기민당과 기독사회당 연합이 31퍼센트를 득표해 승리했고, 사민당은 29.2퍼센트에 그쳤다. 그리고 9월 15일, 아데나워는 독일연방공화국의 초대 총리로 선출되었다.

그는 총리로 선출되기 전 기본법을 제정한 제헌평의회의 의장으로서 본을 임시수도로 정하는 데 영향력을 행사했다. 전쟁 피해가 적고 라인강변의 조용한 대학 도시인 본을 선택하여, 이는 '임시수도'이며 서독은 통일을 지향하는 잠정적 국가임을 상징적으로 강조하기 위함이었다. 이리하여 서독이 탄생했고 아데나워가 초대 총리가 되었지만, 패전국의 주권은 여전히 제한적이었다. 실질적 최고 권력은 미국, 영국, 프랑스가 쥐고 있었고, 각국은 자국의 고등판무관high commissioner*을 통해 권한을 행사했다. 따라서 고등판무관들과 서독 정부 사이의 긴장 관계는 불가피했다. 1949년 9월 21일, 첫 내각 각료들과 함께 연합군 최고위원회가 있는 본 근교 페테스베르크를 방문했다. 각료들을 세 명의 고등판무관에게 소개하기 위해서였다. 그는 원래 고등판무관만 밟도록 되어 있는 양탄자를 당당히 밟고 입장했는데, 이러한 상징적 결단을 통해 신생국 서독이 이제 연합국 세 나라와 동등한 지위에 있음을 과시한 것이었다.

아데나워는 총리직 수락 연설에서 패전의 결과인 국토 분단을 받아들이고, 현재 서독을 점령중인 미국, 영국, 프랑스와 동맹을 맺겠다고 천명했는데, 그들은 과거의 적국에게 주권을 온전히 돌려주는 것을 주저하고 있었다. 따라서 그의 외교 목표는 승전국이 여전히 서독을 동등한 국가로 인정하지 않던 제한된 조건에서, 패전으로 사기가 바닥난 나라를 어엿한 민주 독립국가로 국제사회에 등장시키는 것이었다. 이는 다음 네 가지 주요 요소로 구성되어 있었다.

- 패전의 결과를 겸허히 수용한다.

---

* 영국 연방 국가 및 국제기구에서 외교사절이나 최고 대표 지위를 가진 관직.

- 승전국들의 신뢰를 회복한다.
- 자유와 법치에 기반한 민주사회를 건설한다.
- 유럽의 역사적 분열을 초월할 수 있는 연합체를 창설한다.

서방 편입: 독일의 미래를 여는 선택

1947년 6월 5일, 당시 미국 국무장관이자 제2차 세계 대전 육군참모총장이었던 조지 마셜George C. Marshall 장군은 하버드대학교에서 이렇게 연설했다. "우리의 정책 목표는 자유로운 제도가 존재할 수 있는 정치, 사회적 여건을 조성하기 위해 세계 경제를 부흥시키는 것입니다." 이 연설은 이후 '마셜 플랜'*으로 구체화되어 전후 서독이 이뤄낸 경제 기적의 밑거름이 되었다.

이처럼 미국이 주도한 서방 진영의 경제 부흥 전략은 아데나워의 외교 비전과 맞닿아 있었다. 세계 무대에서 독일의 입지를 다시 확보하기 위해서는 서방 진영과의 협력, 그중에서도 미국과의 관계 강화가 성공의 열쇠였다. 1949년, 아데나워는 집권 직후부터 이를 외교의 최우선 과제로 삼았다. 당시 미국 국무장관이던 딘 애치

---

* 정식 명칭은 '유럽부흥계획(European Recovery Program, ERP)'으로, 미국이 전후 유럽의 경제 회복을 돕고 공산주의 확산을 방지하기 위해 추진한 대규모 원조 정책이다.

슨Dean Acheson은 아데나워를 만나 그의 비전에 깊은 감명을 받았으며, 훗날 자신의 회고록 《창조의 현장에서Present at the Creation》에 이렇게 적었다. "그의 지대한 관심사는 독일을 완전히 서유럽에 편입시키는 것이었다. 실로 그는 불행하게 분단된 독일의 통일보다 서방 편입에 더 주안점을 두었다."

아데나워의 또 다른 핵심 목표는 프랑스와의 화해였다. 제2차 세계 대전 이후 프랑스는 독일이 다시 전쟁을 일으킬까 두려워하며 독일의 산업 기반을 약화시키려 했다. 특히 석탄과 철강 산업의 중심지였던 자르 지방을 실질적으로 통치하려 했는데, 이는 독일의 재무장을 막고 자국의 안보를 확보하려는 조치였다.

그러나 아데나워는 이 문제를 단순한 경제적 이익이나 안보 전략의 문제가 아니라 양국 간 신뢰와 윤리적 책임으로 인식해, 억압과 불신으로는 진정한 평화를 이룰 수 없다고 보았다. 그래서 서독 총리 취임 직전인 1949년 7월, 그는 프랑스 외무장관 로버트 슈만Robert Schuman에게 정책을 재고해달라는 편지를 보냈다. "제가 판단하기에는 이웃 나라의 공장들을 해체하고 그 일부를 받음으로써 프랑스가 얻는 경제적 이익은, 독일 국민들의 사기를 떨어뜨림으로써 생기는 커다란 피해에 비하면 아무것도 아닙니다." 그러면서도 패전국 처지에서 연합국의 신뢰를 얻는 것이 우선이었기 때문에, 국민들에게는 연합국이 추진하는 산업시설 해체와 같은 징벌적 조치에 협조하는 것이 유일한 슬기로운 길임을 강조했다.

독일이 다시 힘을 되찾으려면 결국 협상과 신뢰를 통해 새로운 관계를 쌓는 수밖에 없었다. 아데나워는 처음부터 상대국에게 신뢰를 요구하거나 즉각적인 변화를 기대하지 않았고, 승전국들이 독일에 품은 편견이 하루아침에 완전히 사라질 수 없다는 현실을 잘 알고 있었다. 그렇기에 신뢰는 오랜 시간에 걸쳐 천천히 쌓아갈 수밖에 없다고 굳게 믿었다.

아데나워의 신중하고 현실적인 외교 전략은 곧 효과를 드러냈다. 1949년 11월, 연합국은 독일의 공장 해체 규모를 줄이고 그해 창립된 유럽 평의회에 서독이 가입할 수 있는 방안을 논의하자고 제안했다. 이어서 1950년 3월, 유럽 평의회는 독일연방공화국을 준회원으로 초대했다.

두 달 후인 1950년 5월 9일, 슈만은 독일을 프랑스에 결속시키기 위해 '슈만 계획'을 발표했다. 이 계획은 유럽석탄철강공동체European Coal and Steel Community, ECSC의 창설로 이어졌는데, 겉보기에는 석탄과 철강이라는 두 전략물자의 공동시장을 구축하려는 경제 협정으로 보였지만, 실제로는 유럽 국가들이 전쟁을 되풀이하지 않도록 하는 정치적 장치였다. 슈만은 그 정치적 목적을 이렇게 표현했다. "이 협정이 체결되면 독일과 프랑스의 전쟁은 상상할 수 없을 뿐만 아니라 물질적으로도 불가능합니다."

2주 후인 1950년 5월 23일, 아데나워는 슈만에게 보낸 편지에서 비슷한 뜻을 전했다. "우리의 작업은 기술적이나 경제적 측면만 고

려해서는 안 됩니다. 반드시 윤리적 기반 위에 놓여야만 성공할 수 있습니다."*

1951년 3월 19일 ECSC 협정이 가조인되었고 이듬해 1월 서독 연방의회는 찬성 378표, 반대 143표로 협정을 정식으로 비준했다. 공동체 출범 이후 독일의 철강과 석탄 생산량은 꾸준히 증가했다. 아데나워는 총리로 취임한 지 불과 2년 만에 서독을 유럽 통합이라는 거대한 프로젝트에 참여시키는 데 성공한 셈이었다.

물론 처음에는 이 공동체가 독일에 불리한 조치처럼 보였다. 석탄과 철강은 독일의 핵심 산업이자 군수 생산의 근간이었는데, 그 관리권을 국제기구에 넘기는 것은 산업 주권의 일부를 포기하는 일이었다. 그러나 아데나워는 산업 통제의 일부를 양보하더라도, 독일이 유럽의 신뢰를 회복하고 국제사회로 다시 받아들여지는 것이 더 중요하다고 판단했다. 그는 ECSC 참여를 통해 독일이 더 이상 전쟁의 가해자가 아니라 유럽 재건의 동반자로 자리매김할 수 있다고 믿었다.

프랑스와 영구적 화해를 이루려는 아데나워의 노력은 1963년 1월 22일, 파리 엘리제 궁전에서 프랑스 대통령 드골과 '엘리제 조약'에 서명하며 화려한 결실을 맺었다. 이 조약이 성립한 것 자체가

---

* Henry Kissinger, 《Leadership: Six Studies in World Strategy》, 2022.

거의 기적에 가까웠는데, 오랜 세월 적으로 마주했던 두 인물이 진심으로 손을 맞잡았기 때문이다.

사실 두 사람의 신뢰는 이미 몇 해 전부터 쌓이고 있었다. 1958년 9월 14일, 드골은 서독 총리 아데나워를 프랑스 북서부 콜롱베레되제글리즈의 자택으로 초대해 하룻밤 묵도록 제안했다. 드골은 그 어떤 외국 지도자에게도 이런 초대를 한 적이 없었다. 그는 직접 현관으로 나와 아데나워를 맞이했고 배석자 없이 단둘이서 대화를 (주로 독일어로) 나누었다. 이 자리에서 구체적인 협정이 논의된 것은 아니었으나, 드골은 세력 균형과 유럽 통합을 위해 양국이 더욱 긴밀한 관계를 구축해야 한다고 제안했다. 또한 과거 숙적이었던 독일이 국제사회에서 본래의 위상을 회복할 수 있도록 돕겠다고 약속했다. 그 대신 독일이 네 가지 조건을 충족해줄 것을 요구했다.

- 현재의 각국 간 국경, 특히 독일과 폴란드의 국경을 인정한다.
- 핵무장을 완전히 포기한다.
- 동유럽 국가들과의 관계에서 우호적 태도를 보인다.
- 독일통일을 위해 끈질긴 인내를 유지한다.

드골과 아데나워의 친밀한 관계가 유럽 통합의 근간으로 평가받는 엘리제 조약의 성립을 가능하게 한 중요한 요인이었음은 두말할 나위가 없다.

패전국에서 동맹의 기둥으로

제2차 세계 대전이 끝나면서 소련과의 냉전이 본격화되자, 미국은 영국, 캐나다, 프랑스 등 11개국과 함께 1949년 4월 4일 집단군사동맹인 나토를 창설했다. 전후 독일은 동쪽은 소련, 서쪽은 미국, 영국, 프랑스가 나누어 점령하며 양 진영이 맞닿은 접경지였다. 서방은 독일 서부가 공산 진영에 넘어가면 유럽 전체가 무너질 것이라고 보았고, 따라서 서독은 공식적으로 군사동맹에 가입하지 않았더라도 서방의 방위선 안에 포함되어야 했다.

이 기구를 탄생시킨 북대서양조약의 제5조는 "한 회원국에 대한 공격은 회원국 전체에 대한 공격으로 간주한다"라고 명시한다. 당시 독일연방공화국은 군대도 없고 나토 회원국도 아니었지만, 서독의 영토는 처음부터 나토의 실질적 보호 대상에 속했다. 나토의 핵심 목적은 소련의 서진西進을 막는 데 있었고, 그 첫 관문이 바로 서독이었다. 그리하여 1949년, 서독이 수립된 뒤에도 미국, 영국, 프랑스 군대가 주둔하며 소련 침공 시 서독을 방어하는 전초기지 역할을 했다.

1950년 6월 25일, 한국전쟁이 발발하자 서방 세계는 공산 진영의 확장이라는 거대한 도전에 직면했다. 당시 미국 대통령 해리 트루먼은 유럽 동맹국들의 간청에 부응하여 제2차 세계 대전의 영웅 드와이트 아이젠하워Dwight D. Eisenhower 장군을 나토 총사령관으로 임명했다. 아이젠하워 장군은 유럽을 방어하려면 30개 사단, 약 45만 명의 병력이 필요하다고 주장했지만, 서독이 병력 제공에 참여하지 않는다면 아이젠하워가 제안한 수준의 규모를 확보할 방법이 없었다.

불과 몇 해 전 독일군과 치열하게 싸웠던 기억이 생생한 승전국들은 이제 서독이 서방 방어에 군사적으로 기여해야 한다는 생각을 쉽게 받아들이기 어려웠다. 그래서 처음에는 서독 방위를 위해 필요한 병력을 다른 나라들이 제공해야 한다고 주장했으나, 곧 서독의 참여 없이는 유럽 방위를 보장할 수 없다는 결론에 도달했다. 아데나워 역시 유럽의 안정을 위해 서독의 재무장은 반드시 필요하다고 확신했다.

1950년 8월, 미국과 영국은 서독의 재무장을 공식 제안했으나, 지난 전쟁에서 독일군의 지배를 받았던 프랑스는 이 제안을 달가워하지 않았다. 독일의 재무장은 프랑스 안보에 직접적인 위협이 될 수 있었기 때문이다. 같은 해 10월, 프랑스 총리 르네 플레방Rene Pleven은 서독이 독자적으로 군대를 갖는 대신 유럽 여러 나라의 병력을 통합해 공동 지휘체계 아래 두자는 방안을 내놓았다. 이 구상은 훗날 유럽방위공동체European Defence Community, EDC로 구체화되었다.

1952년, 프랑스의 제안을 바탕으로 서독군을 포함한 다국적 유럽군을 창설하기 위한 EDC 조약 초안이 마련되었다. 그러나 나치 시절의 악몽을 생생히 기억하는 독일인들에게 서방 진영의 일원으로서 재무장의 필요성을 설득하는 일은 결코 쉽지 않았고, 아데나워가 이 초안을 지도자들에게 공개하자 격렬한 논쟁이 벌어졌다. 개신교는 공식적으로 서독 재무장 반대 의사를 밝혔으며 서독의 여러 도시에서도 반대 시위가 일어났다.

이런 상황에서 소련의 이오시프 스탈린Joseph Stalin은 EDC 창설과 서독의 재무장을 저지하기 위해 교묘한 독일통일 카드를 꺼내 들었다. 1952년 3월 10일, 스탈린은 외상 직무대행 안드레이 그로미코Andrei Gromyko를 통해 모스크바 주재 미국, 영국, 프랑스 대사들에게 독일통일 협상을 제안하는 각서, 이른바 '스탈린 노트'를 전달했다. 여기에서 스탈린은 통일된 독일이 군사 동맹에 가입하지 않고 완전한 중립국으로 존재해야 한다고 주장했다. 또한 전독일 자유선거를 실시해 민주적으로 정부를 구성하고, 외국군 주둔을 금지하며, 통일 독일과 연합국이 평화조약을 체결한다는 내용도 담았다.

이는 표면상 평화적 통일 제안처럼 보였으나, 실상은 서독의 나토 편입을 막으려는 외교적 술책이었다. 서방 진영은 이를 소련의 분열공작으로 판단했는데, 스탈린의 제안은 서독을 서방 진영에 묶어두려는 정책과 정면으로 충돌했기 때문이다. 아데나워는 이를 즉시 간파하고 "아무도 서방과 서독 사이를 갈라놓을 수 없다"라고 공언했다. 그는 서독이 이런 거짓 제스처에 조금이라도 반응을 한다면, 그동안 어렵게 쌓아온 서방과의 신뢰 관계가 흔들릴 것이라 확신했다. 당시 서독은 아직 완전한 주권국이 아니었기에 그의 발언이 직접적인 영향을 미치진 못했으나 아데나워의 단호한 태도는 서방 국가들이 소련의 평화 공세에 대응하는 데 큰 도움이 되었다. 이로써 아데나워는 서방 세계에서 더욱 신뢰받는 동반자로 자리매김했고, 서독의 서방 편입은 한층 더 확실해졌다.

1952년 5월 26일, 스탈린의 노트 문제가 일단락되자 아데나워는 EDC 조약 문서에 서명했다. 그러나 두 차례의 세계 대전에서 독일에 큰 피해를 입은 프랑스로서는 오랫동안 고통을 안긴 나라의 군대와 함께 방위공동체를 구성한다는 생각을 받아들이기 어려웠고, 프랑스 의회는 역사적 불신을 이유로 조약 비준을 거부했다. 결국 1954년 8월 30일, 프랑스 의회의 부결로 플레방 계획은 무산되었다. 크게 실망한 아데나워는 그날을 '유럽 암흑의 날'이라고 불렀다.

EDC가 좌절된 뒤에도 아데나워는 포기하지 않았다. 1952년 11월, 미국 대통령으로 당선된 아이젠하워는 유럽 통합과 공동 방위를 중시함으로써 소련의 팽창을 저지하고, 동시에 독일을 유럽 안에 묶어둘 수 있다고 판단했다. 즉 소련과 독일 중 어느 한쪽도 유럽 대륙을 지배하지 못하도록 균형 구도를 형성하려 한 것이었다. 아이젠하워는 영국의 앤서니 이든Anthony Eden 외상과 함께 EDC 조약의 수정안을 마련했다. 독일이 무조건항복한 지 10년도 지나지 않아, 나토는 서독을 포함한 여러 회원국의 군대로 구성되게 되었다.

1953년 4월, 아데나워는 처음으로 미국을 공식 방문했다. 알링턴 국립묘지의 '무명 용사의 무덤 Tomb of the Unknown Soldier'을 찾은 그는 말할 수 없는 감정에 휩싸였다. 검정, 빨강, 금색으로 이루어진 서독 국기가 게양되고, 그가 무덤으로 걸어가자 스물한 발의 예포가 발사되었다. 미군 군악대가 서독 국가를 연주하자 그의 한 동료의 눈에 감격의 눈물이 맺혔고, 아데나워 자신도 깊은 감명을 받았다. 1945년 5월의 총체적 파국부터 미국 국립묘지에서 독일국가가 울려 퍼지는 1953년에 이르기까지의 여정은 참으로 길고 험난했다.

아데나워는 남은 임기 동안 군국주의의 망령이 되살아나지 않도록 주의하면서 서독연방군을 확실히 육성했다. 그가 총리직에서 물러난지 1년이 지난 1964년 초, 서독연방군은 41만 5천 명의 장교와 사병으로 이루어진 막강한 군대로 성장했다. 서독연방군은 '나토의 창끝'이라 불리며 소련의 재래식 공격으로부터 서유럽을 지키는 방어의 핵심축으로 자리 잡았고, 독일연방공화국이 국제무대에 다시 당당히 설 수 있도록 하는 든든한 버팀목이 되었다. 서독연방군의 존재는 새로운 독일이 대서양 동맹에서 신뢰를 받고 있으며, 공동 방위에 책임감 있게 기여하고 있음을 실감나게 보여주었다.

나토에 적극적으로 공헌하며 연합국들의 신뢰를 단단히 얻은 아데나워는 그 힘을 바탕으로 승전국들의 독일 점령 체제를 완전히 종식시키려 했다. 1954년, 그는 나토에 정식 회원국으로 가입하며 1949년 4월 10일부터 서독 지역에 적용되어 온 점령 규정을 폐기하기 위해 자르 지방 문제를 1957년까지 유보하기로 합의했다. 프랑스는 이 지역을 계속 점령해 중립 보호령으로 유지하길 원했으나, 아데나워는 우선 독일의 주권 회복을 이루는 것이 더 중요하다고 판단했다. 복잡한 협상 과정 끝에 서독 의회는 1955년 2월 두 조약을 모두 비준했고, 1955년 5월 5일 이 조약들이 발효되면서 독일연방공화국은 전후 처음으로 완전한 독립국의 지위를 회복했다.

6년 전 아데나워가 총리로 선출되었을 때는 연합국 고등판무관 회의의 승인을 받아야만 정식으로 취임할 수 있었다. 그러나 이제는 고등판무관 회의도, 고등판무관도 존재하지 않았다. 점령 규정을 평화롭고 신속하게 폐기한다는 그의 첫 번째 위대한 과제는 이렇게 완수되었다. 아데나워는 자신의 집무실이 있는 샤움부르크 궁전의 계단 위에 서서 곳곳의 정부청사에 게양되는 서독 국기를 물끄러미 바라보며 감상에 젖었다. 아데나워는 전후의 분단과 전쟁 피해 보상, 점령 규정의 제약 속에서도 서독의 국제적 지위를 더욱 공고히 다져나갔고, 외교 현안이던 자르 문제도 그의 바람대로 해결되었다. 프랑스는 자르 지방을 사실상 자국의 일부로 묶는 자르 규정을 제안했지만, 1955년 10월 23일 실시된 주민투표에서 대다수가 독일계였던 유권자 가운데 67.7퍼센트가 이를 거부했다. 프랑스가 자르 지방 주민들의 의사를 존중하며 협상에 나선 결과, 자르는 '자를란트'라는 이름으로 서독의 열 번째 주로 편입되었다. 자칫 양국 관계의 불씨가 될 수 있었던 분쟁이 아데나워의 외교력으로 평화롭게 마무리되었다.

라인강의 기적과 국가 재탄생

아데나워의 재임 기간 중 '라인강의 기적'으로 불리는 서독의 극적인 경제 부흥만큼 세계인의 주목을 받은 일도 드물다. 패전국 독일은 급속한 경제 성장에 힘입어 경제적 승자로 등극했다. 1950년대에 서독의 국민총생산은 약 세 배가 늘었으며, 국가의 주도로 매년 50만 채 이상의 주택이 건설되었다. 이러한 주택의 지속적인 대량 공급이 사회 안정과 피난민들의 정착에 크게 이바지했음은 두말할 나위도 없다. 실업률도 계속 줄어들어 급기야 1959년에는 완전 고용이 달성되었다. 1958년, 서독은 미국 바로 다음의 경제 대국으로 성장했다. 마셜 플랜으로 서독이 받은 약 15억 달러의 경제 원조는 경제 재건의 마중물이었으며, 제조업, 상업, 농업 분야에 의도적으로 세금 혜택을 준 정책은 경제를 일어서게 하는 데 결정적인 도움이 되었다. 서독은 경제 성장과 함께 복지 제도를 확립하면서 복지국가의 기틀을 마련했다.

그러나 아데나워 정권 시절의 경제장관 루트비히 에르하르트 Ludwig Erhard는 '경제 기적의 아버지'로 불릴 만큼 경제 발전에 크게 공헌했는데, 선거에서 그의 구호는 '모두를 위한 복지'였다. 이 구호는 몇 년 지나지 않아 많은 이들에게 현실이 되었다. 1957년에 도입된 임금연동형 연금 덕분에 노인들은 노후 걱정을 할 필요가 없게 되었다. 즉, 임금이 오르면 그에 맞춰 연금도 상승하는 제도가 정착되면서 서독은 노인들에게 안정된 삶을 보장하는 나라가 된 것이다. 번창하는 경제는 신생국가 서독의 민주주의를 안정시키는 데 결정적으로 기여했고, 대중들도 민주주의를 마음속으로 받아들이게 되었다. 루트비히 에르하르트는 입이 닳도록 이렇게 말했다. "독재와 국가 주도 경제가 짝을 이루듯이, 민주주의와 자유경제는 함께 갑니다."

이 시절 아데나워 정부는 독일 경제를 '사회적 시장경제'*라는 말로 표현했는데, 이는 공산 진영의 계획경제보다 훨씬 효율이 높은 시장경제의 장점을 부각하는 동시에 사회적 조화도 꾀한다는 취지를 담은 개념이었다. 우리말로는 '따뜻한 자본주의'라 번역할

---

* '사회적 시장경제'라는 용어 자체는 1947년에 당시 뮌스터대학교 교수였던 알프레드 뮐리아르막(Alfred Müller-Armack)이 자신의 논문에서 처음 쓰기 시작했다.

수 있다. 동서 냉전, 전후의 극심한 가난과 혼란, 서방 경제의 성장이 조건으로 주어져 있던 시대에 '사회적 시장경제'는 거의 이상적인 경제모델이었고, 독일 사회는 이 체제를 사실상 아무런 저항 없이 광범위하게 받아들였다.

1960년대 중반까지 매년 6퍼센트 이상 지속적으로 성장한 서독 경제의 놀라운 부흥을 설명하려면 한국전쟁의 효과까지 이야기해야 한다. 멀리 극동에서 일어난 이 전쟁은 독일의 강점인 기계, 차량, 전자, 화학제품의 수요를 급격히 증가시키면서 한국전쟁의 혜택을 톡톡히 누리게 했다.

그 밖에도 독일의 경제 성장을 도운 내외부 요인들이 많았다. 서독이 건국되기 전인 1948년 6월 18일, 서방 군정 당국은 서독 지역에서 과감한 화폐 개혁을 단행하여 옛 통화 라이히스마르크를 폐기하고 독일 마르크를 도입했는데, 도입 당시 과소평가된 덕분에 수출을 빠르게 대량으로 늘릴 수 있었다. 아울러 경쟁 국가인 미국은 군사적 의무로, 영국과 프랑스는 전후 식민지 독립 전쟁으로 막대한 국방비를 지출해야 했지만, 패전국 독일은 군사 부담이 없어 경제 발전에만 매진할 수 있었다.

또한 옛 동방 진영 영토에서 도망친 피난민들이 대거 이주해오면서 서독은 다른 어떤 나라보다 숙련된 노동력을 보유하게 되었다. 모든 것을 고향에 두고 온 그들의 생존 욕구가 얼마나 강했을지는 쉽게 짐작할 수 있다. 1952년 8월 제정된 '부담 조정법Lastenausgleichsgesetz'*은 이들을 경제 기적 과정에 참여시키고 큰 혼란 없이 서독 사회에 통합되도록 하는 데 큰 도움을 주었다. 더불어 1961년 8월 13일 동독이 기습적으로 베를린 장벽을 쌓기 전까지는 젊고 숙련된 동독 노동자들이 계속해서 서독 노동 시장에 합류하였다. 또한 베르너 아벨스하우저Werner Abelshauser를 필두로 한 전후 여러 학자들이 경제 기적 현상을 연구한 결과, 전쟁과 공장 해체로 완전히 파괴된 듯 보였던 독일의 산업 기반이 실제로는 상당 부분이 유지되어 있었다.

끝으로, 미국이 주도한 자유무역 환경 조성을 빼놓을 수 없다. 독일의 경제 성장을 가장 극적으로 끌어올린 것은 엄청난 수출의 성공이었고, 그 결과 'Made in Germany'는 신뢰의 대명사가 되었다. 이 모든 것은 미국이 1944년 통화 가치 안정 및 무역 진흥을 꾀하는 브레턴우즈 체제**를 구축하는 등 자유로운 대외 교역 환경을 만들기 위해 노력했기 때문이다. 이 브레턴우즈 협정으로 국제통화기금International Monetary Fund, IMF과 세계은행World Bank이 탄생했다. 또 1950년에는 미국의 주도로 유럽결제연합European Pay-

---

* 전쟁으로 재산을 잃거나 피난한 사람들에게 경제적 보상을 제공하기 위해 만들어졌다. 피해를 덜 입은 국민에게 일정한 '부담금'을 부과하고, 이를 전쟁 피해자와 난민의 재정 재건에 사용하는 제도였다.
** Bretton Woods System. 달러를 기축통화로 삼고 각국 통화를 달러에 고정한 고정환율제.

ments Union, EPU이 설립되어 서독을 포함한 회원국들의 통화가 상호 환전될 수 있도록 하며 무역을 촉진했다. 또한 서독은 1년 뒤인 1951년에 '관세와 무역에 관한 일반협정General Agreement on Tariffs and Trade, GATT'에 가입했는데, 결과적으로 자유무역을 촉진하려는 미국의 자유화 정책의 첨병이 되었다고 볼 수 있다.

경제 기적의 이면에는 그늘도 있었다. 급속한 경제 성장 속에 소득 격차가 벌어졌고, 물질적 풍요가 삶의 질 향상으로 이어지지 않는다는 지적도 나왔다. 대중문화의 상업화와 물질주의의 확산이 사회 전반에 퍼지면서, 성공과 부의 크기가 인간의 가치를 재단하는 풍조가 자리 잡았다. 그럼에도 여러 요인이 복합적으로 작용하여 독일인들이 일궈낸 경제 기적은 세계사에서 유례를 찾아보기 힘들 정도로 독특한 현상이다. 그리고 전후 경제 부흥을 경험한 유럽의 그 어떤 나라보다도 서독에서 더 큰 정치적 의미를 갖는다.* 나치 정권이 저지른 전쟁과 범죄, 국토의 분단으로 고전적인 국가의 정체성을 잃고 비참한 생활을 겪은 독일인들이 경제 기적에서 스스로의 정체성을 찾게 되었다고 역사가들은 평가한다.

서독의 경제 부흥은 우리나라에도 적지 않은 영향을 주었다. 1953년 7월, 3년에 걸친 한국전쟁이 끝나고 폐허만 남은 나라에게

---

* Edgar Wolfrum, 《Die geglückte Demokratie》, 2007.

'라인강의 기적'은 눈부신 희망의 상징으로 다가왔다. 적어도 경제에 관한 한, 같은 분단국 서독은 한국에게 이상적인 모델이었다. 이후 서독에 파견된 광부와 간호사, 그리고 유학생들이 전한 긍정적인 독일 경험담이 보태져 '한강의 기적'을 이루자는 공감대가 형성되었고, 한국 경제 발전에 강력한 자극제가 되었다.

인간적인 리더의 과감한 결단

1955년 9월 7일, 소련의 초청을 받은 아데나워는 대규모 대표단을 이끌고 모스크바로 향했다. 이는 제2차 세계 대전이 끝난 뒤 처음으로 공산 진영에 속하지 않은 독일의 대표단이 소련 지도자들과 만나는 자리였기에 외교적으로 매우 위험한 행보였다. 서독 정부가 확고하게 서방에 편입되어 있음은 의심의 여지가 없었지만, 서방 동맹국들에게 절대로 제2의 '라팔로 조약Rapallo Treaty'*이라는 의심을 사서는 안 되었다.

당시 독일인들이 무엇보다 간절히 바랐던 것은 전쟁이 끝난 지 10년이 넘었는데도 여전히 시베리아에서 고생하고 있는 독일

---

* 1922년 4월, 제1차 세계 대전 이후 국제사회에서 고립된 독일과 소련이 외교 관계를 회복하고 경제 협력을 약속한 조약.

군 포로들을 고향에 데려오는 일이었다. 이러한 독일인들의 마음을 잘 알고 있던 소련은 그 대가로 서방 진영의 일원인 서독과 공산 진영의 우두머리인 소련이 국교를 수립하자고 제안했다. 만일 서독이 소련의 제안에 응한다면 아래와 같은 일이 발생할 예정이었다.

- 독일연방공화국이 '독일 민족을 대표하는 유일한 정부'라는 서독의 주장이 힘을 잃는다.
- 국제법적으로 동독의 지위가 상승한다.
- 간접적으로 공산 진영이 주장하는 '두 국가론'이 힘을 얻는다.

따라서 서독 정부는 당연히 망설였고, 협상은 여러 차례 결렬될 위기에 처했다. 그러나 결국 힘겨운 과정을 거쳐 양측은 합의에 이르렀으며, 그 결과 9,628명의 깡마른 마지막 전쟁포로들이 소련에서 귀환했다. 이어서 수년 간 소련에 억류되어 있던 2만 명 이상의 민간인들도 귀국했다. 1950년대에 전쟁포로 문제만큼 서독 국민들의 심금을 울린 주제도 없었기에, 아데나워가 측근들의 의구심에도 불구하고 과감한 외교적 양보를 통해 포로들을 귀환시킨 일은 인간적인 리더의 결단으로 높이 평가되었다. 일부는 이를 아데나워의 가장 중요한 업적 중 하나로 꼽았다.

문제는 모스크바에 두 개의 독일 대사관이 존재하게 되면서 궁극적으로 두 개의 독일이 기정사실화될 위험이 생겼다는 점이었다. 이러한 사태를 막기 위해 아데나워 정부는 서둘러 당시 서독 외무차관 발터 할슈타인Walter Hallstein의 이름을 딴 '할슈타인 원칙'을 마련했다. 우선 소련과의 외교관계는 예외적 사례임을 선포하고, 이것이 서독의 '유일 합법 정부' 주장을 훼손하지 않는다는 점을 명확히 했다. 따라서 서독은 동독과 국교를 수립하는 어떤 나라와도 단교한다는 방침을 세웠다. 이 원칙은 1960년대 말까지 적용되었으며, 서독은 이를 통해 동독을 국제 무대에서 어느 정도 배제하는 성과를 거두었다.

반면 동유럽 국가들과의 관계에서는 오히려 서독의 발목을 잡는 족쇄로 작용했다. 실제로 동유럽 국가들은 소련의 비호 아래 있었으므로 사실상 외교적 자주권이 없었다. 서독이 할슈타인 원칙 때문에 이들을 멀리할 경우, 그 지역에서 서독의 영향력은 줄어들고 동독의 영향력만 상대적으로 더 커질 수밖에 없었다. 그러나 외무성 내에서는 소련과의 수교만이 예외여야 한다는 주장이 강했고, 서독이 소련과의 접촉을 통해 확보한 외교적 여지는 동유럽에서 실질적인 성과로 이어지지 못했다.

진심과 겸양을 다하여

아데나워는 도덕과 윤리 의식이 무척 강한 정치지도자였다. 그는 독일이 외교적, 정치적, 경제적으로 아무리 성공하더라도 도덕적으로 존경받지 못한다면 다른 분야에서의 성공은 겉모습만 번지르르한 허상에 불과하다고 단언했다. 그런 의미에서 독일이 반드시 해결해야 할 가장 어려운 과제는 바로 유대인 문제였다.

나치 독일은 전쟁 중 약 600만 명의 유대인을 학살했는데, 이는 전 세계 유대인 인구의 3분의 1이 넘는 숫자였다. 영국의 전시 내각을 이끌었던 윈스턴 처칠 총리는 1944년 7월 11일 앤서니 이든 외상에게 보낸 편지에서 이렇게 말했다. "이것이 세계 역사를 통틀어 가장 끔찍한 범죄라는 사실에는 의심할 여지가 없습니다." 또한 오늘날 독일에서 가장 존경받는 역사학자로 꼽히는 하인리히 아우구스트 빙클러Heinrich August Winkler 역시 유대인 학살(홀로코스트)은 20세기 독일사의 가장 중심적인 사실이라고 단언했다.*

아데나워는 유대인들에 대한 배상이 도덕적 의무일 뿐만 아니라 독일의 국익에도 절대적으로 부합한다고 생각했다. 그 때문에 이 문제를 유대인 지도자들 및 신생 독립국 이스라엘 정부와 협의

---

* Heinrich August Winkler, 《Zerreißproben》, 2015.

하기로 결정했고, 서독과 이스라엘은 1951년 4월 파리에서 처음 대화를 나누었다. 어려운 협상이 계속 진척되는 데 결정적인 역할을 한 것은 같은 해 12월 6일 런던에서 있었던 아데나워와 유대인 물질적 배상 회의 의장 나훔 골드만Nahum Goldmann의 비밀 회담이었다.

1952년 3월, 드디어 본격적인 협상이 시작되었다. 그러나 이스라엘 대표단이 독일 땅을 밟는 것을 꺼려 회담은 네덜란드 헤이그 근교 바세나르에서 열렸다. 1952년 9월 10일, 양국 대표가 서명한 '룩셈부르크 협정'은 치열한 타협의 산물이었다. 협정의 규모는 서독이 재정적으로 감당할 수 있어야 했고, 다른 한편으로는 경제적 곤경에 처해 있던 이스라엘의 국가 재건을 지원할 수 있는 수준으로 정해졌다. 서독 정부는 14년에 걸쳐 총 34억 5천만 마르크를 지불하기로 했다. 이스라엘은 그중 30억 마르크를 직접 받았고, 나머지는 유대인들의 세계 조직에 전달되어 미국과 영국으로 이주한 유대인 피난민들을 돕는 데 쓰였다. 1953년 3월 18일, 독일 연방의회는 마침내 '룩셈부르크 협정'을 비준했다. 이로써 서독은 전범 행위에 대한 국가적 책임을 공식적으로 인정하고 피해자에게 배상한 첫 사례로 남게 되었다.

그러나 협정 체결 전후로 이스라엘 내에서는 치열한 논쟁이 벌어졌다. 분노한 시위대는 "학살된 우리 조부모님을 건당 얼마로 친다는 말이냐!"라고 외쳤다. 그들은 조상들의 피가 묻은 돈을 받음으로써 가해자들이 속죄하는 듯한 모습을 받아들이기 힘들었다. 이 때문에 이스라엘에서는 독일인들의 범죄에 가벼운 인상을 주는 '배상'이라는 말 대신 성서에서 '지급' 또는 '보복'을 뜻하는 '실루밈Shilumim'이라는 용어를 사용했다. 이스라엘 의회인 크네세트에서도 찬반양론이 격돌했으나, 서독은 이 협정을 철저히 이행했다. 서독이 이스라엘에 제공한 기계류, 선박, 기차, 자동차, 의료 장비 등은 이스라엘 연간 수입의 10~15퍼센트에 달했다. 개인 보상액은 1971년까지 404억 마르크, 1986년까지 770억 마르크, 1995년까지 960억 마르크에 이르렀으며 총 지급액은 무려 1240억 마르크에 달했다.* 서독은 이스라엘에 무기도 제공했기 때문에, 결과적으로 이 협정은 이스라엘의 국방력 강화에도 크게 기여했다.

독일연방공화국은 아데나워가 정계를 은퇴하고서 2년 후인 1965년에야 이스라엘과 정식으로 국교를 수립했다. 두 나라가 수교한 이듬해인 1966년, 아데나워는 약 15만 명의 유대인 학살 생존자가 살고 있는 이스라엘을 개인적으로 방문했다. 현지에 도착한 그는 "오늘은 내 인생에서 가장 엄숙하고 아름다운 순간입니다. 내가 총리가 되었을 때, 이스라엘에서 초대를 받을 것이라고는 결코 생각하지 못했습니다"라고 말했다.**

---

*   Jeffrey Herf, 《Divided Memory》, 1997.
** Charles Williams, 《Konrad Adenauer》, 2000.

진심과 겸양이 가득한 마음으로 이스라엘에 발을 내디뎠지만, 아흔 살의 원로 정치인 아데나워와 그를 맞이한 이스라엘의 레비 에슈콜Levi Eshkol 총리 사이에는 긴장감이 감돌았다. 에슈콜은 아데나워를 위한 만찬 석상에서 이렇게 말했다. "우리는 600만 명의 동포를 잃은 끔찍한 유대인 학살을 결코 잊지 않을 것입니다. 독일과 이스라엘은 정상적 관계가 될 수 없습니다. 독일의 이스라엘에 대한 실루밈은 상징적일 뿐이며, 이미 일어난 비극을 지워버릴 수는 없습니다." 침착한 아데나워는 이렇게 답했다. "유대 민족에게 과거를 잊기가 얼마나 어려운지 잘 알고 있습니다. 우리는 그 상처를 결코 가볍게 여기지 않으며, 진심으로 화해와 신뢰를 쌓기 위해 최선을 다하고자 합니다. 그것이 우리 모두에게 새로운 길을 여는 일이라 믿습니다."

아데나워가 예루살렘의 헤르츨산 서쪽 비탈에 있는 유대인 학살 기념관이자 박물관 야드바셈을 찾았을 때, 그는 마음이 무척 쓰리고 아팠다. 위엄 있게 침묵을 지키던 그는 안내자들의 인도로 '기억의 방'으로 향했다. 그곳은 희미한 불빛만 비치는 천막 모양의 휑한 공간이었다. 기억의 방에서 아데나워는 타오르는 불꽃에 불을 붙이고 강제수용소의 이름 없는 희생자들을 추모하는 기념물 앞에 헌화했다. 그러자 누군가 히브리어로 '기억하라'라는 문장이 새겨진 배지를 건넸고 잠시 배지를 바라보던 그는 이렇게 말했다. "이 배지가 없어도 저는 영원히 잊지 않을 것입니다." 이 장면은 아데나워의 이스라엘 방문 중 가장 인상적인 순간으로 기록되어 전 세계인의 기억 속에 깊이 각인되었다.

외교정책의 근본을 뒤흔드는 사건

제2차 세계 대전이 거의 끝날 무렵인 1945년 4월 16일, 소련군은 200만 명이 넘는 엄청난 병력을 동원해 나치 독일의 수도 베를린을 점령하기 위한 작전을 개시했다. 치열한 전투가 이어지는 가운데 4월 30일 히틀러는 갓 결혼한 아내 에바 브라운Eva Braun과 함께 자살했다. 소련군은 막대한 희생을 치른 끝에 마침내 5월 2일 베를린 전역을 장악했고, 6일 후인 5월 8일에 나치 독일이 무조건 항복을 선언했다.

이처럼 베를린은 소련군의 힘으로 함락되었지만, 반독 연합국 4개국이 미리 합의한 대로 전후에는 네 나라가 공동 관할하게 되었다. 곧이어 베를린은 소련이 지배하는 동베를린과 서방 3개국이 통치하는 서베를린으로 갈라졌다. 소련의 관점에서 서베를린은 동독 한가운데에 자리한 서방 진영의 전초기지로 존재 자체가 눈엣가시였기에 서베를린을 장악할 기회를 호시탐탐 노렸다.

1948년 6월 18일, 서방 전승국인 미국, 영국, 프랑스는 소련의 격렬한 반대를 무릅쓰고 화폐개혁을 단행했다. 이에 대응해 소련은 베를린 전역을 포함한 동독 지역에서 화폐개혁을 실시하도록 명령했다. 이에 맞서 서방 진영이 서베를린에도 새 통화인 마르크를 도입하자, 소련은 즉시 서베를린으로 향하는 모든 육로와 수로를 봉쇄했다. 스탈린은 서방이 고립된 서베를린을 구하기 위해 제3차 세계 대전을 감수하지는 않으리라고 굳게 믿었으며, 곧 서베를린이 자신의 손에 들어올 것이라고 확신했다.

그러나 미국의 트루먼 대통령은 스탈린이 전혀 예상하지 못한 슬기로운 전략으로 이 상황을 대처했다. 1948년 6월 24일부터 이듬해 5월 12일까지, 거의 1년 동안 비행기를 통해 서베를린 시민들에게 필요한 모든 물자를 공수한 것이다. '하늘다리Luftbrücke'라 불린 이 거대한 공수 작전에 동원된 수송기의 총 비행 횟수는 무려 27만 회에 달했다.

이렇게 해서 간신히 서방의 통치권이 유지된 서베를린에는 1957년 이후 사실상 독일연방공화국의 법률이 적용되었다. 그리고 그곳의 정치와 법률 제도는 서독의 주요 정당들이 참여하는 자유선거를 기반으로 운영되었다. 그런데 1953년 3월 5일 스탈린이 사망한 뒤, 그 뒤를 이은 니키타 흐루쇼프Nikita Khrushchev 소련공산당 서기장은 1958년 11월 또다시 서베를린을 위협했다. 그는 서방 진영에 여섯 달 안에 베를린의 '점령지'라는 법적 지위를 '중립지'로 바꾸라고 요구했다. 이것은 아데나워와 대서양동맹이 추구해온 외교정책의 근본을 흔드는 일이었다. 만약 서방이 소련의 협박에 굴복해서 베를린을 중립 지역으로 넘겨준다면, 그것은 머지않아 도시 전체가 공산주의 세력의 지배 아래에 들어감을 의미했다. 그렇게 되면 서방, 특히 미국의 핵우산 아래서 독일연방공화국을 발전시키려는 아데나워의 원대한 구상이 흔들릴 수밖에 없었다.

흐루쇼프는 무력행사를 암시하며 협박했지만, 실제로 최후통첩 시한에 맞춰 행동으로 옮길 자신은 없었다. 당시 미국 대통령 아이젠하워는 직접 맞붙지 않고 서방과 소련이 최후통첩의 세부 사항을 협의하며 의견을 교환하도록 유도하는 방식으로 시간을 끌었는데, 급기야 그는 1959년 9월 흐루쇼프를 미국으로 초청했다. 1959년 2월, 영국의 총리 해럴드 맥밀런Harold Macmillan도 긴장을 완화하기 위해 직접 협상에 나서는 유화 전략을 택해 모스크바를 방문했다. 반면 프랑스의 드골은 소련이 먼저 최후통첩을 철회하지 않는 한 협상에 응할 수 없다고 주장했다.

협박을 실행으로 옮기지 못해 난처해하던 흐루쇼프는 1959년 5월, 결국 최후통첩 시한을 철회했다. 그는 적어도 군사행동이 초래할 끔찍한 결과를 원하지는 않았던 것이다. 이후 미국을 방문하는 동안 흐루쇼프와 아이젠하워는 공동성명을 발표했는데, 그 안에는 다음과 같은 문구가 포함되어 있었다. "(베를린 문제를 위시한) 모든 국제적 현안은 무력 행사가 아닌 협상을 통한 평화적 수단으로 해결되어야 한다."

이러한 분위기 덕분에 잠시 미·소 관계는 해빙기를 맞았다. 그러나 흐루쇼프는 독일을 외교적으로 고립시키기 위해 끈질기게 노력했고, 그의 공작으로 인해 전승 4개국만 참석하는 '베를린 정상회담'이 1960년 5월 파리에서 예정되었다. 독일연방공화국은 초대되지 않았으므로 이 회담에서 결정된 사항을 일방적으로 서독에 강요할 가능성이 있었다.

예정대로 5월 1일, 4개국 정상들이 파리에 모였으나 하늘이 독일을 도운 것인지 바로 그날 미국의 U-2 정찰기가 러시아 상공에서 격추되었다. 이 소식을 들은 흐루쇼프는 회담을 시작하기에 앞서 미국의 공식 사과를 요구했고, 아이젠하워가 이를 거부하자 흐루쇼프는 회담 자체를 무산시켰다. 하지만 어쩐 일인지 철회했던 협박을 다시 되살리지는 않았다. 이제 아데나워는 베를린 문제와 미국의 신뢰성 문제를 두고, 아이젠하워의 후임 존 F. 케네디John F. Kennedy 대통령과 논의를 이어가게 된다.

아데나워가 꿈꾼 평화적 통일

1949년 가을, 독일 땅에 두 개의 독일이 들어선 이후 모든 독일인의 간절한 염원은 통일이었다. 이와 관련해 아데나워가 취한 정책은 우선 나라의 분단을 임시적인 것으로 간주하는 것이었다. 그래서 서독의 수도를 라인강변의 작은 도시 본으로 정했고, 건국 헌법의 이름도 '기본법'으로 하였다. 말하자면 임시 수도, 임시 헌법인 셈이었다. 그리고 그는 아래의 네 조건이 충족되어야 독일이 궁극적으로 통일될 것이라고 믿었다.

- 소련의 위성 국가 체제가 붕괴된다.
- 독일연방공화국이 압도적인 경제력을 가진다.
- 강력하고 단결된 대서양동맹을 맺는다.
- 바르샤바조약기구 Warsaw Treaty Organization, WTO 내부에서 긴장 상태가 발생한다.

즉, 동독이 스스로 무너져야 통일이 이루어진다고 본 것이었다. 역사에 기록되어 있듯, 1989년 동독은 민중들의 힘으로 붕괴되었다. 아데나워는 그러한 사태가 일어날 때까지는 대서양동맹, 미국과의 긴밀한 관계, 서방 편입이 훨씬 더 중요하다고 생각했다.

서방 편입을 위해서는 프랑스와의 화해가 중요했고, 아데나워는 이를 위해 자르 지방 문제도 양보할 용의가 있었다. 아데나워는 위의 세 가지 목표를 달성하고 서독에 민주주의를 정착시켰으며, 조국을 세계가 부러워하는 경제 대국으로 성장시켰다. 이제 서독은 전후 유럽의 근본 구조라 할 수 있는 나토와 유럽경제공동체 European Economic Community, EEC의 주요 회원국이었다. 즉, 그는 장기적 목표일 수밖에 없는 평화 통일을 위한 정치적, 외교적, 경제적 기반을 튼튼히 다져놓은 셈이다.

그러나 그는 통일을 보지 못한 채 1963년 10월 15일, 14년 만에 총리직에서 물러났고 4년 뒤인 1967년 4월 19일 서거했다. 그러나 후임들은 실질적으로 아데나워의 정책을 계승해나갔다. 1969년 10월 21일, 서독 건국 이후 최초로 사회민주당 출신 빌리 브란트 Willy Brandt가 총리로 선출되었다. 그는 아데나워와는 달리 소련 및 동유럽과의 화해를 적극 추진했다. '동방정책'으로 불린 이 정책은 초기에는 미국을 비롯한 서방 진영의 의구심을 샀다. 과거 독일이 동방과 서방 사이에서 기회주의적으로 행동한 이력이 있었기 때문이다. 그러나 브란트는 취임 직후 자신의 외교보좌관 에곤 바르 Egon Bahr를 통해 미국의 리처드 닉슨 Richard Nixon 대통령에게 다음 세 가지를 약속했고, 이를 충실히 지켰다.

- 서독은 계속 나토의 믿음직한 회원국으로 남는다.
- 서독은 소련과 협상 시 미국과 긴밀히 상의한다.
- 아데나워 시절부터 추진해온 유럽 통합의 노력을 계속한다.

브란트는 1970년 12월 7일, 제2차 세계 대전의 최초의 희생국 폴란드를 방문하여 '바르샤바 게토 봉기 기념비'에 헌화한 뒤 무릎을 꿇었다. 전쟁이 한창이던 1943년 봄, 나치는 바르샤바 게토에 남은 유대인들을 모두 강제수용소에 보내려고 했고, 유대인들은 용감히 저항했으나 무자비하게 진압되었다. 이들을 기리는 기념비 앞에서 현직 독일 총리가 자진해 무릎을 꿇는 장면은 전 세계에 깊은 인상을 주었다. 브란트는 폴란드와의 관계가 전략적으로 아주 중요할 뿐만 아니라, 역사적, 도덕적으로도 의의가 있다고 믿었다. 브란트의 전기를 쓴 어느 작가는 이를 '참회를 통한 존엄dignity through repentance'*이라 표현했다.

1974년 5월 6일 브란트가 '동독 스파이 사건'**으로 사임하자, 같은 당의 헬무트 슈미트Helmut Schmidt가 뒤를 이었다. 슈미트 역시 기본적으로 아데나워의 외교 노선을 착실히 계승했다. 그는 "정치는 도덕적 목적을 위한 실용적 행동이다"라는 소신을 갖고 아데나워 못지않게 정치에서의 도덕성을 중시했다.

슈미트는 아데나워와 마찬가지로 유럽 통합에 힘을 쏟았고, 프랑스와의 협력을 특히 중시했다. 당시 프랑스 대통령 발레리 지스카르 데스탱Valery Giscard d'Estaing과 각별한 관계를 맺으며 아데나워-드골 시기의 긴밀한 협력을 재현했다. 두 사람은 1975년 8월 핀란드 헬싱키에서 유럽안보협력회의Conference on Security and Cooper-

---

*   Barbara Marshall, 《Willy Brandt》, 1997.
** 일명 기욤 사건(Guillaume Affäre)이라 부른다. 1974년 4월 24일, 서독 총리 빌리 브란트의 보좌관 귄터 기욤(Günter Guillaume)이 동독 비밀경찰의 간첩으로 밝혀지며 정치적으로 큰 파장을 일으킨 사건이다.

바르샤바 게토 봉기 기념비 앞에 무릎 꿇은 빌리 브란트의 모습을 새긴 조각 작품

ation in Europe, CSCE 출범에 크게 이바지했는데, 이 회의는 인권, 언론 자유, 자유롭고 공정한 선거를 강조해 필연적으로 소련의 동유럽 지배 정당성을 약화시켰다. 아울러 두 사람은 세계의 현안을 논의하기 위한 주요 선진국 회의를 열자고 주장했다. 닉슨의 후임 제럴드 포드Gerald Ford의 전폭적인 지지를 받은 이 제안은 G5로 시작해 훗날 G7로 발전했다.

결단이 만든 역사적 통일

유럽 통합의 큰 틀 속에서 독일의 통일을 이루겠다는 아데나워의 비전은, 슈미트의 뒤를 이은 기민당의 헬무트 콜Helmut Kohl 정부에서 마침내 실현되었다. 1982년 10월 1일 제6대 총리로 선출된 그는 아데나워와 마찬가지로 독일의 지정학적 위치와 복잡한 역사에서 비롯될 정치적 압력과 변수에 흔들리지 않고, 서방 편입과 유럽 통합이라는 기본 노선을 철저히 계승했다.

1989년, 동독 시민들의 이웃 나라로의 도주가 급증하면서 공산 정권은 크게 흔들리기 시작했다. 이는 정치적 자유 제약과 생활수준 낙후 그리고 국경 개방이라는 외부 변수 등이 복합적으로 작용한 결과였다. 8월에 헝가리로 피신한 9천 명의 동독 주민들이 출국을 허용받자 모두 서독으로 향했고, 10월에는 체코 프라하에 있는 서독 대사관에 수천 명의 동독인이 장기간 농성하며 서독행을 요구했다. 당시 서독 외상 한스디트리히 겐셔Hans-Dietrich Genscher의 치열한 외교 노력으로, 이들은 동독 영토를 거쳐 서독으로 향하는 특별열차를 탈 수 있었다. 자유를 갈망하는 수십만 명이 거리에 나와 개혁과 변화를 요구했고, 1989년 11월 9일 독일 분단의 상징이었던 베를린장벽이 드디어 무너졌다. 이는 동독 시민들의 민주화 운동이 거둔 소중한 결실이었다.

그러나 이 시점에서 독일이 통일될 것이라는 보장은 없었다. 통일은 독일만의 힘으로는 이룩할 수 없었고, 이해 당사국(특히 미국과 소련)의 동의가 필요했다. 게다가 당시 동독 총리 한스 모드로Hans Modrow는 '조약공동체Vertragsgemeinschaft'라는 모호한 개념으로 통일을 회피했고 영국과 프랑스 역시 통일에 우호적이지 않았다.

이런 상황에서 콜은 주도적으로 여론을 이끌며 통일 논의의 불씨를 지피기로 결심했다. 11월 29일, 그는 과감하게 통일 로드맵을 담은 열 개 강령을 발표했는데, 동독의 민주 개혁과 인도적 지원, 경제 협력, 그리고 유럽 통합 속에서의 평화적 통일을 단계적으로 실현하겠다는 내용을 담고 있었다. 이 강령은 독일이 너무 앞서간다고 믿는 유럽 지도자들은 물론, 소련의 미하일 고르바초프Mikhail Gorbachev도 반대할 만큼 획기적이었다.

그럼에도 열 개 강령은 곧 동독 시민들을 결집시키는 구심점이 되었고, 그 결과 동독의 붕괴 과정은 가속화되었다. 이로써 콜은 통일 문제의 주도권을 장악하게 되었다. 미국의 조지 부시George Bush 대통령은 처음부터 독일인들의 민족자결권을 인정했고, 이듬해 2월 10일 드디어 고르바초프가 모스크바에서 콜과 서독 외상 한스디트리히 겐셔에게 독일통일을 용인한다는 뜻을 밝혔다.

  1990년 10월 3일, 독일은 국내외의 복잡한 절차를 거쳐 45년 만에 다시 하나가 되었다. 이 고단한 과정에서 콜의 결단은 통일을 이끈 결정적 동력이었다. 이렇게 콜을 비롯하여 아데나워의 뒤를 이은 총리들 모두 그의 비전을 추구하는 정책을 지속했고, 그 결과 서독은 우방의 신뢰를 얻으며 안정적인 민주주의 바탕 위에서 경제력을 착실히 축적할 수 있었다. 세월이 흘러 소련이 대내적 위기를 맞는 동안 동독 시민들이 봉기해 통일의 가능성이 생기자, 서독은 오랫동안 축적해온 힘을 한껏 발휘해 꿈 같은 가능성을 현실로 바꾸었다.

거인이 남긴 웅장한 메시지

2017년 4월, 아데나워 서거 50주기 기념 행사에서 당시 독일 총리 앙겔라 메르켈Angela Merkel은 그의 업적을 이렇게 평가했다. "오늘 우리는 끔찍한 나치 정권을 겪은 뒤, 선견지명과 노련함으로 국민에게 희망을 안겨준 위대한 정치가를 기립니다. 우리는 콘라트 아데나워에게 고개 숙여 깊은 감사의 뜻을 표합니다. 그가 보여준 덕목을 이 어렵고 혼란스러운 세상에서 우리가 해야 할 과업을 완수하라는 가르침으로 받아들입니다. 콘라트 아데나워와 그 시대의 사람들이 이룩한 뛰어난 업적을 생각하며 우리는 이 일을 계속할 용기를 가져야 합니다."

정작 아데나워 자신은 후세의 평가에 크게 괘념하지 않았던 듯하다. 언젠가 누군가가 "당신은 어떻게 기억되기를 원하십니까?"라고 묻자, 그는 간단히 이렇게 대답했다. "그는 그의 의무를 다했다." 이 한마디는 그의 생애를 압축하는 말이자, 진정한 리더가 지녀야 할 자세를 보여준다. 그렇다면 20세기의 위대한 정치지도자 아데나워가 오늘날의 기업 지도자들에게 던지는 메시지는 무엇일까?

첫째, 주어진 현실을 있는 그대로 받아들이는 태도를 가져야 한다. 이는 기업 경영에서 말하는 정확한 상황 분석과 연결된다. 제1차 세계 대전 후 독일 국민들은 패전의 참혹한 현실을 인정하지 않으려 했다. 그들은 전쟁의 책임을 모두 독일에 떠넘긴 '베르사유 조약*'이 부당하다고 확신했고, 독일이 이길 수 있었는데 유대인

---

* 1919년 6월 28일 제1차 세계 대전의 강화(講和)를 위해 베르사유에서 연합국 31개국과 독일 사이에 체결된 조약. 이 조약으로 독일은 막대한 배상금과 영토 축소, 군비 제한 등을 받아들여야 했다.

과 공산주의자 그리고 일부 사회주의자들의 배신 때문에 패배했다는 '단도로 찌르기 전설Dolchstoßlegende'을 믿었다. 이러한 정치적 토양이 히틀러와 나치당의 집권을 가능하게 한 것은 두말할 나위도 없었다.

반면 아데나워는 독일이 일으킨 부도덕한 전쟁으로 조국이 폐허가 되고 분단되었으며, 주권을 완전히 상실했다는 뼈아픈 현실을 겸허히 받아들였다. 오늘날 기업 경영자 또한 우리 회사와 경쟁사의 강점과 약점, 시장 상황, 외부 환경 등 자신이 처한 현실을 아무런 선입견이나 편견 없이 진솔하게 인정하고, 정확하게 상황을 분석해야 한다.

둘째, 전략의 우선순위를 명확히 하는 것이다. 현실을 정확히 인식하고 있던 패전국 독일의 초대 총리 아데나워에게 가장 중요한 전략적 목표는 서방 편입이었다. 다른 어떤 것도 이보다 더 중요할 수 없고, 서방 편입을 이루기 위해서는 독일인들이 간절히 바라는 통일도 일단은 후 순위로 미뤄야 했다. 즉, 기업 경영에서 말하는 '전략적 우선순위의 확립strategic prioritization'이 아데나워가 주는 두 번째 메시지다. 경영자는 현실을 바탕으로 한 전략적 우선순위를 명확히 세워야 한다. 우선순위가 뚜렷하면 수많은 세부적인 결정을 내리기가 한결 수월해진다. 서방 편입이라는 분명한 전략적 목표가 있었기에, 아데나워는 확신을 가지고 유럽 통합, 서독의 재무장, 나토 가입, 프랑스와의 화해를 힘차게 추진할 수 있었다.

셋째, 과감한 권한 위양이다. 패전국 서독에게는 서방 편입이라는 중요한 과제 외에 경제 재건이라는 절실한 과업이 있었다. 아데나워는 이 중대한 임무를 경제 전문가인 루트비히 에르하르트 경제장관에게 전적으로 맡겼다. 에르하르트는 '모두를 위한 복지'라는 가치 아래 시장 중심의 정책을 적극적으로 펼쳤으며, 성장의 혜택이 복지의 확대로 이어지도록 세심하게 배려했다. 기업 경영에서도 최고경영자는 전문성이 요구되는 분야일수록 그 분야의 유능한 전문 경영인이 역량을 마음껏 발휘할 수 있도록 과감히 권한을 위임하는 것이 바람직하다. 더불어 신뢰와 겸양의 마음가짐이 뒷받침되는 것이 필요하다.

넷째, 기업 경영에서의 도덕성이다. 요즘 자주 언급되는 ESG 경영에서 'S'는 사회적Social 책임을 뜻한다. 기업이 사회적 책임을 다함으로써 존경받는 기업이 되면 그 기업의 가치도 높아진다고 보는 것이다. 아데나워는 전쟁을 일으킨 책임이 있는 독일이 도덕적 권위를 회복해야만 국제사회의 일원으로 대접받을 수 있음을 일찍이 간파했다. 그는 국가 재정 상황의 어려움 가운데서도 과거를 외면하지 않고 유대인 배상을 적극적으로 추진했다. 신생국 이스라엘과의 성실한 협상은 그의 퇴임 후 양국의 국교 수립으로 이어졌고, 오늘날 독일은 유럽 내 이스라엘의 최대 교역국이자 주요 방위산업 파트너로, 양국 교역 규모는 연간 약 100억 달러에 이르는 아주 가까운 나라가 되었다. 유대인과의 화해를 추진하며 진정성을 보였던 아데나워의 태도는 이런 의미에서 현대의 ESG 경영과 맥락을 공유한다.

마지막으로, 역경을 기회로 보는 발상의 전환이다. 기업을 경영하다 보면 크고 작은 어려움에 수없이 부딪히기 마련이다. 그러나 위기危機의 '기機'는 '기회'를 뜻한다. 위기의 한 단면을 기회로 보는 동양의 슬기이자 통찰은 오늘날 경영에도 유효하다. 아데나워 재임 시 서독으로 몰려든 수백만 명의 피난민과 실향민 들은 자칫하면 거대한 사회적 시한폭탄이 될 수 있었다. 그러나 아데나워 정부는 이들을 잠재적 생산자이자 소비자로 보고 부담조정법 등을 통해 적극적으로 경제 부흥 과정에 참여시켰다. 그들을 사회 문제의 원인이 아닌, 서독의 경제 발전에 기여할 수 있는 귀중한 인적 자원으로 여긴 것이다.

콘라트 아데나워는 폐허 위에서 새로운 독일을 세운 위대한 정치가였다. 그는 조국이 처한 냉혹한 현실을 인정하고, 우선순위를 분명히 하며, 자신의 권한을 나누고, 도덕적 책임을 다하고, 역경 속에서도 가능성을 찾았다. 그가 보여준 리더십의 다섯 가지 원칙은 시대와 분야를 초월한 리더십의 핵심으로 자리 잡았다. 아데나워의 리더십은 거대한 정치 무대에서 증명되었지만, 그 본질은 위기에 맞서는 모든 리더에게 동일하게 적용된다. 리더십은 시대의 문제가 아니라 태도의 문제임을 아데나워는 몸소 보여주었다. 그는 무너진 나라를 다시 일으키듯, 누구나 자신의 조직과 공동체를 다시 세울 수 있음을 보여주었다. 위기 속에서도 흔들리지 않는 신뢰와 책임이야말로 시대가 변해도 변치 않는 리더의 과업일 것이다.

2장

|비전|

변화는 언제나
창조적 파괴를 부른다

거센 저항에도 신념을 지킨 강인한 리더
마거릿 대처

서유럽 최초의 여성 최고 정치지도자 마거릿 대처Margaret Thatcher는 1979년부터 1990년까지 영국 총리로 재임하며 '대처의 10년'이라 불리는 시대를 열었다. 그녀는 거센 반대를 무릅쓰고 과감한 개혁 정책을 추진했으며, 1982년 아르헨티나와의 영토 분쟁인 포클랜드전쟁에서 승리를 거두며 침체된 영국의 자존심을 회복시켰다. 또한 미국의 로널드 레이건Ronald Reagan 대통령과 긴밀히 공조하며 공산 진영과의 냉전 종식에 크게 기여함으로써 영국이 국제 외교 무대에서 미국과 어깨를 나란히 하는 위상을 되살리도록 이끌었다.

이처럼 탁월한 대처의 리더십은 영국 보수당이 총선에서 세 차례 연속 승리하는 원동력이 되었다. 그러나 1979년 5월 4일, 신임 총리로서 남편 데니스 대처Denis Thatcher와 함께 관저인 다우닝가 10번지에 도착하던 순간만 해도 대부분의 사람들은 대처가 오래 버티지 못할 것이라고 속단했으니, 그녀의 성공은 결코 보장된 것이 아니었다.

  1975년 2월, 여성으로서는 처음으로 영국 보수당의 당수에 오른 대처는 당 지도층에서는 드물게 중산층 출신이었고, 국제 경험도 거의 없었으며, 추종 세력도 많지 않았다. 한마디로 말해 그녀는 영국 정치의 엘리트 질서에서 철저한 비주류였다. 그러나 훗날 대처는 윈스턴 처칠에 비견될 만큼 강력한 지도력을 보여주며 영국 현대 정치의 상징적인 인물로 자리 잡았다. 척박한 조건 속에서 대처는 어떻게 세계적 지도자로 우뚝 설 수 있었을까?

서민의 딸에서 대영제국의 총리로

1925년 10월 13일, 마거릿 힐다 대처는 런던에서 남쪽으로 약 23마일 떨어진 잉글랜드 링컨셔 주의 그랜섬에서 마거릿 로버츠라는 이름으로 태어났다. 아버지 알프레드 로버츠는 식료품점을 운영하는 독실한 감리교 신자였으며, 마거릿은 네 살 위 언니 무리엘과 함께 일요일마다 대부분의 시간을 교회에서 보낼 만큼 깊은 신앙심 속에서 성장했다. 근면, 성실, 질서를 중시했던 아버지 알프레드는 둘째 딸에게 절대적인 영향을 끼쳤다. 훗날 대처가 총리로 첫 출근하던 날, 그녀는 기자들에게 이렇게 말했다. "모든 것은 제 아버님 덕분입니다. 작은 마을의 소박한 가정에서 배우고 자란 것이 이번 선거에서 이길 수 있었던 이유입니다. 그렇게 생각하면 가슴이 뜨거워집니다."*

장학금을 받아 동네 문법학교(중고교 과정)에 진학한 마거릿 로버츠는 성실한 노력 끝에 옥스퍼드대학교의 장학생으로 선발되었다. 대학교에서 화학과 문학을 전공한 그녀는 플라스틱과 접착제에 관한 연구를 발표하는 등 한때는 화학 연구자의 길을 걷는 듯 보이기도 했다. 동시에 옥스퍼드 보수협회 회장을 역임할 만큼 활발한 정치 활동을 이어가며 일찍이 보수당 핵심 인물로 성장할 자질을 보여주었다.

1951년, 마거릿 로버츠는 부유한 사업가 데니스 대처와 결혼해 '마거릿 대처'가 되었다. 결혼 후에 법학을 전공하여 변호사 자격을 취득한 뒤 잠시 세법 변호사로 일했다. 그러나 그녀의 관심은 법정이 아닌 정치에 있었다. 1950년과 1951년 두 차례 총선에서 보수당 후보로 출마해 낙선했지만, 이 경험은 그녀가 당내에서 인지도를 쌓고 정치적 기반을 다지는 계기가 되었다. 이후에도 지역 정치 활

---

* Anne Fulda, 《Femmes d'Etat – L'art du pouvoir》, 2023.

동을 꾸준히 이어간 끝에, 1959년 런던 북부 교외의 부유층 거주 지역 선거구에서 하원의원으로 당선되며 본격적으로 정치에 뛰어들었다.

그녀가 의회에서 착실하게 경력을 쌓아가던 동안, 영국은 노동당 정권하에 있었다. 그러던 중 1970년 총선에서 보수당이 승리하며 정권을 되찾았고, 새 총리가 된 에드워드 히스Edward Heath는 대처를 교육과학부 장관으로 임명했다. 그녀는 한정된 예산 안에서 더 전망이 밝은 분야에 집중적으로 투자하기 위해 과감한 경비 절감을 추진했고, 그 일환으로 8세부터 11세까지의 초등학생에게 매일 무료로 우유를 공급하던 제도를 폐지했다. 이로 인해 그녀는 '우유 도둑'이라는 악명 높은 별명을 얻게 되었다.

그러는 동안 대처는 점차 히스의 정책에 실망하게 되었다. 히스 총리는 국가 통제를 중시하는 참모들의 의견을 주로 따랐는데, 그녀는 민간이 주도하는 시장경제야말로 국가의 활력을 되살릴 길이라고 확신했다. 또한 히스가 미국보다 유럽을 더 중시하는 외교 노선을 택한 반면, 대처는 미국과의 긴밀한 관계가 더 중요하다고 판단했다.

1974년 2월, 보수당이 총선에서 패배하여 히스는 총리직을 잃었지만 당수직을 유지하며 재기를 노렸다. 그러나 그해 10월 총선에서도 보수당이 다시 패하자 대처는 과감히 당수직에 도전했다. 당시로서는 대단히 대담하고 용기 있는 결정이었다. 보수당은 이튿

칼리지를 비롯한 명문 고교 출신 귀족 남성들로 가득했기에 그녀의 승리를 예상한 사람은 거의 없었다. 그러나 대처는 촌음을 아껴가며 선거운동에 몰두했고, 1차 투표에서 승리한 데 이어 2차 투표에서도 승리를 거두며 영국 보수당의 최초 여성 당수가 되었다.

평범한 식료품점 집안에서 태어나 명문 고교도 다니지 않았던 그녀는 온전히 노력과 끈기 그리고 뛰어난 전략으로 그 자리에 올랐다. 그러나 영국과 세계는 이 시점까지도 마거릿 대처의 진면목을 아직 보지 못했다고 해도 과언이 아니었다.

과감한 경제개혁

야당 당수가 된 대처는 제임스 캘러헌James Callaghan이 이끄는 노동당 정권을 거세게 비판했다. 그녀는 정부의 과도한 개입과 복지 정책이 국가 경쟁력을 약화시켰다고 지적하며 시장의 자율과 효율을 중시하는 신자유주의 경제사상에 깊이 공감했다. 신자유주의는 전후 유럽의 '케인스주의적 복지국가Keynesian welfare state', 즉 정부가 경기 침체를 막기 위해 재정을 적극 투입하고 복지를 확대하던 체제가 오히려 사회의 활력을 저하시켰다고 비판했다. 과도한 복지가 국민의 자립 의지를 둔화시키고 노동 의욕을 떨어뜨린다고 보았는데, 이러한 현상을 '복지병welfare disease'이라 불렀다.

신자유주의자들은 이런 문제를 해결하기 위해 감세, 작은 정부, 공기업 민영화, 사회복지 축소, 시장 기능 강화가 필요하다고 주장했다.

이 사상의 두 거두는 시카고대학교의 밀턴 프리드먼Milton Friedman과 오스트리아 출신 노벨경제학상 수상자 프리드리히 하이에크Friedrich Hayek였다. 특히 하이에크가 1944년에 출간한 《노예의 길》은 옥스퍼드대학교 재학 시절부터 그녀에게 큰 영향을 주었다고 전해진다. 대처는 이러한 경제사상을 토대로 보수당을 재정비하며 역동적으로 이끌었다. 그녀의 신념은 점차 당의 새로운 이념으로 자리 잡았고, 영국 사회에 변화를 요구하는 여론이 높아졌다. 1979년 5월 4일, 마거릿 대처는 총선에서 승리하며 마침내 총리직에 올랐다.

그녀가 총리직에 오르던 당시 영국은 심각한 경제 위기에 빠져 있었다. 낮은 생산성과 과도한 세금으로 인해 1970년대 내내 영국 경제는 경쟁국들보다 고전했다. 또한 인플레이션이 심화되면서 실질소득이 줄어든 노동자들은 끊임없이 임금 인상을 요구했는데, 1974년 3월에 집권한 해럴드 윌슨Harold Wilson의 노동당 정부가 그 요구를 대부분 수용하면서 물가 상승과 임금 인상 요구가 반복되는 악순환이 지속되었다.

심지어 1967년에는 소비자물가상승률이 2.5퍼센트에 불과했지만, 1975년에는 24.2퍼센트라는 기록적인 수준에 이르러 1976년에는 결국 IMF로부터 39억 달러에 달하는 구제금융을 받아야 하는 처지에 놓였다. 1978년 11월, 포드자동차가 파업 노동자들의 요구를 받아들여 임금을 17퍼센트나 인상하자, 트럭 운전사들도 1979년 1월 3일 파업을 시작했다. 그러자 파업의 물결은 다른 공공부문으로도 번져 철도와 버스 운행이 중단되고, 런던 거리는 순식간에 쓰레기장으로 변해버렸다. 영국인들은 이 혹독한 시기를 '불만의 겨울Winter of Discontent'이라 불렀다. 작가 존 르 카레John le Carré는 소설 속 등장인물의 입을 빌려 이렇게 예언했다. "영국은 다음 주 목요일에 무너질 예정입니다. 그러나 아무도 그것을 알아차리지 못할 것입니다."

이처럼 암울한 시기, 쉰세 살의 마거릿 대처가 총리로 취임했다. 그녀는 다우닝가 10번지에 들어가기 전, 아시시의 성 프란치스코Saint Francis of Assisi의 말을 인용했다. "불화가 있는 곳에 조화를 가져올 수 있도록."* 대처와 참모들은 경제를 되살리기 위해서는 무엇보다 먼저 인플레이션을 꺾어야 하고, 그다음으로 노동조합의 과도한 영향력을 약화시켜야 한다는 결론을 내렸다. 이에 대처 정부는 불황과 실업률 급증을 각오하고, 금리를 무려 17퍼센트까지 인상하는 과격한 조치를 시행했다.

---

* Anne Fulda,《Femmes d'Etat – L'art du pouvoir》, 2023.

예상대로 경기 침체가 찾아왔다. 1980년 영국의 국내총생산GDP은 2퍼센트 감소했고, 수십만 명이 일자리를 잃어 실업수당을 받게 되었다. 경제 상황이 악화되자 일반 대중은 물론 보수당 내부와 내각 일각에서도 개혁에 대한 회의가 커졌다. 그러나 대처는 흔들리지 않았다. "인플레이션은 침략군과 마찬가지로 나라와 사회를 확실하게 파괴하는 실업失業의 부모입니다. 그것은 저축을 해온 사람들의 돈을 빼앗는 보이지 않는 도둑입니다."*

이처럼 긴축정책의 초기 결과는 국민의 지지를 얻지 못했지만, 대처는 고금리 기조를 굽히지 않았다. 1982년, 그녀의 끈질긴 인내 끝에 강력한 긴축재정과 구조조정이 효과를 내기 시작하면서 경제는 점차 성장 궤도에 올랐다. 반면 경쟁력이 낮은 기업이 대거 정리되면서 실업률은 1984년까지도 계속 상승했고, 그해 대처는 커다란 정치적 위기에 부딪혔다.

1984년 3월, 국영석탄공사가 생산성이 낮은 광산 몇 곳을 폐쇄하자, 전국광산노조 의장 아더 스카길Arthur Scargill은 석탄공사를 상대로 파업을 선언했다. 1년 가까이 파업이 계속되는 동안 경찰과 노조원들은 여러 차례 무력 충돌을 벌였고, 그 결과 1천 명 이상의 경찰관이 부상을 입었다. 대처는 노조의 요구에 굴복하지 않기 위

---

* Henry Kissinger, 《Leadership: Six Studies in World Strategy》, 2022.

해 미리 충분한 양의 석탄을 비축하도록 지시했다. 그 덕분에 파업 기간 내내 영국에서는 단 한 차례의 정전 사태도 발생하지 않았다. 1985년 3월, 약 2600만 근로일이 손실된 끝에 파업은 종료되었고, 광산노조와의 길고 고된 싸움에서 막강한 노동조합의 힘을 꺾는 데 성공한 대처와 보수당 정부는 한층 더 힘차게 개혁을 추진할 수 있게 되었다.

대처 정부는 인플레이션 억제와 노동조합 개혁 이외에도 여러 중요한 개혁 정책을 성공적으로 수행했다. 집권 초기인 1979년 10월 23일, 제프리 하우Geoffrey Howe 재무장관은 모든 외환 통제를 철폐한 뒤, 고정 거래수수료를 폐지하고 영국 주식시장을 외국인 투자자에게 개방했다. 또한 소득세와 투자세를 낮추는 대신 소비세(부가가치세)를 인상해 세제 구조를 개편했다. 그 결과 런던은 유럽에서 가장 중요한 금융 중심지로 빠르게 부상했다. 이어 영국통신, 영국항공, 영국가스 등 주요 국영기업을 과감히 민영화하며 시장 중심의 경제체제를 본격적으로 구축했다. 대처는 이 원칙을 공공주택 정책에도 확대해 세입자들이 유리한 조건으로 공공임대주택을 분양받을 수 있도록 했다. 이 정책은 큰 성공을 거두어 1979년부터 1989년까지 약 100만 채의 공공임대주택이 매각되었고, 같은 기간 주택 보유자는 약 300만 명 증가했다.

대처는 '자산 소유 민주주의'라는 슬로건을 구체적인 정책으로 구현하며 노동자 계층이 안정적인 경제 기반을 다질 수 있는 길을 열었다. 이로써 많은 노동자들이 보수당을 지지하기 시작했고, 이는 탁월한 정책이 정치적 지지 기반의 확대로 이어진 대표적인 사례로 평가받았다.

대처는 자유시장경제를 중시했지만, 국민보건서비스 등 국가가 제공하는 사회 서비스의 질을 높이는 데에도 힘을 기울였다. 다른 분야의 예산을 줄이면서도 이 기관의 예산은 오히려 확대했다. 그녀의 개혁은 감축과 감세에 머물지 않고, 효율적 복지와 책임 있는 정부 운영으로 나아가는 방향을 지향했다.

이러한 개혁이 정착되면서 한때 '유럽의 병자'로 불리던 영국은 눈에 띄게 달라졌다. 1980년 18퍼센트에 달했던 인플레이션은 대처가 사임한 1990년에는 8퍼센트로 낮아졌고, 이후 30년 넘게 2퍼센트 수준을 유지했다. 실업률도 1984년 12퍼센트에서 1990년에는 7퍼센트로 낮아졌으며, 같은 기간 1인당 소득은 두 배 이상 늘었다. 일자리를 찾아 해외로 떠났던 노동자들이 다시 돌아오기 시작했고, 노동분규로 인한 근로손실일수는 1979년 2950만 일에서 1990년 190만 일로 급감했다. 거리에는 다시 일터로 향하는 사람들의 발걸음이 늘어났고, 영국은 다시 일하기 시작했다. 그리고 그 중심에는 비판을 감수하며 변화를 밀어붙인 대처의 개혁이 있었다.

영국의 명예가 걸린 위기

1982년 4월 2일, 남대서양의 한복판에 있는 외딴섬 영국령 포클랜드제도가 아르헨티나 군대의 기습 침공을 받았다. 아르헨티나 본토에서 약 600킬로미터 떨어진 이 섬들은 1833년 이후 줄곧 영국의 지배 아래 있었으며, 2천여 명의 주민 대부분도 영국계였다. 그러나 1만 2천 제곱미터에 불과한 작은 섬은 존재감이 미미했기에 영국의 각료조차 그 위치를 정확히 알고 있는 사람이 드물었다.

아르헨티나의 침공에는 정치적인 의도가 숨어 있었다. 당시 아르헨티나 사회는 경제 침체와 내전에 가까운 폭력 사태로 극심한 혼란에 빠져 있었다. 레오폴도 갈티에리Leopoldo Galtieri 장군은 1981년 12월 군사 쿠데타를 일으켜 정권을 장악했는데, 지지 기반이 취약했던 그는 국민의 분노를 외부로 돌리기 위해 포클랜드제도를 돌파구로 삼았다. 오랫동안 말비나스제도라 부르며 영유권을 주장해온 섬을 무력으로 점령함으로써 국민의 지지를 얻으려는 정치적 술책이었다.

영국의 주권 수호를 신성한 의무로 여긴 대처 총리는 즉각 군사력을 동원했고 이 사태를 영국의 명예가 걸린 위기라고 단정했다. 그러나 각료들의 반응은 냉담했다. 국방장관 존 노트John Nott는 8천 마일이나 떨어진 섬을 군사작전으로 되찾는 것은 불가능하다고 보고했다. 그러자 대처는 국방장관을 다그쳤다. "포클랜드를 반드시 되찾아 오셔야 합니다." 이어 4월 5일, 그녀의 결단 아래 30척의 군함으로 이루어진 함대가 군항 도시 포츠머스에서 출항해 남대서양으로 향했다.

한편 미국의 입장은 복잡했다. 영국은 물론 미국의 핵심 동맹국이었지만, 아르헨티나도 무시할 수 없는 상대였다. 당시 미국은 소련의 지원을 받는 니카라과 산디니스타 정권에 맞서 싸우는 콘트라 반군을 지원했다. 이 작전에 아르헨티나 정부도 협력하고 있었기에 미국이 공개적으로 영국을 지지하는 것은 외교적 부담이 될 수 있었고, 이런 이유로 처음에 미국은 신중한 중립을 유지했다.

미국은 캐스퍼 와인버거Caspar Weinberger 국방장관의 지휘 아래 비밀리에 영국에 군수 물자를 공급하며, 알렉산더 헤이그Alexander Haig 국무장관을 통해 외교적 중재를 시도했다. 그러나 4월 말 아르헨티나 정부의 완강한 태도로 인해 헤이그의 중재 외교가 실패로 끝나자 미국은 입장을 바꿔 5월 초부터 영국에 대한 군사 지원을 대폭 강화했다. 정찰위성을 통해 얻은 포클랜드제도에 관한 정보를 영국에 제공했으며, 전투 상륙함 한 척을 빌려주기도 했다.

4월 25일, 영국군은 아르헨티나가 점령하고 있던 포클랜드제도 남동쪽의 영국 식민지 사우스조지아섬을 탈환했다. 5월 초에는 아르헨티나 순양함 벨그라노가 격침되어 300명 이상의 수병이 전사했다. 이에 맞서 아르헨티나군은 영국 구축함 셰필드를 격침시켜 20명의 영국인이 목숨을 잃었다. 5월 21일, 처음으로 지상전이 벌어졌다. 이날 5천 명의 영국군이 섬에 상륙했고, 일주일 후에는 다윈 요새와 구스그린 마을을 점령했다. 그 직후 영국군 3천 명이 추가 상륙하면서 전세는 급속히 영국 쪽으로 기울었다. 6월 14일에는 수도 스탠리항이 함락되어 이튿날 아르헨티나군은 항복을 선언했다.

아르헨티나군은 약 650명이 전사하고 1천 명 이상이 부상을 입었으며 1만 1천 명이 포로로 잡혔다. 영국 측에서는 군인과 민간인 255명이 사망하고 800명이 부상을 입었다. 영국은 이 전쟁에서 완전한 승리를 거두었고, 그 상징적 가치는 헤아릴 수 없었다. 1982년 7월 3일, 대처는 첼시 연설에서 그때의 심정을 이렇게 밝혔다. "우리는 더 이상 기울어가는 나라가 아닙니다. 그 대신 우리는 새로운 자신감을 얻었습니다. 이 자신감은 경제개혁을 위한 투쟁 속에서 생겨났고, 8천 마일 떨어진 전장에서 시험대에 올랐으며 그 시련의 현장에서 검증되었습니다. 우리는 여러 세대에 걸쳐 영국에 생명력을 불어넣었던 바로 그 정신을 다시 되살렸으며, 이 정신은 오늘 다시 옛날만큼 밝게 불타오르기 시작했습니다." 포클랜드전투의 승리로 영국은 잃었던 위신을 회복했고, 대처의 명성은 절정에 달했다.

홍콩 반환을 둘러싼 외교전

포클랜드 위기를 넘긴 대처는 제국주의 식민지 시대의 잔재인 홍콩 문제에 부딪혔다. 홍콩은 홍콩섬과 구룡반도 그리고 신계로 이루어져 있었는데, 이 가운데 홍콩섬과 구룡반도는 영국의 영토였지만, 신계는 영국이 99년간 조차租借한 지역으로 계약 만료 시점은 1997년이었다. 1842년, 영국은 청나라와 난징조약을 맺어 홍콩섬을 얻었고, 1860년 베이징에서 체결된 불평등조약 '베이징 협정'에 따라 구룡반도까지 차지했다. 1898년에는 '홍콩 영토의 연장을 위한 협정'으로 신계 지역을 1997년까지 조차받으며 영국의 홍콩 지배가 완성되었다.

따라서 중국의 입장에서 볼 때, 홍콩의 현재 상태는 19세기 제국주의 열강이 남긴 치욕스러운 잔재에 불과했다. 중국은 영국이 1997년까지 홍콩 전역을 반환해야 한다고 강력히 주장했다. 반면 대처는 영국의 영유권은 양국이 서명한 국제조약에 근거한 만큼 국제법에 따라 존중되어야 한다는 입장을 견지했다.

1982년에 들어서자 중국은 신계 지역의 반환뿐 아니라 홍콩 전체를 협상 대상으로 삼겠다는 의향을 공개적으로 표명했다. 그러나 포클랜드 사태를 성공적으로 마무리해 한껏 고무되어 있던 대처 총리는 영국의 주권을 포기하는 어떠한 조치에도 반대했다. 반공주의자였던 대처는 개인의 자유를 억압하는 공산 체제를 극도로 혐오했으며, 중국 지도자들에 대해서도 부정적인 견해를 가지고 있었다. 그렇기에 영국 시민들이 중국 공산당의 통치를 받는 상황은 결코 용납할 수 없었다.

하지만 대처가 취할 수 있는 선택지는 많지 않았다. 포클랜드와 달리 홍콩은 중국 본토와 맞닿아 있어 군사적 대응이 불가능했고, 신계 지역의 조차 기한이 다가오면서 중국은 언제든 병력을 동원해 홍콩을 접수할 수 있는 위치에 있었다. 이런 상황에서 대처는 협상의 여지를 최대한 남겨두는 신중한 전술을 택했다. 주권 문제는 언급하지 않으면서 영국이 홍콩을 계속 행정적으로 통치할 수 있도록 중국의 보장을 얻어내려 한 것이다. 그녀는 홍콩이 지속적으로 번창하려면 국제사회의 신뢰를 유지해야 하며, 이를 위해 중국의 확약이 필수라고 판단했다. 동시에 만일의 경우 주권 문제에서 일정 부분 정치적 양보를 할 수 있다는 가능성도 염두에 두었다.

1982년 9월, 베이징을 방문한 그녀는 중국의 실권자 덩샤오핑鄧小平과 자오쯔양趙紫陽 총리에게 이러한 입장을 전달했다. 그러나 중국 측은 냉담했고, 그들은 다음 세 가지 의견을 명확히 밝혔다.

- 주권 문제는 협상의 대상이 아니다.
- 영국이 홍콩을 계속 통치하는 일은 불가하다.
- 홍콩의 자본주의 체제는 유지할 수 있지만, 중국의 관할하에서만 허용된다.

대처는 결국 신계 지역뿐만 아니라 홍콩섬과 구룡반도까지 협상 테이블 위에 올려놓아야 함을 깨달았다. 1983년 3월, 그녀는 결단을 내리고 자오쯔양에게 다음과 같은 서신을 보냈다. "영국와 중국이 홍콩의 번영과 안정을 담보할 수 있는 행정협정을 체결할 수 있다면, 저는 홍콩 전체에 대한 주권을 중국에 이양하는 방안을 영국 의회에 건의할 용의가 있습니다."

이 서신을 계기로 양국은 정식 협상에 착수했다. 협상은 길고도 지루한 난항이었지만, 1984년 12월 19일 대처와 자오쯔양은 1997년 6월 30일에 영국이 홍콩 전체에 대한 주권을 중국에 완전히 반환한다는 중·영 공동성명에 서명했다. 이 조약의 독특한 특징은 단순히 '주권 이양'에 그치지 않고 '한 국가 두 체제' 원칙에 입각하여 홍콩이 50년간 기존의 체제를 유지한다는 과정적 조건을 명시한 데 있었다. 즉, 중국은 2047년까지 홍콩이 외교와 국방을 제외한 모든 분야에서 광범위한 자치를 누릴 수 있도록 허용한 셈이었다.

물론 이 결과는 대처가 바라던 이상적인 형태는 아니었으나, 그녀는 당시 영국의 국력과 국제 정세를 고려하여 최선의 성과를 거두었다고 판단했다. 영국이 더 강경하게 나섰다면 중국의 일방적 조치를 막기 어려웠을 것이고, 반대로 지나치게 유화적으로 대응했다면 홍콩 시민의 신뢰를 잃었을 것이다. 이로써 대처는 제국이 남긴 마지막 숙제를 현실적 타협 속에서 마무리했다. 이는 이상보다 현실, 감정보다 이성을 앞세운 그녀의 리더십을 상징하는 결정적 장면이 되었다.

종교와 정치가 뒤얽힌 북아일랜드 갈등

포클랜드전쟁과 홍콩 협상으로 국제 무대에서 주목받은 대처는 이후 국내에서 또 하나의 첨예한 위기에 직면했다. 그것은 영국 내부 분열을 상징하는 북아일랜드 문제였다. 이 갈등은 단순한 지역 분쟁이 아니라, 국가 통합과 민주주의 원칙을 지키려는 대처의 리더십이 가장 가혹하게 시험받은 사건이었다.

1921년 아일랜드가 영국으로부터 독립해 아일랜드공화국이 수립된 이후에도 북쪽 여섯 개 군, 즉 영국령으로 남은 북아일랜드에서는 종교와 민족의 갈등이 끊이지 않았다. 이 지역의 가톨릭계 민족주의 세력은 북아일랜드를 아일랜드공화국과 통합하라고 요구하며 테러를 자행했고, 그 중심에는 아일랜드공화군Irish Republican Army, IRA이 있었다.

그들은 대처가 총리로 취임하기 직전, 그녀의 가까운 벗이자 북아일랜드 담당 장관으로 임명될 예정이던 에어리 니브Airey Neave를 암살했다. 이어 1979년 8월에는 영국 왕실의 일원이자 마지막 인도 총독이었던 루이 마운트배튼Louis Mountbatten을 아일랜드 서부 해안에서 폭탄으로 살해했고, 그 직후 영국군 병사 열여덟 명이 IRA의 폭탄 공격으로 목숨을 잃었다. 대처는 IRA의 요구를 단호히 거부하는 한편, 아일랜드공화국 정부와의 협상을 통해 현실적인 해결책을 모색했다. 북아일랜드 문제는 테러와의 싸움이 아니라, 폭력에 굴하지 않으면서도 현실적 해법을 찾아야 하는 리더십의 시험대였다. 대처는 그 어느 쪽으로도 완전히 기울지 않은 채, 냉정함과 원칙 사이에서 줄타기를 이어갔다.

1년 뒤인 1980년 10월 27일, 북아일랜드의 메이즈 형무소에서 IRA 수감자들이 자신들을 정치범으로 인정해달라며 단식투쟁을 시작했다. 그해 12월, IRA 지도부 일부가 단식을 중단하기를 원한다는 정보를 입수한 대처는 정치범 지위라는 핵심 요구는 수용하지 않은 채, 수감자 처우를 일부 개선하는 절충안을 내놓았다. 12월 18일, IRA 수감자들이 이를 받아들임으로써 단식투쟁은 종료되었다.

그러나 평온은 오래가지 않았다. 1981년 3월 1일, 스물여섯 살의 IRA 수감자 보비 샌즈Bobby Sands가 같은 요구를 내걸고 다시 단식에 돌입했다. 이에 대해 대처는 며칠 뒤 벨파스트 연설에서 자신의 생각을 명확히 밝혔다. "정치적 살인, 정치적 폭격, 정치적 폭력 따위는 없습니다. 오직 범죄적 살인, 범죄적 폭격, 범죄적 폭력만 있을 뿐입니다. 우리는 결코 타협하지 않을 것입니다." 5월 4일, 대처가 강경한 태도를 유지하는 가운데 샌즈가 사망했고, 10월 3일까지 그의 동료 아홉 명이 추가로 목숨을 잃었다. 이 기간 동안 가톨릭 교회와 미국 하원의장 팁 오닐Tip O'Neill 등 여러 인사가 대처에게 압력을 가했으나 그녀는 요지부동이었다. 그녀는 자신의 확고한 견해를 이렇게 표현했다. "살인을 수단으로 삼는 그들의 대의에 동정한다는 것은 당치도 않은 짓입니다." 비판 여론에도 불구하고 원칙을 고수한 대처의 강경한 리더십은 이 사건을 계기로 더욱 부각되었다.

이처럼 무쇠 같은 의지로 IRA의 요구를 거부한 대처도 결국 암살 표적이 되었다. 1984년 10월 12일 새벽, 브라이턴의 그랜드 호텔에서 IRA가 설치한 폭탄이 폭발해 다섯 명이 목숨을 잃었다. 당시 대처는 그날 오후 보수당 회의에서 발표할 연설문의 최종 원고를 마무리하고 있었다. 다행히 부상은 입지 않았으나 먼지를 뒤집어쓴 그녀는 급히 감색 정장으로 갈아입은 뒤 오전 4시 기자들 앞에 나서 이렇게 선언했다. "회의는 예정대로 진행될 것입니다."

그날 오후, 연단에 선 그녀는 침착하고 결연한 모습으로 연설했다. "우리가 지금 이 자리에 이렇게 모여 있다는 사실은 이 공격이 실패했다는 증거일 뿐만 아니라, 폭력으로 민주주의를 파괴하려는 모든 시도가 실패할 것임을 보여줍니다." 이에 IRA는 섬뜩한 성명을 발표했다. "오늘은 운이 나빴다. 그러나 잊지 말라. 우리는 단 한 번만 성공하면 된다. 대처는 항상 운이 좋아야 할 것이다." IRA의 위협이 계속되는 가운데, 대처는 아일랜드공화국과의 협상을 꾸준히 진전시켰다. 1985년 7월 25일, 대처 내각은 영국-아일랜드 협정 초안을 승인했다. 이 협정의 핵심은 아래의 두 가지였다.

- 영국은 북아일랜드 문제에서 아일랜드공화국이 공식적인 자문 역할을 맡는 것을 허용한다.
- 아일랜드공화국은 1937년 제정된 자국 헌법에 명시되어 있는 북아일랜드 영유권 주장을 완화한다.

대처와 아일랜드공화국 총리 개럿 피츠제럴드Garret FitzGerald는 북아일랜드의 복잡한 정치적 현실을 인정하며 협정에 서명했다. 이 협정으로 아일랜드공화국 정부는 '북아일랜드의 법적 지위는 그 지역 주민 다수가 동의할 때만 바뀔 수 있다'는 원칙을 공식적으로 수용했다. 이는 곧 북아일랜드 내 개신교계 다수가 여전히 영국 잔류를 원하고 있다는 현실을 인정한 것이었다. 반면 영국 정부는 북아일랜드 인구 중 3분의 1을 차지하는 가톨릭계 주민들이 정치적, 사회적으로 소외되어 있다는 점을 고려해 아일랜드공화국 정부가 북아일랜드 행정과 정책 결정에 일정한 자문권을 갖도록 허용했다. 이로써 두 나라는 서로의 입장을 절충한 상징적 합의에 이르렀고, 1985년 11월 15일 대처와 피츠제럴드는 북아일랜드 힐즈버러성에서 역사적인 협정문에 정식으로 서명했다.

그러나 이 협정은 즉시 격렬한 반발을 불러일으켰다. 특히 개신교 신자가 다수인 북아일랜드 유니오니스트(친영국 세력)는 영국이 아일랜드공화국 정부에 북아일랜드 문제에 대한 공식적 발언권을 인정하자 자국의 주권이 훼손되었다고 느꼈다. 그들은 더블린이 벨파스트 문제에 간섭하게 되었다며 반대 운동을 벌였고, 얼스터 전역에서 대규모 시위가 이어졌으며, 이들을 지지하는 북아일랜드 출신 영국 하원의원 열다섯 명은 집단 사퇴했다.

반면 미국 내 아일랜드공화국 지지자들은 영국이 아일랜드공화국에게 공식적인 자문 역할을 허용한 점을 높이 평가하여 협정을 환영했다. 대처는 훗날 피츠제럴드에게 이렇게 털어놓았다. "당신은 영광을 얻었고, 나는 문제를 떠안았습니다." 이 기념비적인 영국-아일랜드 협정은 대처의 위대한 외교적 업적 중의 하나였지만, IRA의 폭력을 근본적으로 억제하지는 못했다. 그들의 횡포는 1990년대 초까지 계속되었고, 북아일랜드의 궁극적인 평화는 대처가 정계를 떠난 뒤인 1998년 4월 10일 성 금요일 협정Good Friday Agreement이 맺어지면서 비로소 찾아왔다. 이 협정은 영국-아일랜드 협정의 연장 선상에 있으며, 가톨릭과 개신교 세력이 북아일랜드를 공동통치하는 체제를 제도화했다.

비록 대처는 자신의 임기 동안 폭력과 종교 갈등으로 얼룩진 북아일랜드 문제를 완전히 해결하지는 못했지만, 평화 정착의 기반을 쌓았다는 점에서 그녀의 노력은 분명한 역사적 의미를 가진다.

냉전 절정기를 이끈 지도자

대처가 총리가 되기 약 3년 전인 1976년 3월, 소련은 서유럽을 겨냥한 중거리 탄도 미사일 SS-20을 배치하기 시작했다. 이는 명백히 유럽의 균형을 뒤흔드는 중대한 도발이었기에 나토 회원국들은 대책을 논의하기 시작했다. 불안은 현실이 되었고, 1979년 12월 소련군이 아프가니스탄을 침공하며 동서 냉전은 악화 일로를 걷는 듯 보였다.

1979년 5월 총리로 취임한 대처는 미국과의 관계를 특히 중시했다. 그녀는 소련의 침공에 대해 당시 지미 카터Jimmy Carter 미국 대통령의 강경 대응책을 지지했고, SS-20 미사일에 대응하기 위해 미국의 퍼싱과 크루즈 미사일을 서유럽에 배치하는 방향으로 나토의 논의를 이끌어갔다. 그러던 중 카터의 후임으로 취임한 로널드 레이건은 1983년 3월 '전략방위구상Strategic Defense Initiative, SDI'을 발표하여 세계를 깜짝 놀라게 한다. 이는 우주 공간에 첨단 장비를 배치해 소련의 핵미사일을 격파하자는, 일명 '별들의 전쟁Star Wars Program'이라고 불린 미국의 전략 구상이었다. 그러나 대처는 SDI가 기술적으로 실현 가능한지 확신하지 못했고, '핵 위협의 완전한 제거'라는 목표 역시 비현실적이라 보았다. 무엇보다 SDI가 완벽하지 않더라도 그 존재만으로 영국의 독자적 핵 억지력 보유 명분이 약화될 수 있다는 점을 우려했다. 즉, 대처에게 SDI는 과학적으로도, 전략적으로도 불안정한 발상이었다.

그 사이 미·소 간의 긴장은 극도로 높아졌다. 1983년 9월 1일, 소련은 뉴욕에서 서울로 향하던 대한항공 007편이 실수로 소련 영공에 진입하자 이를 무참히 격추했다. 이 비극 이후에도 소련은 냉담한 태도를 유지했고, 서방 지도자들은 유리 안드로포프Yuri Andropov 서기장과 대화로는 성과를 기대하기 어렵다고 확신했다.

두 달 뒤인 1983년 11월 14일, 미국은 소련의 SS-20에 대응하기 위해 중거리 미사일을 서유럽에 배치하기 시작했다. 9일 뒤, 소련은 항의의 뜻으로 스위스 제네바에서 진행 중이던 중거리핵전력 협상을 포함한 모든 군축 회의에서 철수했다. 소련의 고립과 비타협적 태도는 절정에 이른 듯했고, 대처는 암담한 심경을 이렇게 밝혔다. "모스크바에는 지금 선장이 없는 듯해요. 이렇게 불확실성이 많고 동시에 이렇게 상호 접촉이 단절된 상황을 나는 거의 겪어본 적이 없습니다."*

한편 소련 내부에서도 변화의 조짐이 일어났다. 1984년 2월, 안드로포프가 서거하고 일흔두 살의 콘스탄틴 체르넨코Konstantin Chernenko가 뒤를 이었다. 앞을 내다볼 줄 아는 지도자였던 그녀는 건강이 좋지 않던 체르넨코보다는 유능한 차세대 지도자와 접촉

---

* Henry Kissinger, 《Leadership: Six Studies in World Strategy》, 2022.

하는 편이 낫다고 판단했다. 그녀가 주목한 떠오르는 별은 미하일 고르바초프였다. 당시 그는 소비에트 최고회의 외교위원회 위원장이었으므로, 대처는 외교 의전에 따라 자연스럽게 그를 영국으로 초청할 수 있었다.

1984년 12월, 고르바초프는 부인 라이사와 함께 대표단을 이끌고 영국을 방문했다. 그는 미소를 띠고 계단을 두 칸씩 오르는 모습을 보이며 서방 진영에 강렬한 인상을 남겼고, 소련 고위 관료들이 관례처럼 찾던 런던의 칼 마르크스 묘역도 방문하지 않았다. 고르바초프를 접견한 대처는 그가 전임자들보다 훨씬 유연한 인물이라는 점을 곧바로 간파했다. 다음 날 그녀는 BBC 기자에게 말했다. "나는 고르바초프를 좋아합니다. 우리는 함께 일을 진행할 수 있습니다."

그녀의 외교 무대는 소련에만 머물지 않았다. 냉전의 긴장이 여전히 팽팽한 가운데, 대처는 미국과 유럽 사이의 균형을 잡는 일이 어느 때보다 중요하다고 판단했다. 1984년 12월, 캠프 데이비드에서 열린 미·영 정상회담에서 레이건 대통령으로부터 의미 있는 양보를 얻어낸 그녀는 회의 직후 열린 기자회견에서 "레이건은 SDI와 관련된 실험과 배치가 조약상의 의무에 비추어 협상의 대상이 되어야 한다는 점에 동의했습니다"라고 발표했다.

이 발언에 미국 국방부는 즉각 반발했지만, 유럽의 나토 회원국들은 안도의 숨을 내쉬었다. 새로운 무기 체계가 미국의 안보 공약에 어떤 영향을 미칠지 불안해하던 그들에게, 대처의 발언은 일종의 안전 신호로 작용했다. 대처는 이 회담을 통해 미국과 영국의 변함없이 특별한 관계를 대내외적으로 과시하는 성과를 거두었고, 북대서양 양안에 있는 동맹국들 사이에서 유럽의 어느 지도자보다도 뛰어난 '통역자' 역할을 자신의 중요한 임무로 여겼다.

1985년 3월 11일, 체르넨코가 서거하자 경직된 소련 정치국은 고르바초프를 후임 서기장으로 선출했다. 이로써 그는 2억5천 만 명의 국민과 2만 기의 핵미사일을 보유한 세계 최대 국가의 최고지도자가 되었다. 1985년 11월 스위스 제네바, 1986년 10월 아이슬란드 레이캬비크에서 고르바초프는 레이건과 연속해서 마주했다. 레이건이 제네바에서 처음 그를 만나기 전, 대처는 소련의 새 지도자를 어떻게 상대해야 할지 자세히 조언했다. 레이건은 그녀의 의견을 전폭적으로 신뢰했고, 레이건과 고르바초프의 회담이 성공적으로 이어지도록 애쓴 대처의 국제적 영향력은 최고조에 달했다.

그런데 레이캬비크에서 두 정상은 대처가 예상하지 못한 수준의 합의에 접근했다. 레이건은 '핵무기가 없는 세상'을 지향하며 핵무기를 단계적으로 전면 폐기하자고 제안했고, 고르바초프가 이에 호응한 것이다. 그러나 대처는 이 구상을 결코 받아들일 수 없었다. 가장 중요한 외교 파트너의 정책을 공개적으로 반박할 수는 없었지만, 그렇다고 대서양동맹의 근간을 흔드는 '핵무기 완전 철폐'

를 수용할 수도 없었다.

이후 이 합의는 SDI를 둘러싼 두 정상의 의견 대립으로 깨지고 말았다. 고르바초프가 SDI를 10년간 실험실 단계로 한정하자고 요구했으나, 레이건이 이를 단호히 거부했기 때문이다. 그럼에도 가장 중요한 동맹국인 미국과의 관계를 유지하면서도 '핵무기 전면 폐기'라는 위험한 발상이 현실화되지 않도록 조율하는 일은 영국 외교에도 적지 않은 부담으로 남았다. 대처는 이 난제를 외교적 지혜로 풀어내기로 결정한 뒤, 오랜 측근 찰스 포웰Charles Powell과 긴밀히 상의한 끝에 다음과 같은 방침을 세웠다.

- 레이건은 레이캬비크에서 이미 합의한 내용을 파기하라고 직접 요구하지 않는다.
- 레이캬비크 합의 중 영국이 수용 가능한 항목을 선별해 우선순위를 부여한다.
- 나머지 항목은 명시적으로 폐기하지 못하더라도 일단 보류하도록 유도한다.

1986년 11월, 그녀는 캠프 데이비드에서 다시 레이건을 만나 이 전략을 실행에 옮겼고, 이 회담 전략은 큰 성공을 거두었다. 레이건과 대처는 중거리핵전력조약Intermediate-Range Nuclear Forces, INF에 최우선 순위를 부여하기로 뜻을 모았다. 여기에는 중거리 핵전력 폐기뿐 아니라 화학무기 금지와 전략공격무기 50퍼센트 감축이 포함되었다. 그러나 전략 핵무기 전면 폐기와 같은 과도한 의제는 사실상 고려 대상에서 제외되었다. 대처는 내심 INF 폐기도 달가워하지 않았지만, 과감히 차선책을 택한 셈이었다. 그녀는 언제 자신의 확고한 신념을 지켜야 하고, 언제 주어진 현실을 받아들여야 하는지 아는 지도자였다.

또한 공동성명에는 나토의 효과적인 핵 억지력의 중요성을 재확인하는 문구가 담겼고, 대외적으로 천명된 미국의 공식 입장은 레이캬비크 이전의 기조로 돌아갔다. 나토의 방어 계획의 기본 뼈대를 재확인함으로써 서방을 안심시킨 것 역시 대처의 큰 공적이었다.

독일통일과 외교적 현실

1989년 11월 9일 저녁, 독일 분단의 상징이었던 베를린장벽이 마침내 무너졌다. 이는 자유를 갈망한 동독 시민들의 민주화 운동이 거둔 값진 결실이었다. 대처 또한 이 역사적인 순간을 진심으로 반겼다.

그러나 독일은 스스로의 힘만으로는 통일을 결코 달성할 수 없었고, 이해당사국들, 특히 미국과 소련의 동의가 필수였다. 게다가 영국과 프랑스는 독일의 재통일을 원하지 않았고, 동독 총리 한스 모드로는 '조약공동체'라는 모호한 개념을 내세우며 통일을 회피하려 했다. 이러한 상황에서 서독 총리 헬무트 콜은 적극적인 태도로 여론을 형성해 통일의 불씨를 지피기로 결심했다.

이 과정에서 대처는 철저히 독일통일에 반대 입장을 고수했다. 그가 통일을 경계한 이유는 명확했다. 1871년 1월 18일, 프로이센의 총리 오토 폰 비스마르크가 이룩한 독일통일 이후, 독일제국은 오랫동안 영국과 유럽, 나아가 세계 평화를 위협하는 존재로 군림했기 때문이다. 당시 영국 보수당의 벤저민 디즈레일리Benjamin Disraeli는 하원에서 다음과 같이 경고했다. "독일통일은 프랑스혁명보다 더 큰 정치적 사건입니다." 영국은 전통적으로 유럽의 세력 균형을 중시해왔는데, 디즈레일리는 독일제국이라는 막강한 신흥국의 등장이 그 균형을 무너뜨릴 것이라고 예견했다. 그리고 그의 우려는 곧 현실이 되었다.

현상 유지를 외교 목표로 삼았던 비스마르크가 1890년에 물러나자 영국과 독일은 서로를 견제하는 관계로 돌아섰고, 결국 제1차 세계 대전이 발발했다. 영국은 미국의 지원을 받아 간신히 독일을 꺾었지만, 불과 20년 뒤 독일은 다시 폴란드를 침공하며 제2차 세계 대전을 일으켰다. 이 전쟁에서 영국은 미국과 소련의 도움 없이는 결코 승리할 수 없었다. 이런 역사적 경험은 영국인들에게 '통일된 독일'에 대한 깊은 경계심을 남겼다.

대처는 공격적인 독일의 행동 양식이 히틀러의 패배와 함께 완전히 사라졌다고 보지 않았으며, 동시에 독일인의 민족성을 근본적으로 신뢰하지 않았다. 하지만 동독과 서독 국민이 통일을 결정하고, 미국과 소련이 그 결정을 존중하기로 한 상황에서 대처의 반대는 현실적인 선택이 될 수 없었다. 더구나 통일 독일의 경제적 잠재력을 우려한 프랑스 대통령 프랑수아 미테랑François Mitterrand을 설득하기 위해 헬무트 콜이 독일 마르크를 폐기하고 유럽 단일통화인 유로 도입을 추진하겠다고 약속한 이후 프랑스 또한 독일통일을 지지하는 쪽으로 입장을 바꿨다.

결국 대처는 유럽 내에서 고립되었다. 심지어 영국 외무성조차 대처에게 독일통일 반대 발언을 자제해달라고 권고할 정도였다. 영국의 역사적 경험을 고려하면 대처가 독일통일을 경계한 것은 어쩌면 당연했으나, 독일은 이미 아데나워 이래 확고한 민주국가로 자리 잡아 서방의 신뢰 동맹국으로 성장해 있었다. 더구나 동독, 서독과 미국, 소련, 프랑스가 모두 통일에 합의한 이상, 영국은 이를 막을 현실적 수단이 없었다.

그럼에도 대처는 끝까지 유보적 입장을 고수했다. 그 결과 통일 후 영국과 독일의 관계는 한동안 냉랭해졌고, 독일 국민 사이에서도 그녀에 대한 부정적인 인식이 남게 되었다. 독일통일 문제에서 대처는 자신의 리더십이 지닌 한계와 고립을 드러냈다.

영국의 영원한 화두: 유럽 대륙

영국은 지리적으로 유럽 대륙에 속하지만, 섬나라로서 정체성이 뚜렷하다. 그래서 영국인들이 전통적으로 유럽을 바라보는 시각은 매우 복잡미묘했다. 한편으로는 유럽과 우호적 관계를 유지하며 경제적 국익을 도모하고자 했으나 다른 한편으로는 대륙과 일정한 거리를 두고 독립적인 지위를 지키고자 했다.

국가의 주권을 수호하는 것을 가장 중요한 책무로 여긴 대처 총리는 유럽의 경제 자유화를 통한 활발한 교류는 환영했지만, 정치적 통합에는 소극적이었다. 그녀는 유럽연합 집행위원회European Commission, EC와 같은 초국가적 기구에 독립국가가 보유한 권한의 일부를 이양하는 것을 꺼렸다. 이러한 기구의 관료들은 민주적 선거를 통해 선출된 인물이 아니므로, 그들이 주권국가의 권한을 대신 행사하는 것은 민주주의 원칙에 어긋날 뿐 아니라 주권 침해이기도 했다. 하지만 경제적 통합과 정치적 독립의 균형을 유지하는 일은 결코 쉬운 과제가 아니었다. 이런 딜레마 속에서 대처는 1984년 6월 26일, 프랑스 퐁텐블로에서 열린 EU 정상회의에서 큰 외교적 성과를 거두었다. 고된 협상 끝에 영국의 EU 예산 분담금을 무려 40퍼센트나 줄이는 데 성공한 것이다.

유럽을 바라보는 시각은 보수당 내부에서도 여러 갈래로 나뉘어 있었기 때문에 이는 대외적 과제일 뿐 아니라 대내적 과제이기도 했다. 1985년 말, 영국에 남아 있던 유일한 헬리콥터 제조사 웨스트랜드의 향방을 둘러싸고 당내 갈등이 폭발했다. 당시 국방장관 마이클 헤셀타인Michael Heseltine은 적자에 시달리던 웨스트랜드를 영국, 독일, 프랑스, 이탈리아의 방산기업으로 구성된 유럽 컨소시엄에 편입시키려 했다. 반면 대처와 산업장관 레온 브리탄Leon Brittan은 미국 시코르스키의 자본을 끌어들이려고 하여 친유럽 노선과 친미 노선이 정면으로 충돌했다. 이 싸움은 대처 측의 승리로 끝났고, 헤셀타인은 1986년 1월 9일 사임했다. 그러나 두 진영 간의 골은 이후에도 점점 깊어졌다.

이런 가운데 1988년 9월 20일, 대처는 벨기에 브뤼허의 유럽대학교에서 역사적인 연설을 했다. "유럽은 각국이 고유한 관습과 정체성을 지키며 프랑스는 프랑스로, 영국은 영국으로, 이탈리아는 이탈리아로 존재할 때 더욱 강해질 것입니다. 이 나라들을 억지로 묶어 획일적인 '유럽인 정체성'을 만들려는 시도는 어리석은 일입니다. 유럽을 여러 나라로 이루어진 가족공동체로 만듭시다. 서로를 이해하고 존중하며 더 많은 일을 함께하되, 공동의 노력을 위해 각국의 국가 정체성을 희생하지는 말아야 합니다."

이 연설을 통해 대처는 '초국가적으로 통합된 유럽'이라는 개념을 분명히 거부했고 각료들과의 관계는 더욱 악화되었다. 이제 외교 정책뿐 아니라 경제 문제를 두고도 총리와 장관들 사이에 충돌이 발생할 가능성이 높아지기 시작했다.

그리고 1년 뒤, 그 우려는 곧 현실이 되었다. 1989년 10월, 나이절 로슨Nigel Lawson 재무장관이 자신과 의견이 달랐던 경제고문 앨런 월터스Alan Walters를 해임하지 않은 대처의 결정에 반발해 사임한 것이다. 그러나 근본적인 이유는 유로의 전 단계라 할 수 있는 유럽 환율 메커니즘European Exchange Mechanism, ERM에 영국 파운드가 합류해야 한다는 로슨의 의견을 대처가 받아들이지 않았기 때문이었다. 이 사건은 단순한 인사 갈등이 아닌 '대처리즘Thatcherism'이라 불린 경제 재건 노선의 중심축이 흔들리는 시발점이었다. 대처리즘은 대처 총리가 주도한 영국 경제 재건 정책 전반을 일컫는 말로, 로슨은 그 핵심 기둥과 같은 인물이었기에 그의 퇴장은 대처의 치세에 커다란 타격을 주었다.

여기에 이듬해 봄, 대처가 도입한 인두세가 국민의 격렬한 반발을 불러일으켰다. 인두세는 재산이나 소득과 무관하게 모든 사람에게 동일하게 부과되는 지방세로, 이러한 노골적인 불평등에 대중의 분노가 폭발했다. 더구나 1988년 이후 영국 경제가 급속히 악화되면서 국민들의 불만은 더욱 커졌다. 1990년 GDP는 거의 증가하지 않았고, 물가상승률은 다시 10퍼센트에 육박했다. 노동자뿐 아니라 중산층도 강하게 반발하며 분열돼 있던 야당들조차 단결하는 계기가 되었다.

이로 인해 보수당 내부에서도 대처를 퇴진시키려는 움직임이 본격화되었다. 경제 부진과 인두세뿐 아니라 대처의 유럽 정책 전반에 불만을 품은 세력이 그 중심이었다. 그러나 그 시점까지도 대처는 자신의 권력이 흔들리고 있음을 전혀 자각하지 못했다.

강인한 신념과 결단력이 초래한 분열

이러한 상황에서 1990년 11월 1일, 대처는 또 한 번의 거대한 정치적 타격을 맛보았다. 부총리와 재무장관, 외무장관을 역임했으며, 하원의 보수당 원내총무이자 오랜 벗이었던 제프리 하우가 돌연 사임을 선언한 것이다.

하우는 1989년 7월 하원 원내총무가 된 이후 내각과 당을 잇는 가교 역할을 해왔다. 그러나 영국은 유럽 단일통화에 반대하지 않는다는 그의 발언 직후, 대처는 로마 정상회담에서 여러 조건을 내세우며 난색을 표했다. 이어진 국무회의에서 대처가 하우를 '외국의 앞잡이가 된 어리석은 자'라고 비난하며 당내 분열을 더욱 촉진시켰고, 결국 하우는 대처의 유럽 정책을 사임의 직접적인 이유로 들며 다른 인사들에게도 거취를 정하라고 촉구했다.

다음 날 아침 웨스트랜드 문제로 사임했던 전 국방장관 마이클 헤설타인이 기다렸다는 듯이, 보수당 당수직 출마를 선언했다. 내부 동요가 순식간에 지도부 교체 요구로 번진 것이다. 보수당 당규에 따르면 현직 당수라 하더라도 지도부 신임 투표를 받아야 하며,

도전자가 나설 경우 1차 투표에서 과반 절대다수를 충족해야 승리할 수 있었다. 이에 따라 1990년 11월 20일, 보수당 의원들을 대상으로 1차 투표가 실시되었다.

그날 저녁, 파리에서 열린 유럽안보협력회의Conference on Security and Cooperation in Europe, CSCE에 참석하기 위해 영국 대사관에 머무르고 있던 대처에게 결과가 전해졌다. 결과는 대처 204표, 헤설타인 152표, 기권 16표였다. 대처가 1위를 차지했지만 규정상 요구되는 격차에 단 두 표가 모자랐다. 이로써 2차 투표가 불가피해졌고 그녀의 리더십은 마지막 시험대에 올랐다.

대처는 기자들에게 2차 투표까지 가겠다고 선언했지만, 행운의 여신은 더 이상 그녀의 편이 아니었다. 헤설타인은 언론의 주목을 받으며 상승세를 타고 있었고, 대처 진영 내부에서는 분열과 이탈의 조짐이 뚜렷해졌다. 이에 대처는 내각 각료들을 한 사람씩 불러 개별 면담을 진행했으나 돌아온 대답은 한결같았다. "저는 총리님을 지지하지만, 유감스럽게도 총리님께서는 2차 투표에서 승리하기 어려우실 것입니다."

11월 21일 늦은 밤, 대처는 마침내 결심을 굳혔다. 그리고 다음 날 아침 9시, 그녀는 각료들에게 자신의 사임 의사를 정식으로 밝혔다. 이후 열린 2차 투표에는 존 메이저 재무장관이 출마해 헤설타인을 제치고 당수로 선출되었다. 며칠 뒤인 11월 28일, 대처는 총리직에서 공식적으로 물러났다. 메이저 총리는 1992년 총선에서 보수당을 또다시 승리로 이끌어, 대처가 세 차례 총선에서 세운 기록을 잇는 네 번째 연속 집권을 완성했다.

대처의 사임은 한 시대의 종언이었다. 그녀는 강인한 신념과 결단력으로 영국 사회를 변화시켰지만, 동시에 그 확고함이 당내 갈등을 낳기도 했다. 이후 등장한 메이저 정부는 한층 더 실용적이고 온건한 리더십으로 정치의 균형을 회복하려 했다. 대처의 시대가 남긴 유산 위에서 영국은 새로운 방향을 모색하기 시작했다.

미래의 비전을 제시한 리더

마거릿 대처와 데니스 대처는 11년 8개월 만에 다우닝가 10번지를 영원히 떠났다. 불명예적인 사임을 맞이하긴 했으나, 대처는 취임 당시 누구도 가능하리라 생각하지 않았던 방식으로 영국을 변화시켜 획기적인 방법으로 나라를 근대화했다.

그녀는 인플레이션을 억제했고, 다수의 국영기업을 민영화했으며, 소득세와 투자세를 인하했다. 또한 공공임대주택을 대폭 확충해 수많은 서민들이 안정된 주거를 확보할 수 있도록 했고, 런던을 세계적인 금융 중심지로 성장시켰다. 치열한 투쟁 끝에 막강한 영향력을 행사하던 노동조합을 꺾은 것도 대처였다. 아르헨티나 군이 국제법상 명백히 영국 영토인 포클랜드를 침공했을 때, 그녀는 신속하고 단호하게 대응해 빼앗긴 영토를 되찾았다. 이 승리로 인해 과거 제국의 영광을 그리워하며 패배의식에 젖어 있던 영국인들은 자긍심을 되찾았고, 대처가 제시한 미래의 비전을 향해 다시금 각오를 다졌다.

국제 무대에서 그녀는 자국의 이익을 철저히 옹호하며 많은 경우 그 정력적인 노력이 놀라운 결실을 거두었다. 1984년 6월 26일, 퐁텐블로에서 열린 정상회의에서 영국의 EU 예산 분담금을 대폭 줄이는 데 성공한 일이 대표적인 사례다. 당시의 장면을 목격한 한 인사는 이렇게 회상했다. "그녀는 놀라울 만큼 극적인 몸짓을 하며 위스키를 단숨에 들이키더니 '그래!'라고 외쳤습니다."*

미국과의 특별한 관계를 유난히 강조했던 그녀의 외교정책 덕분에, 세계 무대에서 영국의 위상은 한층 높아졌다. 자연자원, 경제력, 군사력 등 어떤 측면에서 보더라도 1980년대의 영국은 초강대국이라 부를 만한 나라는 아니었다. 그럼에도 불구하고 대처의 강렬한 개성과 레이건 대통령과의 각별한 관계, 그리고 필요할 때마다 미국에 보낸 전폭적인 지지 덕분에 영국은 미국과 대등한 수준의 영향력을 행사했다.

반면 그녀의 재임 기간 동안 영국 사회의 내적 갈등은 심화되었

---

* Anne Fulda, 《Femmes d'Etat – L'art du pouvoir》, 2023.

고, 대처 정부는 사회간접자본인 인프라에 대한 투자를 게을리 했다. 또한 금융 산업을 키우는 과정에서 제조업을 등한시하여 산업공동화空洞化가 진행되었다. 이는 영국 경제의 미래에 먹구름을 드리우는 사건이었다. 대처는 유럽에서 영국을 고립시키는 정책을 썼기 때문에 유럽 대륙의 국가들이 영국을 겨냥해서 암묵적으로 단합하는 결과를 낳기도 했다. 이러한 현상이 영국의 국익에 배치됨은 말할 것도 없다.

결과적으로는 그녀의 권위적인 리더십 때문에 보수당 내부의 반대 세력이 더욱 강해지게 되었다. 1990년 4월, 대처가 국민들의 정서를 무시하고 자신만만하게 인두세를 밀어붙인 정책은 이미 그 시점에 그녀의 정치 감각이 떨어졌음을 보여준다. 인두세에 대한 거센 거국적 저항은 대처의 경쟁자들에게 결정적인 동력을 주는 계기가 되었고, 1990년 11월 대처 총리의 실각은 그녀 자신이 원인을 제공해준 것이나 마찬가지였다.

변화 경영의 유산

2013년 4월 8일, 그녀가 향년 87세로 세상을 떠나자 엘리자베스 2세Elizabeth Ⅱ 여왕은 직접 장례식에 참석해 그녀를 추모했다. 역대 영국 총리 가운데 이런 영예를 누린 이는 윈스턴 처칠뿐이었기에, 이는 영국 현대사에서 마거릿 대처가 차지하는 위치를 상징적으로 보여주는 일화라 할 수 있다.

앞서 정치지도자로서의 대처가 남긴 몇 가지 아쉬운 유산을 언급했지만, 그럼에도 그녀는 대영제국을 다시 일어서게 한 불세출의 위대한 지도자였다. 서서히 가라앉던 영국이 1970년대 말 대처와 같은 탁월하고 애국심 넘치는 인물을 총리로 맞이한 것은, 실로 큰 축복이었다고 확신한다. 1970년대 말부터 10여 년간 세계 외교무대를 주도하고 영국의 경제적 위상을 크게 높인 대처 총리를 한마디로 '변화 경영의 달인'이라 부를 수 있다. 그녀는 당시 영국이 절실히 필요로 했던 인플레이션 억제, 긴축정책, 국영기업 매각, 노조 개혁, 주택공급 확대, 소득세와 투자세 인하 등 대대적인 개혁 과제를 실현해냈다. 이에 그녀의 리더십이 현대의 기업 경영에 주는 시사점을 다음과 같이 간추려보았다.

첫째, 변화는 가능한 한 신속하게 추진하는 전향적 경영을 시도해야 한다. 변화는 언제나 우리가 예상한 것보다 더 많은 시간이 걸린다. 따라서 실행이 빠를수록 변화에 반대하는 세력을 이길 가능성은 높아진다. 변화는 언제나 창조적 파괴이기에 옛것을 부수지 않고는 새것을 세울 수 없지만, 지켜야 할 전통은 살리되 시대에 맞지 않는 것은 과감히 없애야 한다. 폐허 위가 아니라 단단한 기초를 다시 닦은 터전 위에서만 새로운 집이 세워질 수 있다.

둘째, 변화를 일으키려면 인심을 잃을 각오가 필요하다. 진정한 변화를 추진하는 사람은 비난과 모략에 익숙해져야 하며, 이를 감당하기 위해서는 용기와 내적인 독립심이 필요하다. 그러나 결국 사람들은 타인의 말에 흔들리는 유약한 리더보다, 원칙을 지키는 강인한 리더에게 더 큰 신뢰를 보낸다.

마지막으로, 변화를 일으키는 데 있어 커뮤니케이션의 중요성은 아무리 강조해도 지나치지 않는다. 변화의 메시지는 끊임없이 되풀이해서 전달해야 한다. 경영자가 아무리 같은 말을 여러 번 반복해도 구성원은 어쩌다 한 번 들을 뿐이다. 무엇보다 중요한 것은, 경영자가 말로만이 아니라 일관성 있는 행동으로 변화의 모범을 보임으로써 구성원들에게 확신을 주는 것이다.

3장

|신뢰|

단호함과 유연함 사이의 균형을 지켜라

불굴의 의지로 제국을 다시 일으킨 여제
마리아 테레지아

오스트리아 합스부르크 왕가의 최초이자 마지막 여성 군주이자, 근대화와 강국화를 이끈 대표적인 계몽군주 마리아 테레지아Maria Theresia. 그러나 그녀가 왕위를 계승하던 당시에는 사후 200년이 넘도록 오스트리아와 중부 유럽에 전설처럼 전해지는 신화적 군주가 되리라고는 누구도 예상하지 못했다.

마리아 테레지아가 여왕의 자리에 오르기까지 선대에서부터 여러 우여곡절이 있었다. 본래 그녀의 아버지 카를 6세Karl VI는 신성 로마제국 황제 레오폴트 1세Leopold I의 차남이었기 때문에 권좌에 오를 가능성이 높지 않았다. 그러나 1711년, 황위를 물려받은 형 요제프 1세Joseph I가 후계자를 남기지 못하고 세상을 떠나자 동생인 카를 6세가 제위를 잇게 되었다. 당시에는 여성의 왕위 계승권을 인정하지 않는 '살리카법Salic Law'이 통용되고 있었기에 요제프 1세의 딸들은 계승권 밖으로 밀려난 것이다.

하지만 왕위에 오른 이후 카를 6세 역시 아들을 얻지 못했다. 초조해진 그는 1713년, 자신을 황제로 만들어준 살리카법을 폐지하고 황제에게 남성 후계자가 없을 경우 딸이 합스부르크 제국을 상속받을 수 있도록 규정한 '국사조칙Pragmatic Sanction'을 공포했다. 레오폴트 1세가 죽기 전 차남 카를 6세에게서도 남성 후계자가 나오지 않을 경우를 대비하여 요제프 1세의 두 딸이 후계자 문제에서 배제되지 않도록 확실히 유언해두었는데, 국사조칙은 이에 정면으로 충돌하는 법령이었다. 이 문서가 불러올 논란과 반발을 예상한 카를 6세는 주변 국가의 인정을 받기 위해 여러 가지 외교적 노력을 기울였고, 그 결과 프랑스와 영국을 비롯한 다른 나라들의 승인을 얻어냈다. 그러는 와중에도 그는 아들을 얻을 수 있으리라는 희망의 끈을 놓지 않고 있었다.

그러나 기다린 보람도 없이 1740년 10월, 카를 6세는 갑자기 세상을 떠났고, 이어 스물세 살의 맏딸 마리아 테레지아가 합스부르크 제국의 새 통치자가 되었다. 그런데 평생 아들이 생기기만을 기다렸던 카를 6세는 황위 계승이 불확실하다고 생각해서인지 딸에게는 제국의 통치자로서 필요한 교육을 시키지 않았다. 그녀가 받은 교육은 어학, 종교, 음악이 전부였다. 갑자기 아버지의 자리를 물려받은 마리아 테레지아는 나라를 다스리는 일에 관해 전혀 아는 바가 없었다. 주변 국가의 왕실들은 합스부르크의 새 황제가 여성이라는 이유만으로 그녀가 무능하고 역량이 부족할 것이라고 단정했고, 적대 세력들에게 합스부르크는 좋은 먹잇감으로 비춰졌다.

가장 먼저 속내를 드러낸 이는 프로이센의 국왕 프리드리히 2세 Friedrich II였다. 그는 1740년 12월, 합스부르크 영지 가운데서도 가장 비옥한 실레시아를 점령하기 위해 전쟁을 일으켰다. 그러자 자신들의 몫을 챙기려는 다른 나라들도 연이어 참전하면서 프랑스, 작센, 스페인, 사보이 공국이 대규모 연합군을 형성하여 결과적으로 제국이 총공격을 받는 양상을 띠게 되었다.

저항정신의 화신

즉위하자마자 제국이 무너질지도 모르는 중대 위기에 부딪혔지만, 마리아 테레지아는 전혀 동요하지 않고 한 치의 양보도 없다는 태도를 측근과 신하 들에게 분명히 보여줬다. 스스로 모든 면에서 부족함을 잘 알고 있었기에 이 시련을 극복하려면 슬기로운 조언이 필요하다는 사실도 인식하고 있었다. 그러나 그녀가 의지할 수 있는 조력자는 어디에도 없었다. 돌아가신 아버지에 대한 존경과 신뢰의 표시로 카를 6세의 측근들이 아직 남아 있었으나 그들은 나이가 들어 판단력이 흐려졌고, 새로운 위기에 대응할 능력이 부족했으며, 실행력과 결단력도 잃은 지 오래였다. 심지어 이번 전쟁에서 테레지아가 타협하기를 권하는 사람들도 많았다. 그녀의 남편인 프란츠 슈테판Franz Stephan조차 프로이센과 협상할 것을 권했다. 그러나 그녀는 이런 패배주의적 의견에도 항전의 뜻을 굽히지 않았다. 이처럼 치세 초기 몇 해 동안 마리아 테레지아는 매일같이 크고 작은 위험들과 직면하면서 최고지도자의 중책이 무엇인지 몸소 배워갔다.

그녀는 무엇보다 남다른 불굴의 의지로 경험 부족이라는 약점을 메워갔다. 위기 앞에서 주저앉기보다는 정면으로 맞섰고, 실패를 교훈 삼아 더 나은 선택을 모색했다. 고난이 한 인간의 성품과 그릇을 드러낸다고 한다면, 그녀는 그 말의 뜻을 가장 완벽하게 증명한 실례實例였다. 연이은 시련 속에서 단련된 그녀는 점차 냉철한 판단력을 갖추게 되었고, 자신을 보필할 수 있는 인재를 보는 안목을 키워갔다.

즉위 직후 마리아 테레지아는 아버지 시대의 낡은 측근들을 대신하여 자신과 뜻이 맞고 신뢰할 수 있는 새로운 협력자를 찾기 위해 애썼다. 그리고 갖가지 시련을 겪으며 익힌 탁월한 식견으로 적임자들을 발굴해냈다. 레오폴트 다운Leopold Daun 장군, 프리드리히 하우그비츠Friedrich Haugwitz 백작, 벤첼 카우니츠Wenzel Kaunitz 백작(훗날 공작), 에마누엘 실바타루카Emanuel Silva-Tarouca 백작, 제라드 판 슈비텐Gerard van Swieten 주치의 등이 그녀가 발탁한 측근들이었다. 그녀는 만년에 이렇게 회고했다고 전해진다. "내가 금생에 자그마한 영광을 누린 것은 무엇보다 친구들을 잘 선택한 덕분이다."

마리아 테레지아가 사람을 고르는 눈이 뛰어났던 것도 사실이지만, 그보다 더 두드러진 건 사람들을 진심으로 따르게 하는 힘이었다. 그녀는 무엇보다 능력을 우선시했고, 신뢰가 쌓이면 신분에 상관없이 넓은 재량을 맡겼다. 그 덕분에 하우그비츠는 행정 개혁을, 카우니츠는 외교 정책을, 판 슈비텐은 교육과 의료 개혁을 주도할 수 있었다.

여제는 때로는 단호했지만 신하들의 충정을 헤아릴 줄 알았고, 전쟁 중에도 그들의 가족을 챙기거나 직접 위로의 편지를 보내기도 하는 따뜻한 지도자였다. 이런 인간적인 면모가 그녀를 중심으로 한 충성의 공동체를 만들었다고 할 수 있다. 실제로 그녀의 신뢰에 부응한 협력자들의 수는 헤아릴 수 없을 정도로 많았다. 모두가 군주 한 사람에게 헌신하는 마음으로 뭉쳐 그녀의 치세가 성공하도록 온 힘을 다했다. 그들의 노력 덕분에 마리아 테레지아는 위기 속에서도 흔들리지 않았고, 제국은 유럽의 강국으로 자리매김할 수 있었다.

훗날 조각가 카스파르 폰 춤부슈Kaspar von Zumbusch가 제작한 마리아 테레지아 기념비에는 여제의 좌상과 함께 그녀의 충신들

비엔나의 마리아 테레지아 기념비

이 나란히 새겨져 있다. 여제 혼자가 아니라 협력자들과 함께한 기억을 형상화했다는 점에서 그 어떤 찬사보다도 그녀의 리더십을 잘 보여주는 기념물이라 할 수 있다.

우리 삶에서도 사람의 성품을 꿰뚫어본다는 것은 쉽지 않은 일이다. 인재를 적재적소에 기용하고 그가 성공할 때까지 믿고 지켜보는 능력이야말로 그녀가 지닌 가장 큰 강점이었다. 이와 관련하여 중국 삼국시대의 걸출한 지도자 제갈공명이 남긴 '사람 알아보는 법'을 함께 소개하고자 한다. 뛰어난 두뇌의 소유자였던 제갈공명은 《제갈량집諸葛亮集》에서 인물을 판단할 때의 기준으로 일곱 가지 항목을 제시했다.

- 어떤 사안에 대해 선악의 판단을 물어 상대가 어디에 뜻을 두고 있는지 살핀다.
- 말로 상대를 궁지에 몰아넣고 그 태도가 어떻게 달라지는지 관찰한다.
- 계략에 대한 의견을 구해, 지식과 통찰의 깊이를 알아본다.
- 어려운 상황에 처하게 하여 용기와 결단력을 시험한다.
- 술에 취하게 하여 숨겨진 본성을 살핀다.
- 이익으로 유혹하여 청렴함의 정도를 가늠한다.
- 일을 맡겨보고 지시한 대로 실행하는가를 통해 신뢰할 만한 사람인지 판단한다.

이만하면 매우 치밀한 관찰법이라 할 수 있겠다. 특히 두 번째, 다섯 번째, 일곱 번째 항목은 인간의 본심을 꿰뚫는 듯 날카롭다. 이런 상사 아래에서 일하는 부하라면 속임수가 통하지 않아 힘들겠지만, 평소 겉과 속이 다르지 않은 신실하고 청렴한 사람이라면 두려워할 이유가 전혀 없다.

이처럼 '적재적소의 원칙'은 시대와 영역을 막론하고 리더십의 핵심으로 통한다. 사면초가의 위기 속에서 나라가 흔들리던 즉위 초반, 금발의 젊은 군주는 모든 결정을 스스로 내려야 했다. 그러나 그녀는 곧 이 시련을 극복하게 만드는 두 가지 자질을 드러냈다. 첫째는 탁월한 직감력으로, 이는 마리아 테레지아가 통치 내내 발휘한 가장 강력한 무기다. 둘째는, 당시 약점으로 여겨졌던 '여성 통치자'라는 편견 속에서도 특유의 세심함과 품위 있는 설득력으로 정치적 신뢰를 이끌어낸 능력이다. 헝가리와의 동맹 관계가 그 대표적인 사례 중 하나다.

언어로 제국을 지휘한 군주

1741년 4월, 날카로운 정치 감각과 세심한 배려로 무장한 마리아 테레지아는 헝가리의 프레스부르크(현재 브라티스라바)로 향했다. 이번 여정의 첫 번째 목적은 헝가리 여왕으로서 왕관을 받는 것이었으며, 다음으로는 프로이센을 필두로 하는 적대 세력과 싸우기 위해 헝가리 국회에 수만 명의 원군과 군자금을 요청하는 것이었다. 그러나 당시 헝가리는 오스트리아에 병합된 지 아직 반세기도 채 되지 않아 여전히 독립적인 정체성이 강했다. 특히 헝가리 귀족들은 자신들의 전통적인 특권에 강하게 집착하고 있었기에 성공할 가능성은 거의 없었다.

마리아 테레지아는 이런 상황을 잘 이해하고 있는 지도자였다. 가는 곳마다 적절한 언어를 구사하고 상황에 맞는 행동으로 사람들의 마음을 얻는 탁월한 수완을 발휘했다. 그녀는 세심한 표현과 태도가 정치 협상에서 얼마나 큰 효과를 불러오는지 이미 터득하고 있었고, 프레스부르크에 입성할 때 헝가리 전통 복장을 차려입는 등 현지 문화를 존중하는 모습을 보였다. 이에 감격한 군중들은 뜨거운 환호성을 지르며 그녀를 맞이했다.

그러나 진정한 열쇠는 헝가리 의회가 쥐고 있었다. 의회의 동의를 얻기 위해 마리아 테레지아는 신중히 연설을 준비했다. 회의장에 들어설 때 그녀는 헝가리 왕관을 쓰고 검은 옷을 걸쳐 헝가리에 대한 깊은 애정과 시국의 엄중함을 동시에 강조했다. 그녀는 연설에서 이렇게 호소했다. "모두에게 버림받은 저희는 오직 헝가리인들의 충성심과 용기에만 희망을 걸고 있습니다. 저희와 우리의 자식들, 왕실, 제국이 모두 없어질 위기에 처한 이 순간, 의원님들께 효과적인 원조를 간곡히 요청드립니다. 저희의 사명은 헝가리와 그 국민들께 왕년의 영광을 되찾아드리는 것입니다. 충성스러운 헝가리의 여러 신분계층은 저희의 진심에서 우러나오는 애정이 가져올 값진 결실을 확인하시게 될 것입니다."

마리아 테레지아는 헝가리 귀족들의 기사도 정신과 자부심에 호소하며, 여러 사건이 연이어 일어나 나라가 심각한 위기에 처했음을 솔직하게 털어놓았다. 그리고 이제 기댈 곳은 오직 헝가리뿐임을 애절하게 읍소했다. 이 연설은 진심과 전략이 절묘하게 맞물리며 약한 처지를 오히려 역으로 이용해 상대방의 마음을 움직였다. 연설의 효과는 극적인 반향을 일으켰고, 헝가리 의원들은 일제히 자리에서 일어나 "우리들의 여왕 마리아 테레지아를 위해 목숨을 바치자!"라고 외쳤다.

그뿐 아니라 마리아 테레지아는 어떤 상황에서도 신중함을 잃지 않는 협상력 또한 뛰어났다. 의회가 열리기 전, 냉랭한 분위기 속에서 진행된 예비 회담에서 그녀는 입을 열자마자 이렇게 말했다. "이번에 저희를 도와주시기만 하면, 헝가리의 자유를 보장하겠습니다." 그런 한편 군주의 권위를 위협할 만한 사안은 일체 양보하지 않았기에 그녀의 헝가리 방문을 불안한 눈으로 지켜보던 측근들은 비로소 안도할 수 있었다.

헝가리에 머무르는 동안 두드러진 효과를 발휘한 마리아 테레지아의 독특한 리더십은 그 후에도 여러 차례 빛을 보았다. 그중 하나가 몇 달 뒤, 프랑스·바이에른 연합군의 공격이었다. 그들은 다뉴

브강을 따라 비엔나로 진군했다가, 이후 목표를 변경하여 오스트리아 마지막 방어 요충지인 린츠로 접근하고 있었다.

전투가 벌어지기 전날, 마리아 테레지아는 또 한 번 절묘한 설득력을 발휘했다. 그녀는 오스트리아군 지휘관 루트비히 안드레아스 폰 케벤휠러Ludwig Andreas von Khevenhüller 장군에게 자신과 당시 한 살배기 맏아들 요제프 왕자의 초상화와 함께 편지를 써 보냈다.

"친애하는 충신 케벤휠러 장군님, 귀하가 지금 보고 있는 것은 온 세상에서 버림받은 여왕과 그 아들입니다. 이 아이의 장래는 어떨 것이라 생각하십니까? 당신의 상관은 충실한 심복인 당신에게 부탁을 전합니다. 영웅이여, 신과 인간의 앞에서 양심이 시키는 대로 행동하십시오. 정의를 방패로 삼고, 옳다고 생각하는 것을 하며, 거짓 맹세를 철저히 단죄하고, 이제는 신의 품 안에서 편히 쉬고 있는 오이겐 공을 본받으십시오. 그는 1709년 말플라케에서 프랑스군을, 1697년 젠타와 1717년 베오그라드에서 오스만군을 무찌른 명장이었습니다. 그의 영원불멸한 명예를 좇는다면 당신과 당신의 가문은 오늘부터 영원히 우리 폐하와 그 자손들이 베푸는 은총과 감사를 받을 것입니다. 나는 그대에게 군주의 이름으로 맹세합니다."

마리아 테레지아는 숙련된 감정 표현과 설득력으로 연합군과의 전투를 눈앞에 둔 장군에게 서한을 작성했다. 몇 주 전 헝가리 귀족들을 앞에 두고 했던 연설과 마찬가지로 장군의 기사도 정신에 호소하며 품위 있는 여제의 자세를 유지했다. 장교들과 함께 저녁식사를 하고 있던 중 편지를 받은 케벤휠러 장군은 즉시 자리에서 일어나 서한을 소리 높여 낭독했다. 마리아 테레지아의 편지가 끝나자 장교들은 일제히 자리에서 일어나 칼을 뽑고 한 목소리로 외쳤다. "마리아 테레지아를 위해 목숨을 바치자!" 이튿날 오스트리아군은 똑같은 구호를 외치며 전장으로 향했고, 마침내 린츠를 적으로부터 탈환했다.

린츠 탈환의 여운이 채 가시기도 전에 또 한 가지 인상적인 일화가 전해진다. 7년 전쟁 초기인 1757년 6월 18일, 콜린 전투를 승리로 이끈 레오폴트 다운 장군에게 마리아 테레지아가 직접 서한을 보냈다. 오스트리아가 프리드리히 2세를 상대로 거둔 최초의 승리였던 만큼 그녀의 기분은 한껏 고양되어 있었다. 이번에도 그녀는 상대의 마음을 사로잡는 어조와 단어 선택에서 탁월한 재능을 발휘했다.

"18일, 제국이 태어난 날입니다. 친애하는 다운 백작. 나는 이 멋진 날에 마음 깊이 우러나는 감사의 축사를 보내지 않고는 견딜 수 없습니다. 제국이 구제되고 내가 지금 이 자리에 있는 것은 귀하 덕분입니다. 살아 있는 한 이 사실은 내 마음과 기억에서 사라지지 않고 오히려 해마다 더 강하고 선명하게 느낄 것입니다. 백작과 백작의 가족에 대한 감사는 결코 말로 다할 수 없습니다. 나의 진정한

벗인 귀하를 나라와 군 그리고 나 자신을 위해 신께서 오래도록 지켜주시기를 기원합니다."

마리아 테레지아는 이 서한을 통해 자신과 부하들 사이에 중세 기사도 전통에 입각한 끈끈한 유대를 만들어내는 데 성공했다. 그녀는 다운 장군을 수석기사로 임명해 신뢰를 드러냈고, 이듬해에는 그를 위해 오스트리아 최고의 훈장 대십자훈장을 창설하며 두 사람의 신뢰 관계는 더욱 공고해졌다.

결단과 개혁의 리더십

마리아 테레지아는 이처럼 풍부한 감정 표현으로 측근들과 신뢰를 쌓았지만 제국의 사활이 걸린 문제에서는 언제나 단호하고 권위 있게 행동했다. 오스트리아 계승 전쟁 때 프로이센의 프리드리히 2세가 합스부르크 제국의 핵심 영토 중 하나인 실레시아를 침략하자, 실레시아를 포기하라고 권하는 사람들을 단호히 물리치고 끝까지 싸우겠다는 의지를 굽히지 않았다. 결국 실레시아를 잃었지만 다른 대부분의 전선에서는 영토를 지키거나 되찾을 수 있었다.

그러나 전쟁이 끝난 뒤, 마리아 테레지아는 앞으로의 외교정책을 둘러싸고 혼자 고립되었다. 제국의 장래를 좌우하는 중요한 문제를 놓고, 프로이센을 봉쇄하기 위해서는 영국과 다시 동맹관계를 맺어야 한다고 주장하는 추밀원*의 위원들과 대립했다. 실레시아 탈환에 전념하고 싶었던 그녀는 1740년대 초, 오스트리아 황위 계승 전쟁 때 대영동맹Anglo-Austrian Alliance에 손발이 묶여 움직일 수 없었던 경험에서 결정적인 교훈을 얻었다. 걸림돌이 되고 있는 영국과 결별하고, 대신 과거의 적국이었던 프랑스와 협력하는 외교 전략을 모색하기로 한 것이다.

합스부르크 왕조가 프랑스의 발루아 왕조 및 부르봉 왕조와 몇 세기에 걸쳐 대립해왔다는 사실을 생각하면, 이것은 그야말로 혁명적인 발상의 전환이었다. 회의에서는 오스트리아 계승 전쟁을 종결시킨 아헨 조약의 협상 과정에 참여했던 카우니츠 백작을 제외하고 모두 마리아 테레지아의 뜻에 반대했다. 그녀는 점잖게 그들의 말에 귀를 기울이기는 했지만 의견을 따르지는 않았다. 합스부르크 왕조의 오스트리아와 부르봉 왕조의 프랑스 간의 동맹을 중심으로 새로운 국제 질서를 구축하는 쪽으로 이미 마음을 굳혔던 것이다.

이렇게 과감히 방향을 틀자 마리아 테레지아는 더 이상 머뭇거리지 않고 즉각 움직이기 시작했다. 그녀는 먼저 카우니츠를 베르

---

* 군주를 보좌하며 국가 정책을 심의하는 최고 자문기관.

사유에 파견했고, 다음 단계로 1753년에는 카우니츠를 국가정무 회의의 일원으로 임명하면서 오스트리아 외교정책을 총괄하도록 했다. 그리고 1756년, 드디어 그녀의 외교 노력이 결실을 맺었다. 18세기 유럽의 외교 구도를 통째로 뒤집은 '외교혁명Diplomatic Revolution'을 통해 동맹 관계를 완전히 바꾼다는 목적이 달성된 것이다. 이때 맺은 프랑스와의 동맹은 그녀의 치세가 끝날 때까지 오스트리아 외교정책의 근간이 된다.

한편 마리아 테레지아는 계승 전쟁이라는 암흑기를 거치면서 전면적인 내정 개혁의 필요성을 절감했다. 그녀가 목표로 삼은 것은 앞서 말한 협상으로 약속된 특별 대우를 받는 헝가리를 제외하고 자산 상속 제도를 바꾸는 것이었다. 또한 행정과 재정 강화가 매우 시급한 일임을 깨닫고, 귀족들이 지배하는 지방의회의 권한을 약화시키려 했다. 테레지아는 이러한 내정 개혁의 임무를 하우그비츠 백작에게 맡겼는데, 중책을 맡은 그를 그녀는 이렇게 평한 바 있다. "정직하고 겉과 속이 다르지 않으며, 한쪽만 편들지 않고 야심과 당파심도 없다."

하우그비츠가 추진하는 개혁에 반대파가 훼방을 놓아도 그녀는 끝까지 그를 지지해주었다. 1748년 1월 29일, 추밀원 회의에서 반대 공세를 취한 인물은 보헤미아 귀족들의 대변자 프란츠 카를 폰 하라흐Franz Karl von Harrach 백작이었다. 그는 회의에서 의회의 권한을 국가(특히 군주권) 위에 두자는 공격적 개혁안을 제시했다. 많은 의원들이 찬성에 손을 들었지만 그녀는 이런 압력에 전혀 동요하지 않았다. 오히려 회의가 끝날 즈음, 하우그비츠 백작의 정책 추진에 반기를 드는 반대파들에게 거듭해서 자신의 입장을 명확히 밝혔다. "나는 하우그비츠 백작을 믿습니다. 그리고 국익을 위해 필요한 개혁을 마음껏 추진하도록 할 것입니다."

그녀는 국가 통치와 일상 업무를 효과적으로 관리하기 위해 하루 일정을 세밀하게 계획하고 체계적으로 운영했다. 이때 일정을 관리하는 데 큰 도움을 준 사람은 치세 초기부터 함께했던 측근이자 포르투갈 출신 귀족인 에마누엘 실바타루카 백작이었다. 그는 추밀원의 위원은 아니었지만, 마리아 테레지아는 개의치 않고 오히려 그 점을 활용했다. 자신의 이득을 위해 군주를 뒤에서 조종하지 않았고, 어떤 파벌과도 거리를 두었다는 면에서 바람직한 인물이었기 때문이다. 실바타루카 백작은 마리아 테레지아의 하루 일정을 기상 시간부터 분 단위로 짜고, 그녀가 일정에 충실히 따를 수 있도록 지원하였다.

마리아 테레지아는 항상 오전 9시 30분에는 업무를 시작했다. 이어 정오까지는 법안이나 서류를 검토하고, 각료의 보고를 듣거나 공청회에 출석했다. 오후 4시에 다시 업무를 시작하여 오후 8시까지 일을 처리하며 하루 약 6시간 30분 정도를 공무에 할애했다. 이를 통해 마리아 테레지아가 전임자들보다 훨씬 더 많은 시간을 국정에 쏟았음을 알 수 있다. 그녀 이후로 국정을 위해 시간을 아낌없이 쓰는 군주들이 잇따라 등장하게 된다.

    그러면서도 실바타루카 백작은 황제가 일하는 틈틈이 식사를 하고, 자녀들을 만나며 잠시 숨을 돌릴 수 있도록 배려했다. 마리아 테레지아는 국정을 바쁘게 돌보면서도 총 열여섯 명의 아이를 낳았는데 그중 딸 셋은 일찍 세상을 떠났다. 거대한 제국을 다스리며 열세 명의 자녀를 돌보는 일은 결코 쉽지 않았을 것이다. 그녀는 성별에 관계없이 자식들을 합스부르크 왕조에 도움되는 인물로 키워내는 것이야말로 여왕이자 어머니로서 의무라고 믿었다. 그녀는 1737년부터 1756년까지 무려 열여섯 차례 임신으로 막대한 체력을 소모하면서도, 단 한 번도 직무를 소홀히 한 적이 없었다. 출산 후 침대에서 휴식을 취해야 할 때에도 측근들을 만나며 국정 운영에 차질이 없도록 했다.

신뢰로 완성한 파트너십

1765년 8월, 마리아 테레지아의 치세에 중대한 전환점이 되는 사건이 일어난다. 부부의 연을 맺은 이후 줄곧 의지해왔던 남편 프란츠 슈테판을 잃은 것이다. 오랜 세월 부부로 함께하며 두 사람의 애정은 한 번도 식은 적이 없었다. 인스부르크에서 둘째 아들 레오폴트 왕자의 결혼식이 거행되던 중 남편이 갑작스럽게 세상을 떠나자 그녀는 퇴위를 생각할 정도로 커다란 충격을 받았다. 비록 실제로 퇴위하지는 않았지만, 그날 이후 그녀는 죽을 때까지 상복을 벗지 않았고, 이 운명의 일격은 이후 치세의 마지막 15년 동안 내내 그녀를 짓눌렀다.

마리아 테레지아가 흔치 않게 아버지의 뒤를 이어 여제의 자리에 오르자, 그녀의 남편도 세간의 주목을 받았다. 즉위 직후 마리아 테레지아는 '공동통치자'라는 특별한 칭호를 만들어 남편에게 부여했다. 그러자 많은 사람들은 공동통치는 교묘한 눈가리개일 뿐이며, 프란츠 슈테판이야말로 자연의 순리에 맞는 진정한 통치자라고 여겼다.

그러나 머지 않아 그들은 자신의 생각이 틀렸음을 깨닫게 된다. 프리드리히 2세가 이끄는 프로이센과의 전쟁이 임박했을 때, 마리아 테레지아는 실권을 쥐고 있는 게 누구인지를 명확히 보여주었다. 프란츠 슈테판이 적군과의 협상을 주장했지만, 그녀는 단호히 거부하고 철저히 항전하겠다는 의지를 천명했다. 명실상부한 통치자는 그녀임을 보여주는 사건이었다. 남편에게 준 공동통치자라는 칭호는 그의 위신을 세우기 위한 조치였을 뿐, 정치적으로 아무런 의미가 없는 명예직임이 밝혀진 것이다.

그렇지만 마리아 테레지아가 남편을 상징적인 존재로만 남겨두려 했던 것은 아니었으며, 오히려 그에게 명예롭고 실질적인 자리를 마련해주었다. 그녀는 합스부르크 제국의 통치자였지만 여성이라는 이유로 선조들처럼 신성로마제국의 왕관을 받을 권리가 없었고, 프란츠 슈테판이 대신 황제의 자리를 이어받아야 했다. 그러나 황제의 자리에 오르려면 아홉 명의 선제후選帝侯*가 참여하는 선거를 통과해야 했다. 오스트리아 계승 전쟁이 한창이던 1741년, 프리드리히 2세가 주도하고 루이 15세Louis XV의 프랑스가 지원하는 강력한 연합 세력이 그의 앞을 가로막았다. 결국 슈테판 대신 바이에른의 선제후 카를 알브레히트Karl Albrecht가 당선되어 신성로마제국의 황제이자 보헤미아의 왕위까지 거머쥐었다. 그러나 그 시기는 오래 지속되지 않았고 1745년, 카를 알브레히트가 세상을 떠나자 마침내 프란츠 슈테판이 프란츠 1세Franz I로 즉위하며 신성로마제국 황제가 되었다.

  이리하여 합스부르크 왕가, 정확히는 합스부르크-로트링겐 가문이 신성로마제국의 황위를 탈환했다. 그들은 1806년 나폴레옹이 신성로마제국을 해체할 때까지 그 자리를 놓치지 않았다. 프란츠 슈테판은 명목상 황제로서 정무를 수행했지만, 오스트리아의 이익, 즉 아내의 뜻을 우선시해야 함을 잘 알고 있었다. 또한 마리아 테레지아는 황실의 재정 관리를 전적으로 남편에게 맡겼고, 그는 이 분야에서 금방 재능을 발휘했다. 눈에 띌 만한 성과로는 가족

---

* 신성로마제국의 작위 제도에서 으뜸가는 지위로, 황제를 선출할 선거권을 가진 영주.

기금을 크게 늘린 덕분에 합스부르크 왕가의 재정은 말기에 이를 때까지 안정적으로 운영될 수 있었다.

왕관을 둘러싼 두 신념

마리아 테레지아는 1741년 계승 전쟁에서 겪은 위기를 다시는 되풀이하지 않겠다고 다짐했다. 그래서 만에 하나 갑작스럽게 불미스러운 일이 일어나더라도 승계가 원활히 이루어지고 남편이 죽은 후 예상치 못한 혼란이 일어나는 것을 대비하기 위해, 프란츠 슈테판이 살아 있을 때부터 장남 요제프 왕자를 신성로마제국의 예비 황제로 임명해두었다. 그런데 더 중요한 것은 남편이 세상을 떠난 후, 마리아 테레지아가 요제프를 곧바로 공동통치자로 앉혔다는 사실이다. 물론 이번에도 명목상의 자리일 뿐이었다. 그녀는 아들이 통치술을 익히도록 기회를 주었지만, 최종결정권은 언제나 자신이 단단히 쥐고 있었다.

그러나 아버지의 자리를 이어받은 요제프의 생각은 달랐다. 아버지의 갑작스러운 죽음으로 황위에 오른 그는 국익과 관련된 중대한 사안에 대해 자신만의 견해를 가지고 있었다. 무엇보다 어머니와는 근본적인 의견의 차이가 있었다. 신념이 강한 요제프는 아직 왕위에 오를 자질이 부족했으나, 이제 어머니의 시대는 끝났고 자신이 직접 통치해야 할 때가 왔다고 굳게 믿었다. 당시 마리아 테레지아는 남편의 죽음에 엄청난 충격을 받아 집중력이 떨어지고 국정에 대한 열의도 잃어 정치적 상황 또한 요제프에게 유리했다. 그녀는 충신 실바타루카 백작에게 이렇게 고백했다. "내가 왜 이런지 모르겠어요. 마치 동물처럼 기력도 없고 이성도 없어요. 기억나는 것이 하나도 없어요. 아침 5시에 일어나서 아무것도 하지 않은 채 하루를 보내고 있습니다."

마리아 테레지아는 강한 여성이었지만 세월의 흐름만큼은 거스를 수 없었다. 슬픔에 잠겨 있던 그녀는 가까스로 위기에서 벗어났지만, 남편 프란츠 슈테판이 세상을 떠났을 때 그녀는 이미 마흔여덟 살이었다. 그러나 권력을 아들 요제프에게 넘길 생각은 추호도 없었고, 앞으로 어머니와 아들 사이의 충돌은 시간문제에 불과했다.

두 사람은 산레모 문제를 두고 처음 부딪혔다. 요제프가 제노바 공화국에 속해 있었지만 역사적으로 신성로마제국과 관계가 깊은 도시 산레모의 권익을 주장한 것이다. 그러나 카우니츠는 제노바가 프랑스의 동맹국임을 지적하며, 사소한 문제로 비엔나와 베르사유의 관계를 악화시켜서는 안 된다고 반대했다. 이에 요제프는 격노하며 이렇게 소리쳤다. "나는 대신들의 꼭두각시가 되지 않을 것입니다!" 마리아 테레지아라면 절대로 입 밖에 내지 않았을 말이었다. 이에 그녀는 편지를 써서 아들을 호되게 야단쳤다. "카우니츠 백작에 대한 모욕은 결코 용납할 수 없다. 너는 아직 마음이 완전히 삐뚤어지진 않았지만, 점점 그렇게 변해가고 있다. 스스로 똑똑하고 대단하다고 착각하는 고약한 말투는 이제 그만두어라. 그런 말은 듣는 사람에게 상처와 모욕감을 주고, 결국 성실한 사람마저 너에게서 멀어지게 만든다. 그렇게 되면 세상은 너를 존경하거나 애정을 쏟을 만한 이유를 찾지 못할 것이다."

이렇게 호된 꾸중을 들은 요제프는 반발하지 않고, 오히려 앞서 카우니츠에게 한 말을 취소했다. 그러나 그 후에도 같은 일이 여러 번 되풀이되었고, 그때마다 결과도 매번 같았다. 마리아 테레지아도 치세의 전반부에는 나라를 바꾸고 근대화하는 중요한 개혁을 많이 이루어냈다. 그러나 요제프가 꼭 필요하다고 생각하는 개혁들은 전통과 사람에 대한 배려를 무시하고 효율 우선주의에 입각한 것이었다. 마리아 테레지아는 효율만 중시하는 개혁은 좋은 정치로 이어질 수 없다고 생각했고 아들의 사고방식에 많은 영향을 준 계몽사상가들에 전혀 공감할 수 없었다.

어머니와 아들의 갈등 시나리오는 계속해서 반복되었다. 요제프가 오만한 태도로 자기주장을 펼치며 강경하게 나오면 어머니가 제동을 걸었다. 절대적인 영향력을 쥔 이는 여전히 마리아 테레지아였으므로 요제프는 불만을 삭이며 마지못해 한발 물러설 수밖에 없었다. 그러나 이 같은 대립은 서로에게 깊은 응어리를 남겼다. 마리아 테레지아는 아들과의 토론에서 승리해도 씁쓸함이 남아 마음이 개운하지 않았고, 괴로움의 씨가 싹틀 수밖에 없었다. 그녀는 아들에게 보낸 어느 편지에서 이렇게 토로했다. "서로 애정을 품고 있으면서도 서로를 괴롭히고 있어 참 힘들구나. 아무리 상대방을 배려하려 해도 쉽지 않구나."*

양심으로 버틴 마지막 싸움

마리아 테레지아와 요제프가 가장 심각하게 대립했던 주제는 '종교적 관용'이었다. 계몽사상에 물든 요제프는 틈만 나면 종교 문제를 화두에 올렸고, 매번 공격적으로 자신의 주장을 내세웠다. 그러나 자신을 합스부르크 황실의 가톨릭 신앙 수호자로 여긴 마리아 테레지아는 결코 타협할 수 없었다. 17세기 말, 합스부르크 황실이 헝가리를 정복하고 트란실바니아(현재 루마니아 서북 지역)를 또다시 정복한 시점부터 이미 헌법에 공식적으로 종교의 다양성이 명시되어 있었지만, 그 밖의 지역에서는 신앙의 자유가 허용되지 않았다. 그녀는 가톨릭의 반종교개혁 사상을 신봉했고 구체적인 조치를 취하기도 했지만, 그 이상으로 나아가길 원하지 않았다.

---

* Anne Fulda, 《Femmes d'Etat – L'art du pouvoir》, 2023.

이 문제가 다시 불거진 것은 치세 말기 모라비아 지방에 개신교 세력이 대두하면서부터였다. 마리아 테레지아가 이들을 즉시 해산시키려 하자 요제프가 크게 반발했다. 이 일을 둘러싸고 어머니는 아들과 여러 차례 편지를 주고받으며 이렇게 타일렀다. "가톨릭은 제국을 떠받치는 기둥 중 하나라는 사실을 잊지 말아라." 요제프는 자신의 퇴위까지 암시하며 저항했지만 결국 자신의 의사를 철회했다.

한편, 마리아 테레지아도 종교 문제에 있어서 일부 양보를 했다. 합스부르크 제국의 귀족이나 통치자 가문 내에서는 가족 구성원 간에도 개신교 신앙을 인정하되, 후계자나 아이는 반드시 가톨릭 신자로 키워야 한다는 것이었다. 그러자 개신교 측은 이 결정을 공식적 인정으로 가는 첫걸음으로 해석하고 소동을 일으켰다. 그리하여 마리아 테레지아도 할 수 없이 개신교도들을 헝가리로 추방하는 강경책을 쓸 수밖에 없었다.

종교뿐 아니라 중요한 외교 문제에서도 모자는 자주 충돌했다. 특히 마리아 테레지아는 러시아의 황제 예카테리나 2세 Katharina II가 제안한 '폴란드 분할'을 도저히 납득할 수 없었다. 폴란드를 야금야금 손아귀에 넣어가던 예카테리나 2세가 합스부르크 제국과 프로이센에게 폴란드를 나눠 갖자고 제안한 것이었다. 고질적인 내분으로 약화된 폴란드는 유럽 정치의 거두들에게 더없이 탐스러운 먹잇감이었고, 프로이센의 프리드리히 2세는 기다렸다는 듯이 즉시 찬성했다. 7년 전쟁 이후 급속히 가까워진 두 나라는 1769년에 동맹을 맺으며, 폴란드 분할 계획의 윤곽을 드러냈다.

두 나라는 오스트리아의 동조를 요구했으나, 주권국가를 분할하는 것은 도의에 어긋난다고 생각한 마리아 테레지아는 이를 단호히 거절했다. 그러나 요제프가 카우니츠의 후원에 힘입어 폴란드 분할을 적극 지지하고 나서 더 이상 피할 수 없는 현실이 되자, 마리아 테레지아도 결국 양보할 수밖에 없었다. 1772년 8월 5일, 상트페테르부르크 조약에서 폴란드 분할이 공식화되었다. 그러나 그녀는 결코 자신의 뜻에 따른 결정이 아니었다고 강조하며 카우니츠에게 자신의 심정을 털어놓았다. "두 사람이 힘의 우위를 이용하여 죄 없는 자를 억압할 때, 제3자는 순전히 미래를 위한 대비와 현재의 편의를 위해 같은 부정을 저지르는 데 합류할 수 있고, 또 그것이 필요할 수도 있는 것이 정치의 세계라고 합니다. 하지만 저는 이해할 수 없습니다."*

그녀는 아들 페르디난트Ferdinand 왕자에게 보낸 서한에서도 이 문제를 언급하며, 온전한 한 나라를 분할하는 꺼림칙한 행위가 자신의 치세 전체를 더럽히는 상처로 남지 않을까 하는 두려움을 드러냈다. "신이시여, 제가 죽은 후에 이것이 저에게 큰 책임으로 돌

---

* Anne Fulda, 《Femmes d'Etat – L'art du pouvoir》, 2023.

아오지 않게 해주십시오. 주님께 고백합니다. 이 일이 조금도 뇌리에서 사라지지 않고, 제 마음을 짓누르며 괴롭히고 있습니다. 제 마음은 번뇌 덩어리입니다."

프리드리히 2세가 "그 여자는 울면서 언제나 빼앗는다"라고 비아냥거렸지만, 마리아 테레지아는 끝까지 가톨릭 국가의 군주로서 양심을 지켰다. 그리고 그런 자세를 잃지 않은 채 생을 마감했다.

마지막까지 품위를 지킨 명군

1780년 가을, 그녀의 건강은 급격히 악화되기 시작했다. 심장은 눈에 띄게 약해졌고, 비만이 진행되며 호흡이 가빠져 움직이기도 힘들었다. 그녀는 마지막 여정을 앞두고 마음속 깊은 고뇌를 숨기지 못했다. 몸이 서서히 무너지고 있음을 자각한 그녀는 당시 비엔나 주재 프랑스 대사 루이 브레퇴유 Louis de Breteuil에게 건강 상태가 급격히 악화되고 있다는 편지를 보냈고, 10월 15일에는 유서를 완성하며 이렇게 남겼다. "조상과 자신의 사명에 충실하지 못한 왕족이 될 바에는 차라리 신심 깊은 외국인의 통치를 받으십시오." 이름을 직접 언급하지는 않았지만, 누구나 전자가 요제프를 가리킨다는 사실을 알 수 있었다.

11월이 되자 병세는 더욱더 나빠졌지만, 그녀는 마치 병환의 진행에 항거하듯이 깊은 신앙심과 용기를 잃지 않았다. 고통 속에서도 문서를 검토하고 서명하며 끝까지 업무를 이어갔다. 11월 27일에서 28일로 넘어가는 밤, 마리아 테레지아는 더 이상 가망이 없어 보였다. 참모들이 침대에서 쉬기를 권했으나 그녀는 이렇게 말하며 거부했다. "자고 싶지 않아요. 죽음으로부터 불의의 기습을 받고 싶지 않습니다. 죽음을 마주하고 싶습니다." 마리아 테레지아는 평생 숱한 싸움 속에서 보여준 용기와 단호함으로 죽음에 당당히 맞섰다. 마리아 테레지아가 남긴 마지막 말이 그녀의 그런 모습을 잘 말해주고 있다.

밤 9시경, 마리아 테레지아는 마치 누군가의 부름에 응답하듯 의자에서 일어나 몇 걸음을 걷다 소파에 쓰러졌다. 곧 요제프가 달려와 외쳤다. "폐하, 그렇게 계시면 안 됩니다." 그러자 황제는 마지막 힘을 다해 간신히 대답했다. "그렇지. 그렇더라도 어차피 죽을 것이니까 괜찮네." 이윽고 그녀는 숨을 거두었다.

마리아 테레지아는 적의 공격으로 무너질 위기에 처한 나라를 불굴의 의지로 구해냈다. 시련 속에서도 용기와 행동력을 잃지 않았고, 고난이 지나가면 과거에 매몰되어 있는 대신 다시 나라를 다스리는 일에 몰두했다. 전통과 개혁의 균형을 맞추려 끊임없이 노력한 결과 나라의 안정을 유지할 수 있었고, 백성들의 사랑을 받는 위대한 군주로 오랫동안 찬양되었다.

그런 점에서 후계자인 요제프 2세와는 극명한 대조를 이룬다. 그녀가 우려했던 것처럼 요제프 2세는 10년의 통치 기간 동안 어머니가 인내로 쌓아올린 성과를 '너그러움을 모르는 정신'으로 거의 파괴해버렸다. 하지만 이후 차남 레오폴트 2세의 지성과 타협 정신이 '도나우 연방의 어머니'라 불린 마리아 테레지아의 유산을 되살려냈다.

근세 유럽의 히든 챔피언 지도자

황제로 즉위한 이후 온갖 어려움 속에서도 거대한 합스부르크 제국을 40년 동안 굳건히 지켜낸 마리아 테레지아는 분명 성공한 지도자다. 그 비결은 무엇보다 그녀가 오늘날 '히든 챔피언'이라 불리는 초일류 경영자들과 유사한 리더십 전략을 발휘했기 때문이다. 그녀가 보여준 리더십은 지금도 가장 현실적인 경영 모델로 손꼽히고 있다.

히든 챔피언 경영자는 우선순위와 목표를 명확히 정한 뒤, 실행을 위한 세부 단계는 현장을 가장 잘 아는 구성원들에게 맡긴다. 마리아 테레지아 역시 국가의 존립과 주권 수호 같은 중대한 결정은 반대가 있어도 직접 주관했지만, 구체적인 실행은 다운 장군과 카우니츠 백작처럼 믿을 만한 참모들에게 과감히 맡겼다. 그녀는 방향을 제시하고 신뢰를 기반으로 권한을 나누었으며, 그 결과는 오늘날 히든 챔피언들처럼 대체로 긍정적이었다.

　이러한 리더십 모델은 시대와 분야를 넘어 통한다. 삼성그룹의 창업자 호암 이병철 또한 '적재적소 원칙'을 중시한 인물로 유명하다. 그는 삼성 공채 면접에 심사위원으로 직접 참여하여 모나지 않고 용모가 단정하면서 평범한 사람을 높이 평가했다. 그에게 중요한 것은 뛰어난 재능보다 신뢰할 수 있는 성실한 인재였다. "얼굴을 보고 말 몇 마디를 듣고 그 사람의 인품을 제대로 가려낼 수는 없다. 그런 줄 알면서도 나는 재기에만 치우친 젊은이보다는 성실하고 온후한 인상을 주는 사람에게 더 호감이 간다. 나는 채용기준에서 학력에 50점, 인물에 50점을 배정한다. 인물은 용모 단정하고 건강하며 능동적인 성격을 우위에 둔다. 이 기준이 필기시험 성적에 치중하는 타사와 다르다. 학과 성적이 좋다고 해서 꼭 훌륭한 인재라고 할 수는 없다."

　그가 재기가 넘치는 사람보다 성실하고 단정한 사람을 더 높이 평가한 배경에 대해 삼성경제연구소장을 지낸 최우석은 이렇게 말한 바 있다. "제일제당, 제일모직, 한국비료, 삼성전자 같은 회사들은 모두 우수한 기계로 설계되어 조직적으로 운영됩니다. 중간에서 누수만 생기지 않으면 이익이 나도록 되어 있지요. 그렇기 때문에 특출한 재주를 가진 사람보다는 맡은 일에 최선을 다하는 성실한 인재가 필요하다는 생각을 갖게 되었습니다."

위기를 기회로 바꾸는 지혜

마리아 테레지아는 전략적 역발상의 대가였다. 성별이 정치적 약점으로 여겨지던 시대, 그녀는 그 사실을 오히려 전략적으로 활용했다. 섬세함과 품위를 무기로 삼아 헝가리의 전폭적인 지원을 이끌어낸 것이 대표적인 사례다. 그녀는 특유의 세밀하고 정제된 문체로 부하들의 뜨거운 충성심을 불러일으켰다.

이러한 '역발상의 지혜'는 오늘날 기업 경영에서도 여전히 통한다. 2020년 2월, 코로나19 사태가 갑작스럽게 닥치자 고객들이 대면을 꺼리며 보험업계는 큰 타격을 입었다. 이때 교보생명의 영업 담당 임원은 뜻밖의 해법을 제시했다. 고객들이 마스크가 없어 어려움을 겪고 있다는 사실에 주목한 것이다. 그는 다량의 마스크를 확보한 뒤, 고객에게 마스크를 선물하라고 제안했다. 고객들은 코로나 시대에 꼭 필요한 마스크를 받기 위해 설계사의 방문을 열렬히 환영했고, 설계사들은 고객들에게 마스크를 선물하며 자연스럽게 보험 상품을 판매할 수 있었다. 그 결과, 코로나 초기 위축된 시장 환경 속에서도 교보생명의 영업은 전혀 타격을 받지 않았다고 한다.

마리아 테레지아는 혼란과 위기 속에서도 명확한 목표를 세우고, 사람을 신뢰하며, 자신의 한계를 새로운 전략으로 바꾸어냈다. 권위에 기대지 않고 설득으로 움직였고, 전통을 버리지 않으면서도 시대의 변화를 두려워하지 않았다. 오늘날의 리더가 배워야 할 점이 있다면 바로 이 균형 감각일 것이다. 단호함과 유연함, 원칙과 공감 사이의 조화를 통해 합스부르크 왕가 역사상 최초이자 마지막 여성 통치자 마리아 테레지아는 굳건히 제국을 지켰다.

4장

|경청|

주의 깊게 듣고
자유롭게 이야기하게 하라

우직한 리더십으로 천하를 통일한 군주
조광윤

1936년 2월, 마오쩌둥毛澤東은 장제스蔣介石의 제5차 공산군 토벌전을 피해 대장정을 이어가던 중이었다. 눈 덮인 진진고원의 장엄한 풍경 앞에서 그는 한 편의 명시 《심원춘·설沁園春·雪》을 썼다. 이 시는 훗날 수많은 사람의 마음을 사로잡았는데 특히 아래 구절이 널리 알려져 있다.

    惜秦皇漢武 略輸文采
    아쉽게도 진시황과 한무제는 글재주가 모자랐고,
    唐宗宋祖 稍遜風騷
    당태종과 송태조는 시문과 풍류에 어두웠으며,

一代天驕 成吉思汗 只識彎弓射大雕

　　일세의 영웅 칭기즈 칸도 활을 당겨 큰 독수리를 쏠 줄만 알았네.

　　俱往矣

　　그러나 이 모두 지나간 일,

　　數風流人物 還看今朝

　　정녕 풍류인물을 꼽으려면 오히려 지금을 봐야 하리.*

마오쩌둥은 이 시에서 다섯 명의 황제를 언급하며, 그들이 무武로 이룩한 정치적 업적은 위대하지만 문文에서는 다소 부족하다고 평가했다. 몽골의 칭기즈 칸成吉思汗은 이민족 출신이니 예외로 하더라도, 나머지 네 황제는 모두 천하를 통일하거나 중국의 판도를 크게 넓혀 찬란한 명성을 떨친 중국사의 별들이었다. 진秦의 시황제始皇帝, 한漢의 무제武帝, 당唐의 태종太宗, 송宋의 태조太祖가 바로 그들이다.

이 가운데 가장 지명도가 높은 인물은 단연 진시황이었고, 가장 낮은 이는 아마 송의 태조 조광윤趙匡胤일 것이다. 송태조는 당나라가 멸망한 뒤 혼란스러웠던 오대십국五代十國 시대에 종지부를 찍고 천하를 통일했으며, 송 왕조의 기초를 단단히 다진 뛰어난 지도

---

* "문무를 겸비한 진정한 영웅호걸은 바로 나 마오쩌둥이다"라는 뜻이 담겨 있다.

자였다. 그의 정치적 업적은 진시황, 한무제, 당태종에 결코 뒤지지 않았다. 그럼에도 불구하고 조광윤의 이름이 상대적으로 덜 알려진 이유는 무엇일까?

진시황과 한무제는 모두 파격적이고 극적인 행보로 늘 화제의 중심에 서 있던 군주들이었다. 그러나 송태조는 인품과 행적이 지나치게 수수했기에, 위대한 업적에 걸맞은 눈부신 화려함이 부족했다. 예를 들어 진시황은 만리장성을 축조하고, 반체제 학자들을 산 채로 묻는 분서갱유焚書坑儒를 단행했다. 그의 행위가 옳았는지는 별개의 문제였지만, 적어도 그는 언제나 세간의 상식을 넘어서는 인물이었다. 한무제 또한 흉노족 토벌을 수차례 단행하며 군사적 명성을 쌓았고, 정치, 경제, 문화 등 여러 분야에서 걸출한 인재들을 기용해 자신의 치세를 찬란하게 물들였다.

당태종 역시 중국사에서 대표적인 명군名君으로 꼽히며, 역대 황제 중 '가장 현명한 군주'를 물으면 많은 이들이 가장 먼저 당태종을 떠올린다. 실제로 그는 유능한 통치자였지만, 동시에 자신의 이미지를 관리할 줄 아는 현실적인 군주였다. 태종은 후세의 기록에서 선전 효과를 높이기 위해 의도적으로 역사 서술을 조정했고, 그 결과 폭군의 상징인 수隋의 양제煬帝와 뚜렷이 대비되는 명군의 전형으로 자리매김했다. 사실 수양제 또한 대운하를 건설해 후세 중국인들에게 큰 편익을 남겼다는 점을 고려하면, 이러한 '이미지의 정치학'은 꽤 설득력이 있었다.

또 하나의 이유는 송태조의 천하통일의 과정이 비교적 평탄했기 때문이었다. 조광윤에게는 아수라장에서 악전고투하며 승리를 거둔 영웅담이 거의 없었고, 천하가 마치 잘 익은 감처럼 자연스럽게 그의 손에 들어왔다. 조광윤이 모셨던 주周의 시영柴榮은 영민하고 덕망 높은 군주였다. 그러나 천하통일의 꿈을 이루기도 전에 서른아홉의 젊은 나이로 세상을 떠났고, 일곱 살짜리 어린 아들 공제恭帝가 뒤를 이었다. 당시 근위군 총사령관이던 조광윤은 혼란을 수습하는 과정에서 장교들의 추대를 받아 황제의 자리에 올랐기에, 주변 사람들의 저항도 거의 없었다.

이후 그는 형남荊南, 후촉後蜀, 남한南漢, 남당南唐 등을 차례로 멸망시키며 천하통일이라는 목표에 성큼 다가섰다. 그러나 상대국의 군주들이 하나같이 무능하고 내부 결속이 약했기 때문에 토벌 작전을 비교적 수월히 수행할 수 있었다. 어쩌면 그는 행운아였지만, 바로 그 점 때문에 역사 속에서 그의 존재감은 오히려 희미해졌다.

평범함 속의 비범함

조광윤은 난세를 끝내고 천하를 통일한 인물치고는 영웅이나 호걸의 이미지를 찾아보기 어려웠다. 오히려 권력의 정점에 있으면서도 보통 사람에 가까운 면모를 보였고, 이런 인간적인 성정은 여러 일화를 통해 전해 내려온다.

어느 날 왕궁 정원에서 참새잡기를 즐기고 있었던 그에게 한 중신이 다가와 아뢰었다. "급히 결재받을 일이 있어 알현하고자 합니다." 무슨 일인가 궁금해 불러들여 서류를 살펴보니, 급하기는커녕 전혀 서두를 필요가 없는 평범한 결재 사항에 불과했다. 조광윤은 목소리를 높여 신하를 꾸짖었다. "이것이 그렇게 급한 용건인가?" 그러자 중신이 대꾸했다. "황공하오나, 참새잡기보다는 더 시급합니다." 순간 분노를 이기지 못한 조광윤은 도끼 자루로 신하의 얼굴을 세게 내리쳤고, 그 충격으로 신하의 이가 두 개나 땅에 떨어졌다. 그러자 신하는 아무 말 없이 무릎을 꿇어 떨어진 이를 주워 주머니에 넣었다. 당황한 조광윤이 물었다. "그것을 증거로 나를 고발할 생각이냐?" 신하는 고개를 숙이며 대답했다. "폐하를 고발하다니 그런 뜻은 전혀 없습니다. 다만 이 일은 사관이 분명히 기록으로 남길 것입니다."

중국의 황제의 곁에는 늘 사관이 함께하며 언행을 기록했는데, 이를 '기거주起居注'라 하였다. 기거주는 훗날 정사正史를 편찬할 때 기본 사료가 되었으므로, 신중한 황제라면 자신에 대한 기록을 신경 쓰지 않을 수 없었다. 달리 말하면, 기거주는 황제의 폭주를 견제하는 장치이기도 했다. 사관의 기록이 남는다는 말을 들은 조광윤은 잠시 생각에 잠겼다. 이런 일이 문서로 남는다면 후세의 웃음거리가 되거나 자칫 폭군의 누명을 쓸 수도 있겠다는 결론에 다다른 그는 그 신하에게 막대한 배상금을 내렸다.

또 다른 이야기도 전해진다. 노년에 그는 말을 타고 교외로 토끼 사냥을 나갔다가, 말이 웅덩이에 빠지며 낙마하고 말았다. 분노한 그는 허리에 찬 칼을 뽑아 말을 찔러 죽였으나 곧 후회하며 이렇게 말했다. "내가 천하의 주인이 되었는데도 경망스럽게 사냥을 하고 있구나. 또 어찌 말을 처벌한단 말인가?" 그 후 조광윤은 두 번 다시 사냥을 나가지 않았다.

이 두 이야기에서 볼 수 있듯이, 송태조 조광윤은 성격이 급하고 화를 잘 내는 사람이었다. 그런 성정을 억제하려 애썼지만, 때로는 눌려 있던 본성이 폭발하기도 했다. 그러나 곧장 자신을 돌아보고 후회했으며, 거기서 멈추지 않고 후속 조치까지 취했다. 황제라는 지위상 굳이 후회할 필요도, 사과할 의무도 없었지만, 그럼에도 스스로 잘못을 인정하고 보상했다는 점에서 그의 태도는 특별했다. 그런 점에서 조광윤을 영웅이나 호걸보다는 '평범함 속의 비범함'을 지닌 인물이라고 평가할 수 있다.

난세에 깨어난 영웅

송태조 조광윤은 중국 역사에서 오대십국이라 불린 시대에 태어났다. 이 시기는 907년 당이 멸망하고 960년 송이 건국되기까지 불과 53년에 지나지 않았지만, 그 사이 후량後梁, 후당後唐, 후진後晉, 후한後漢, 후주後周 다섯 왕조가 잇따라 교체될 만큼 정세가 어지러웠다. 이 오대 왕조의 지배력은 주로 중국의 중앙부에 해당하는 황하 유역에 밀집되어 있었고, 그 주변에는 전촉前蜀, 후촉, 오, 남당, 민閩, 초楚, 형남, 남한, 오월吳越, 북한北漢 등 수많은 군소국이 서로 대립하며 항쟁을 거듭했다. 한편 북방에서는 거란족이 세력을 확장하며 중국의 정국에 수시로 개입했으며 그 영향력은 왕조 교체에까지 미쳤다. 그 결과 오대십국 시기는 그야말로 난세였고, 반란이 빈번하여 군사력이 모든 것을 결정하던 시대였다.

조광윤의 아버지 조굉은은 후당, 후진, 후한, 후주 네 왕조에 걸쳐 봉사한 무인이었다. 조광윤은 아버지가 근위장교로 후당의 장종莊宗을 모시던 927년, 낙양 근처 협마영이라는 병영에서 태어났다. 소년 시절의 조광윤에 대해서는《송사宋史》의 〈태조본기太祖本紀〉에 다음과 같은 기록이 남아 있다. "장성하자 용모가 우람하고 훌륭했으며, 도량이 넓고 시원시원하였다. 식견이 있는 사람들은 그가 비상한 인물이 될 것임을 알아보았다."

난세에 태어난 그는 어린 시절부터 무예와 경쟁에 익숙했다. 유학자 신문열辛文悅의 글방에서 사서오경四書五經* 등 당시의 기본적인

---

* 유교 경전《논어》,《맹자》,《중용》,《대학》,《시경》,《서경》,《주역》,《예기》,《춘추》.

교양과목을 배우기 시작했으나, 공부를 마치면 쏜살같이 집으로 달려가 이웃 아이들과 전쟁놀이에 빠져 시간 가는 줄을 몰랐다. 또한 스스로 소년부대를 조직해 낙양 시내를 누볐다는 이야기도 전해진다.

후당이 멸망하고 후진이 들어서자 수도가 낙양에서 변량으로 옮겨졌다. 그의 아버지 조굉은도 새 왕조의 근위군으로 근무하게 되면서 가족이 함께 이주했고, 광윤도 소년기에서 청년기에 걸쳐 변량에 살게 되었다. 이 시기에도 광윤은 문보다는 무에 더 힘을 쏟았는데, 이러한 기질은 〈태조본기〉에서도 엿볼 수 있다. 어느 날 그는 고삐도 안장도 없이 말을 타고 놀다가, 말이 갑자기 달려 성문에 부딪혀 떨어졌다. 그러나 그는 곧바로 몸을 일으켜 달아나는 말을 뒤쫓아 다시 올라탔다고 한다. 변량 시절의 조광윤은 이처럼 기마와 활쏘기 등 무술에 몰두하며 언젠가 자신에게 주어질 기회를 준비하고 있었다. 그리고 훗날 이러한 능력은 후주의 시영에게 인정받는 계기가 되었다.

열여덟 살이 되는 해 광윤은 장가를 들었지만, 한동안 아버지 곁에 머물렀다. 조굉은은 근위군 장교였으나 왕조가 잇따라 바뀌는 격변기에 큰 출세를 이루지 못했고, 집안 사정도 넉넉하지 않았다. 939년에는 둘째 아우이자 훗날 태종이 되는 광의匡義가, 947년에는 셋째 아우 광미光美가 태어났다. 불안정한 시대와 어려운 살림 속에서 조광윤은 일찍부터 장남으로서의 책임을 체감했다.

스물한 살이 되자 광윤은 사회로 나아갈 길을 찾기 위해 여러 나라를 떠돌기 시작했다. 그는 약 3년 동안 중국 각지를 전전하며 세상의 고단함을 온몸으로 겪었다. 생활비를 마련하려 도박에 손을 대어 운 좋게 큰돈을 땄으나 현지 건달들에게 빼앗겨 무일푼이 되기도 했고, 아버지의 지인을 찾아갔으나 냉대를 받기도 했다. 그 과정에서 간쑤성에서 산시성, 호북성에 이르는 광활한 지역을 걸어서 돌아다니며 세상과 인간의 다양한 모습을 체험했다. 이러한 방랑의 세월은 그를 침착하고 인내심 강한 인물로 단련시켰고, 힘겨운 세월 속에서도 자신에 대한 자부심과 자신감을 얻었다. 그 무렵 그가 읊었다고 전해지는 시가 있다.

떠오를 듯 말 듯 아직 나오지 않았는데,
빛이 매섭게 후려치니.
온 누리의 산이 불처럼 밝아지네.

순식간에 달려 하늘을 향해 솟아오르네.
뒤따르는 새벽별을 물리치네,
달도 물리치네.

막 떠오르는 태양을 자신에 비유한 시였다. 역경 속에서도 굴복하지 않고 고난을 성장의 밑거름으로 삼으려는 광윤의 결의가 담거 있다. 어쩌면 인간을 평범함에 머물게 하거나, 비범함으로 이끄는 힘은 바로 그 마음가짐의 차이에 있는지도 모른다. 대승불교의 최고 경전 중 하나인 《화엄경華嚴經》에도 일체유심조一切唯心造, 즉 '오로지 마음이 모든 것을 짓는다'는 구절이 있다. 일본의 경영철학자 이나모리 가즈오 역시 '인생의 결과 = 사고방식 × 열의 × 능력'이라는 성공 방정식을 제시하며, 올바른 마음가짐이 성공과 실패를 좌우한다고 말했다. 조광윤, 《화엄경》, 이나모리 가즈오 모두 역경을 대하는 태도야말로 운명을 가르는 출발점임을 일깨워준다.

얼마 지나지 않아 광윤에게도 전환점이 찾아왔다. 방랑의 생활을 이어가던 어느 날 밤, 그는 양양의 변두리에 있는 어느 절을 찾아가 "하룻밤 묵을 수 있겠습니까?"라고 물었다. 절의 스님은 그가 보통 인물이 아님을 한눈에 알아보고 약간의 여비를 건네며 이렇게 조언했다. "업의 군사령관 곽위郭威에게 가보시오. 훌륭한 분이니 그에게 몸을 의탁한다면 길이 열릴 것이오." 곽위는 훗날 후주 왕조의 태조가 되는 인물로, 당시 후한의 중진으로서 업에 주둔하며 거란의 침공에 대비하고 있었다. 앞길이 막막했던 광윤은 스님의 말을 하늘이 내린 계시라 여기고 곧장 업으로 향해 곽위를 찾아갔다.

준비된 자가 기회를 얻는다

950년, 스물세 살이던 조광윤은 곽위의 군대에 몸을 의탁했다. 그해 곽위는 부하들의 추대로 무혈 쿠데타를 일으켜 후한 왕조를 무너뜨렸고 후주를 세우며 황제의 자리에 올랐다. 조광윤은 곽위를 도운 공로를 인정받아 근위군 장교로 임명되었고, 이것이 그가 출세의 길로 나아가는 첫걸음이 되었다.

2년 뒤, 그는 총사령관으로 임명되어 활주에 부임하였다. 당시 황제의 아들 시영은 개봉부開封府의 도장관都長官으로 임명되어 황제 곁에서 정무를 보았다. 시영은 이전부터 광윤의 재능을 높이 평가해왔고, 그의 능력을 눈여겨본 끝에 직접 추천하여 광윤을 개봉부 마직군사開封府馬直軍使로 발탁했다. 이로써 그는 수도 개봉에 남아 시영의 직속 부하로 근무하게 되었으며, 가까이서 능력을 입증할 수 있는 기회를 얻었다.

이것은 광윤에게 인생의 두 번째 전환점이었다. 불과 1년 뒤, 태조 곽위가 세상을 떠나고 시영이 뒤를 이어 황제의 자리에 올랐기 때문이다. 그가 바로 명군으로 이름난 후주의 세종*(재위 954~959)이었다. 세종은 즉위 후 곽위의 사위 장영덕張永德과 더불어 조광윤

---

* 덕망이 높은 제왕에게 붙이던 묘호.

에게 근위군 지휘를 맡기며 중책을 부여했다. 이때부터 광윤은 세종의 곁에서 군사적 재능을 본격적으로 발휘할 기회를 얻게 되었다.

앞서 곽위가 후한 왕조를 멸망시키고 후주를 세웠을 때, 후한 왕실의 일족 유종劉崇은 이에 대항해 진양에 북한을 세웠다. 그런 뒤, 세종이 즉위하자 거란의 원군을 끌어들여 후주 영토를 침입했다. 당시 후주는 상중에 있었는데, 세종은 신하들의 반대를 무릅쓰고 적군과 직접 맞서 싸우기로 결심했다. 이때 조광윤은 장영덕과 함께 약 4천 명의 근위군을 이끌고 황제를 따랐다. 양쪽 군대는 고평에서 맞붙었고, 적군은 순식간에 후주군을 압박하며 황제의 본진을 포위했다. 위급한 순간, 조광윤은 병사들을 이끌고 적진으로 돌진해 포위망을 뚫고 황제를 구출했다. 이 고평 전투는 세종이 조광윤을 신뢰하게 되는 결정적 계기가 되었다.

오대십국 시대에서 으뜸가는 뛰어난 임금으로 꼽혔던 세종은 직접 천하통일의 대업을 이루겠다는 꿈을 품고 있었다. 이를 위해서는 무엇보다 황제를 호위하는 근위부대의 강화가 필요하다고 보았고, 그 막중한 임무를 다름 아닌 조광윤에게 맡겼다. 조광윤은 불과 5년에 그친 세종의 짧은 재위 기간 동안 다섯 차례에 걸친 원정에서 눈부신 전공을 세웠다. 특히 세 차례의 남당 원정에서 그는 탁월한 전략과 지휘력을 발휘했다. 955년, 제1차 남당 원정의 첫 관문은 회하 유역의 수주였다. 남당의 방어선은 견고하여 쉽게 함락되지 않았고, 하류 도산 일대에는 약 1만 명의 남당 수군이 정박해 있었다. 수주 공략에만 병력을 집중하기 어려운 상황이었던 때, 조광윤이 세종의 명을 받고 도산으로 향했다. 그는 경기병을 이끌고 기습 공격을 감행한 뒤 재빨리 철수해 적군을 유인했고, 예상치 못한 전술에 속은 적군이 추격하자 미리 잠복시켜둔 복병이 그들을 섬멸했다.

그러나 수주는 끝내 함락되지 않았다. 세종은 다시 조광윤에게 명을 내려 수천 명의 병력과 함께 저주滁洲를 공격하게 했다. 저주는 회남 지역의 요충지로, 남당의 수도 금릉(현재 남경)에서 그리 멀지 않은 곳에 있었다. 따라서 저주가 함락되면 수주는 고립될 터였으므로, 남당은 1만 5천 명의 병력을 투입해 필사적으로 저항할 태세를 갖추고 있었다. 광윤은 병사들을 독려하며 공격에 나섰으나 쉽게 함락시키지 못했다.

그때 근처 마을에 계략에 밝은 조선생趙先生이라는 인물이 있다는 소문을 들은 조광윤은 직접 찾아가 자문했다. 그러자 조선생이 말했다. "이산裏山에 저주로 통하는 샛길이 있습니다." 조광윤은 즉시 조선생의 안내를 받아 그 샛길로 진군했다. 조선생의 예견대로 적은 방비하지 못했고, 그는 큰 저항 없이 저주를 점령할 수 있었다. 이 전투의 승리로 조광윤의 이름은 '후주군에 걸출한 인물이 있다'라는 평가와 함께 널리 알려졌다. 또한 계책을 제시한 조선생은 훗날 그의 심복이 되어 조보趙普라는 이름으로 활약하게 된다. 조광윤은 이 전투로 명성과 인재라는 두 가지 보배를 동시에 얻은 셈이다.

저주를 함락시킨 그는 군을 이끌고 육합에 주둔했다. 남당군은 육합에서 약 20리 떨어진 곳에 2만 명의 병력을 두고 방어선을 구축했다. 부하 장수들이 공격을 청했으나, 조광윤은 그들을 제지하며 말했다. "적이 수비를 견고히 하는 것은 우리를 두려워하기 때문이다. 그러나 우리 병력은 2천 명에 불과하다. 경솔히 공격하면 병력의 규모를 노출하게 된다. 적이 먼저 공격해오도록 기다리는 것이 상책이다. 그러면 반드시 승리할 수 있다."

며칠 뒤, 예견대로 적군이 먼저 공격해왔다. 완벽히 준비하고 있던 조광윤은 그들을 일거에 격파했다. 그는 전투 중 사기가 떨어진 병사를 보면 직접 칼로 그들의 갓을 베며 경각심을 일깨웠고, 다음 날 사열에서 그 흔적이 남은 병사들을 찾아 목을 베었다. 이후 병사들은 결연한 각오로 싸웠고, 이 공로로 광윤은 정국절도사定國節度使에 임명되어 근위군 사령관의 자리에 올랐다. 그는 세종 치하에서 위기에 처한 부대를 구하거나 어려운 작전을 맡는 해결사로 불렸으며, 맡은 임무는 언제나 완벽히 수행했다. 육합 전투에서 보여준 것처럼 그는 무리하게 공격하기보다, 적의 움직임을 기다렸다가 결정적 순간에 치고 들어갔다. 그는 부드러움과 굳셈을 교묘히 조절할 줄 아는 노련한 지장智將이었다.

새로운 황제로 태어나다

수도 개봉으로 돌아온 세종은 이듬해인 957년 봄과 겨울, 두 차례에 걸쳐 다시 남당을 공격했다. 조광윤은 두 번 모두 원정에 참가하여 눈부신 전공을 세웠다. 거듭되는 후주군의 침공을 견디지 못한 남당은 회남의 열네 개 주를 내주는 조건으로 강화를 제안했고, 세종이 이를 받아들임으로써 회남 전투는 종결되었다.

959년, 세종은 거란 토벌에 나섰다. 그 결정의 배경에는 깊은 굴욕의 기억이 있었다. 앞서 후진의 석경당石敬瑭이 거란의 원조를 얻기 위해 연운 16주를 떼어준 일이 있었는데, 이는 한족 왕조로서는 씻기 힘든 치욕이었다. 세종은 이 땅을 되찾아 천하의 질서를 바로잡겠다는 일념으로 출정했고, 조광윤도 세종을 따라 이 작전에 참가했다. 토벌군은 연전연승하며 무서운 기세로 전진했으나, 장기 원정의 피로와 혹한 속에서 세종이 병으로 쓰러졌다. 세종은 원정을 중지하고 개봉으로 돌아왔지만 병세는 나아지지 않았고, 그해 겨울, 서른아홉의 젊은 나이에 대업의 완수를 눈앞에 두고 세상을 떠났다.

이후 아들 종훈宗訓이 일곱 살이라는 어린 나이로 즉위하여 공제가 되었다. 세종은 임종에 앞서 심복 조광윤을 근위군 총사령관에 임명하고, 어린 황제를 대신해 나라의 안정을 맡겼다. 조광윤의 입장에서 보자면, 이는 곧 후주 왕조의 실권을 손에 넣은 순간이었다.

이듬해인 960년, 거란군 침공 소식이 개봉에 전해졌다. 조광윤은 맞서 싸우기 위해 근위군을 이끌고 도읍을 떠났다. 그러나 수도에서 약 40리 떨어진 진교 역사에 묵던 밤, 이변이 일어났다. 술에 취해 잠들어 있던 조광윤을 서기관장 조보가 깨웠다. "장군을 황제로 추대하기로 하였습니다." 주변을 둘러보니 무장을 한 장병들이 가득 모여 그의 대답을 기다리고 있었다. 조보는 미리 준비한 황포*를 조광윤에게 입혔고, 장병들은 일제히 만세를 외치며 그를 말에 태워 도읍으로 향했다. 조광윤은 수도에 입성하기에 앞서 세 가지를 명령했다.

- 태후와 어린 황제를 놀라게 하거나 해쳐서는 안 된다.
- 중신들은 동료이므로 함부로 해쳐서는 안 된다.
- 국고는 나라의 보배이므로 약탈해서는 안 된다.

이리하여 조광윤은 장병들의 옹립을 받아 수도로 돌아왔다. 중신들은 크게 당황했으나 저항할 수 없었고, 공제는 끝내 그에게 황위를 양위했다. 조광윤은 자신이 송주의 절도사로 있던 인연을 들어 국호를 '송'으로 정했고, 서른넷에 황제의 자리에 올랐다.

---

* 천자의 옷.

조광윤의 즉위는 거의 무혈에 가까웠다. 그는 자신이 장악한 군사력을 실제로 사용할 필요조차 없었다. 그 가장 큰 원인은 세종이 갑자기 붕어한 데 있었다. 반란과 실력주의가 횡행하던 시대, 근위군 장병들은 어린 황제를 위해 복무하기를 꺼렸으니, 애초에 일곱 살의 공제는 왕조를 유지할 수 없었던 것이다. 이런 점에서 세종의 급작스런 죽음은 역설적으로 조광윤에게는 커다란 행운이 되었다.

강한 줄기, 약한 가지

태조 조광윤은 즉위한 그해, 반란을 일으킨 절도사 이균李筠과 이중진李重進을 잇따라 토벌하며 정권 안정의 첫걸음을 내디뎠다. 그러나 새 왕조를 안정된 궤도에 올려놓기 위해서는 여전히 해결해야 할 과제가 남아 있었다. 태조는 어느 날 측근 조보를 불러 나라의 백년대계를 상의했다.

"천하의 전란을 평정하고, 나라를 오랫동안 번영시킬 방책을 세우고자 하네. 좋은 계책이 없겠는가?" 조보는 이렇게 아뢰었다. "당나라 말기부터 오대에 이르기까지 왕조가 잇따라 무너진 것은 절도사들의 권력이 지나치게 커졌기 때문입니다. 그들이 각지의 군권과 재정을 장악하니 황제의 권위가 바닥에 떨어졌습니다. 이제

부터 서서히 절도사의 권력을 뺏고, 그들이 장악하고 있는 정예부대를 중앙으로 불러들이신다면 천하는 저절로 태평해질 것입니다."

절도사들은 당 말기부터 각 지방에 할거하며 강력한 군사력을 바탕으로 사실상 독립국가를 이루어왔다. 오대 왕조 모두 시조가 절도사 출신이었고, 조광윤 자신도 세종 휘하에서 절도사로 근무하며 세력을 키운 인물이었기에 그 위험성을 누구보다 잘 알고 있었다. 절도사들의 군사력은 끊임없이 중앙을 위협해 이 문제를 해결하지 않고서는 왕조의 안정을 기대할 수 없었다. 조보는 바로 이 핵심 문제를 지적한 것이다.

태조는 먼저 근위군의 지휘권을 직접 장악할 필요가 있다고 판단했다. 어느 날 그는 근위군 장수들을 불러 술자리를 마련하고 이렇게 말했다. "자네들이 움직이지 않았다면 나는 천자의 자리에 오르지 못했을 것이다. 그러나 황제가 된 지금은 한시도 마음이 편하지 않네. 누구든 기회만 있으면 천자가 되고 싶어 하지 않겠는가?" 그러자 장군들이 엎드려 절하며 말했다. "폐하, 이미 하늘의 명이 정해졌습니다. 감히 그 뜻을 거스를 자는 없습니다."

태조가 잔을 들며 말했다. "과연 그렇구나. 나는 그대들이 그런 딴마음을 품고 있다고는 생각하지 않네. 하지만 부하들이 부귀를 탐낸다면 어찌 되겠는가. 그대들은 황제 자리를 욕심내지 않는다고 해도, 나처럼 한번 황포를 입어버리면 어쩔 수 없이 그런 생각이 드네." 장수들이 머리를 조아리며 말했다. "저희가 어리석었습니다. 부디 저희들을 가엾게 생각하시어 가르침을 내려주십시오." 이어 태조가 말했다. "인생은 한순간에 지나지 않네. 그런 인생에서 부귀를 구하는 것은 그저 자신이 즐겁고, 자손이 배고픔을 모르고 살게 하려는 것일 뿐이네. 그대들도 고생 많은 장군의 지위를 내려놓고 넓은 번지의 주인이 되어 자손들이 번영할 수 있도록 하는 것이 어떻겠나? 매일 술을 즐기며 안락하게 사는 것도 괜찮지 않겠는가."

그의 말이 끝나자 장군들은 모두 엎드려 절하며 감사의 말씀을 올렸다. 다음 날 그들은 병환을 이유로 차례로 사직서를 냈고, 태조는 기꺼이 이를 받아들여 약속대로 그들을 각 지방의 절도사로 임명했다. 이리하여 근위군은 모두 황제 직속이 되었고, 황제의 권력은 그 어느 때보다 획기적으로 강화되었다. 이 일화는 훗날 '술잔을 주고받으며 병권을 풀다杯酒釋兵權'로 불리며, 강권을 휘두르지 않고 설득과 통찰로 중대한 문제를 해결한 태조의 정치적 지혜를 상징하게 되었다.

근위군을 장악한 태조는 곧바로 조보가 진언한 대로 절도사들을 약화시키는 작업에 착수했다. 그는 세력이 강한 절도사들을 해임해 중앙의 한직으로 옮기고, 후임 장관으로는 임기를 제한한 문관을 파견했다. 그뿐만 아니라 각 지역에는 장관과 동등한 권한을 가진 부장관을 두어 장관의 권한에 제약을 두었다. 그래서 이들은 예전처럼 그 지방에 뿌리를 내릴 수 없었고, 차츰 민정, 군사, 재정의 삼권은 황제에게로 집중되었다.

이것이 바로 '강한 줄기, 약한 가지強幹弱枝'로 불리는 정책이다. 덕분에 신생 송왕조는 중앙집권 체제를 확립할 수 있었고, 기초를 튼튼히 하게 되었다. 역사가 사마광司馬光은 《속수기문涑水紀聞》에서 이렇게 평했다. "절도사들은 자신이 거느린 병력 가운데 정예부대조차 수도의 적수가 아님을 알았다. 감히 반란을 꾀한 자가 없었던 이유는 태조가 '강한 줄기 약한 가지' 정책을 훌륭히 시행하신 덕분이고, 난리 없이 치세할 수 있었던 비법도 바로 이 때문이다."

천하의 흐름을 듣다

태조는 즉위 초부터 정무뿐 아니라 민심을 직접 살피는 일을 소중히 여겼다. 그는 때로 변장한 채 궁 밖으로 나가 뜻밖의 곳을 방문하곤 했다. 측근들이 "폐하, 경솔한 외출은 삼가셔야 합니다"라고 간언해도 전혀 들을 마음이 없었다. 태조가 몰래 밖으로 나간 첫 번째 목적은 몸소 민정을 살피기 위함이었고, 두 번째는 홀로 궁전 안에 머무는 답답함과 불안을 떨쳐버리기 위함이었다. 그는 조용히 궁궐에서 빠져나와 공신들의 집을 찾아가 대화를 나누곤 했는데, 이 때문에 태조의 가장 최측근이던 재상 조보는 집에 돌아와서도 옷차림을 편히 풀지 않고 황제의 불시 내방에 대비했다.

폭설이 내리던 어느 밤, 조보는 "오늘 밤에는 오시지 않겠지"라고 생각했으나 밤이 깊어질 무렵 누군가 문을 똑똑 두들겼다. 문을 연 조보 앞에는 태조가 눈 속에 서 있었다. 조보는 몹시 황공해하며 황제를 맞아들이며 방석을 여러 장 쌓아 자리를 마련했고, 숯불을 지펴 고기도 구워 올렸다. 조보의 아내도 술자리에 합석했다. 태조는 재상의 부인을 친근하게 '누님'이라 부르며 황제와 재상은 서로 마음을 터놓고 사적인 담소를 즐겼다. 분위기가 더 무르익자 조보가 물었다. "이렇게 눈이 펑펑 쏟아지는 추운 날씨에 일부러 밖에 나오신 데에는 특별한 까닭이 있는지요?" 태조는 담담히 답했다. "그렇지 않네. 아무리 해도 잠이 오지 않아. 문밖에만 나서면 모두 남의 집이네. 어쩐지 마음이 허전해 그대 얼굴을 보러 왔네."

조보가 황제에게 다시 여쭈었다. "폐하께서는 자신의 천하가 아직 좁다고 생각하십니까? 그렇다면 남방을 치든 북방을 정벌하든 지금이 절호의 기회입니다. 부디 폐하의 생각을 말씀해주십시오." 태조는 자신의 구상을 털어놓았다. "나는 북한의 도읍 태원을 공략할 생각을 하고 있네." 조보는 잠시 침묵한 뒤 입을 열었다. "태원은 서쪽으로 서하, 북쪽은 거란을 막는 요충지입니다. 지금 그곳을 공략하면 두 나라의 침공에 곧바로 대비해야 합니다. 태원 공략은 당분간 미루시고 먼저 다른 나라들의 평정을 도모하심이 어떻겠습니까? 마음만 먹으면 태원 따위는 언제든 손에 넣을 수 있습니다."

태조는 미소를 지으며 말했다. "실은 나도 그렇게 생각하고 있었네. 그대를 잠깐 시험해보았을 뿐이네."

이 대화에서 태조가 "문밖에만 나서면 모두 남의 집이다"라고 한탄했듯이, 건국 초기 송이 지배한 영역은 황하와 회하 유역에 국한되어 있었다. 북방에는 북한과 거란, 서쪽에는 후촉, 남쪽에는 형남, 남당, 남한, 오월 등 여러 나라가 독립 세력을 이루며 송의 동향을 주시하고 있었다. 천하통일을 이루려면 이 나라들을 차례로 멸망시켜야 했고, 어디서부터 시작할 것인가에 대한 답을 제시한 이가 바로 조보였다. 이후 태조의 통일 전략은 기본적으로 그의 '남진 정책'에 따라 전개되었고, 결과는 다음과 같았다.

- 963년, 형남을 멸망시키고 호남을 병합했다.
- 965년, 후촉을 멸망시켰다.
- 971년, 남한을 멸망시켰다.
- 975년, 남당을 멸망시켰다.
- 979년, 북한을 멸망시켰다(이는 후대 황제 태종 때 이루어졌다).

토벌 작전은 비교적 순조롭게 진행되었다. 각국의 군주들이 사치에 빠져 정사를 소홀히 한 데다 신하들끼리 계파 다툼을 벌여 내부 결속력이 약했기 때문이다. 한마디로 말해 말기 징후가 만연하여 언제 무너져도 이상하지 않았으니, 약간의 외압에도 쉽게 붕괴

할 상태였다.

 오히려 태조가 고심한 것은 전쟁의 명분을 세우는 일이었다. 중국에서는 예로부터 군대를 움직이려면 대의명분이 있어야 했다. 상대방이 약하다는 이유만으로 전쟁을 일으킬 수는 없었다. 태조가 선뜻 나서지 못하는 까닭은 오직 이것 하나였다. 예컨대 호남의 경우에는 내분에 시달리던 중 먼저 원조를 청해왔고, 태조는 기다렸다는 듯 원정군을 보내 형남까지 귀순시켰다. 후촉은 북한과 손잡고 송을 협공하려 했으므로 토벌의 명분이 되었고, 남한은 가혹한 조세 정책으로 민심을 잃어 공격의 구실이 되었다.

 그러나 남당에는 뚜렷한 명분이 없었다. 임금 이욱李煜이 문학과 종교에 심취해 정사를 소홀히 하기는 했으나, 강남은 물산이 풍부해 백성들이 태평세월을 구가하고 있었고, 송왕조에 대해서도 한결같이 공손한 자세를 보였다. 이에 태조는 외교적 수단을 먼저 택했다. 이욱에게 사신을 보내 송 조정 회의에 참석하라고 요구함으로써 사실상 남당을 속국으로 취급한 것이다. 이욱이 이를 거부하자 태조는 이를 구실로 군사를 일으켰다. 놀란 이욱은 사신을 보내 정중히 공격 중지를 요청했다. "저희 남당은 마치 아들이 아버지를 섬기듯 대국 송을 공손히 섬겨왔습니다." 그러자 태조는 이렇게 말하며 퇴짜를 놓았다. "아버지와 아들이 각각 다른 집에서 살아도 된다고 생각하는가?" 한 달 후 사신이 다시 와서 이렇게 항의했다. "우리 남당 백성들은 아무 죄가 없습니다." 태조는 칼에 손을 얹으며 크게 꾸짖었다. "남당 백성들은 물론 죄가 없다. 그러나 천하는 한집이어야 한다. 나는 내 침실 곁에서 다른 이가 자는 꼴을 도저히 볼 수 없다."

그러나 태조는 결코 칼끝으로만 천하를 다스린 군주는 아니었다. 정복한 나라의 임금들을 처형하지 않고 수도로 불러 극진히 대우하며 성의를 보였는데, 이는 절도사를 다룰 때와 마찬가지로 설득과 포용으로 사람의 마음을 얻는 태조 특유의 방식이었다. 그가 세운 송왕조는 무력으로만 세워진 것이 아니라 강권과 유화, 제압과 포용이 절묘하게 조화를 이루었기에 가능했다. 이처럼 힘의 질서와 덕의 정치가 공존했기에 송대가 장구한 안정을 누릴 수 있었다.

검소함으로 다스린 군주

태조 조광윤의 일상은 황제라는 지위에 걸맞지 않게, 인간적인 냄새가 짙게 배어 있었다. 그는 무엇보다 술을 좋아했다. 그것도 호쾌하게 마시는 기개를 과시하는 영웅의 모습이 아니라, 곤드레만드레 취해서 쓰러지는 평범한 애주가에 가까웠다. 《송사》의 〈태조본기〉에는 그가 즉위한 다음 해의 일화가 실려 있다. "황제께서 진원에 납시어 가까이 모신 신하에게 말씀하시기를 '술을 마구 퍼마시는 것은 예의에 어긋난다. 하지만 나는 잔치를 베풀면 가끔 취해버리곤 한다. 늘 그것을 후회한다'라고 하셨다." 태조는 술에 취하는 것이 황제답지 못함을 알면서도 술잔을 놓지 못했다. 이런 이야기를 보면 그는 타고난 술꾼이었지만, 동시에 후회할 줄 아는 인간적인 성격의 소유자였다.

이런 태조의 모습은 그가 내면적으로 사색하는 성향을 지녔음을 짐작하게 한다. 어느 날 정무를 마치고 돌아온 태조가 평소와 달리 표정이 밝지 않자 초조해진 신하들이 그 까닭을 여쭈었다. 이에 태조는 담담한 어조로 이렇게 대답했다. "그대들은 천자의 일은 마음 편히 할 수 있을 것이라 생각하겠지만, 천만의 말씀이네. 방금 나는 자만심에 사로잡혀 잘못된 지시를 내리고 말았네. 그 생각이 마음에 걸려 기분이 영 울적한 것이네." 이처럼 그는 곧잘 자신을 돌아보며 고민하는 성격이었다. 변장하고 궁궐 밖으로 나가 백성들의 생활을 살피는 버릇도 어쩌면 이런 내성적인 기질에서 비롯된 것인지 모른다.

그러나 이러한 성향은 때로 최고지도자로서 결단력을 약화시키는 요인이 되었는데, 이 점을 보완해준 인물이 바로 재상 조보였다. 그는 중후했으며 말수가 적었고, 결단력 있는 인물이었다. 송 왕조 초기의 주요 정책 대부분이 조보의 신중한 조언과 결단으로 이루어졌다고 해도 과언이 아니었으니, 태조는 매우 훌륭한 참모를 곁에 둔 셈이었다.

태조의 일상생활은 검소함으로 대표된다. 그는 언제나 여러 번

빨아 빛이 바랜 옷을 입었고, 침실의 발도 값비싼 비단 대신 푸른 포목으로 테두리를 둘렀다. 어느 날 궁중 연회 자리에서 아우 조광의가 "폐하, 이제는 조금 더 황제다운 옷을 입으셔야 하지 않겠습니까?"라고 권하자 태조는 단호히 아우를 나무랐다. "너는 병영에서 자랄 때의 시절을 벌써 잊었느냐?" 또 어느 날 딸 영경永慶 공주가 물총새 깃털로 장식한 화려한 옷을 입고 나타나자, 태조는 그 옷을 빼앗으며 말했다. "공주가 이런 옷을 입고 다니면, 모두가 따라 하게 된다."

그의 검소함은 사적인 절약이 아니라 도덕적 모범으로서의 절제였다. 즉위한 다음 해 칠석을 맞아 그는 어머니 두태후에게 3관, 아내 왕황후에게 1500문의 축하금을 내렸다. 황제로서 지나치게 적은 금액이었지만, 무인 가문의 검박한 기질을 잃지 않았던 것이다. 그러나 이것이 인색함을 뜻하지는 않았다. 공신들에게는 아낌없이 상을 내렸고, 항복한 나라의 임금들도 융숭히 대접했다. 자신에게는 검박함을, 남에게는 후함을 지킨 태도는 태조의 일관된 철학이었다. 이러한 검소함은 중국 황제사에서도 보기 드문 사례였다.

이렇듯 생활에서 절제를 중시한 태도는 그가 내면의 수양을 중히 여겼음을 보여준다. 그는 사치를 경계한 대신, 사색과 학문으로 마음을 채웠다. 태조는 독서 또한 무척 좋아했다. 그는 늘 책을 가까이했고, 희귀한 책을 보면 아낌없이 사들였다. 세종을 따라 회남으로 원정에 나가 수주를 함락시켰을 때의 일이었다. 누군가 그를 모함하여 세종에게 "광윤이 금은보화를 수레에 가득 채워 넣고 있습니다"라고 고했으나 조사해보니 수레 안에 가득 실려 있던 것은 모두 서적이었다. 수상쩍게 생각한 세종이 이유를 묻자, 광윤은 이렇게 답변했다. "저는 폐하를 모시면서 슬기로운 계책 하나 내놓지 못하는 것이 두렵습니다. 그래서 책을 가까이하며 견문을 넓히고 조금이라도 더 배우고자 합니다."

황제가 된 후에도 그는 역사서를 모아둔 누각을 자주 찾아가 책을 읽었고, 그 내용을 중신들과 토론하며 역사의 교훈을 정치에 반영하려 했다. 《속자치통감장편》에서는 그를 이렇게 평했다. '마음을 비우고 간언을 받아들였다虛心納諫'. 이처럼 태조에게 독서는 단순한 취미가 아니라, 사람의 말에 귀 기울이고 역사의 교훈을 익히는 과정이었다. 간언을 중시했다는 점에서 당태종과 닮았으나 태종에게는 권위의 위엄이 느껴졌던 반면, 송태조에게서는 한층 인간적이고 진솔한 품격이 느껴졌다.

우직한 리더십의 저력

무엇보다 조광윤이 보여준 우직한 리더십은 얄팍한 경영 이론과 유행하는 사상이 넘쳐나는 오늘날의 기업 환경에서 오히려 큰 힘을 발휘할 수 있다. 이러한 리더십은 한 분야에 집중하며 꾸준히 성장하는 전문기업에 특히 적합하다. 앞서 살펴본 마리아 테레지아의 리더십이 히든 챔피언 기업을 이끄는 경영자들의 태도와 비슷하듯, 이들은 한결같이 자신들의 전문분야에 매진하는 우직하고 소박한 경영자들이다.

우리가 흔히 경외의 대상으로 떠올리는 스티브 잡스, 빌 게이츠, 일론 머스크 같은 당대의 영웅들은 화려하고 대담한 이미지를 풍기지만, 진정한 지속력은 조광윤처럼 꾸준함을 지닌 리더에게서 비롯된다. 유행하는 경영 트렌드에 휘둘리지 않고, 자신만의 원칙과 방식으로 꾸준히 품질, 서비스, 혁신 같은 경영의 기본 원칙을 누구보다 철저히 실천하는 태도야말로 오늘날 기업이 가장 배워야 할 덕목이다.

한때 우리나라에도 해태, 쌍용, 진로, 진도 같은 훌륭한 전문기업이 여럿 있었다. 그러나 이들은 자신들의 핵심역량을 발휘할 수 없는 낯선 분야에 무리하게 투자함으로써 모두 몰락하고 말았다. 반면 한결같이 본업에 집중하며 품질을 중시해온 식품분야의 오뚜기 같은 기업은 우직함이 곧 경쟁력임을 증명하고 있다. 우직한 지도자는 대체로 인간적인 배려에도 능하다. 조광윤은 수도를 떠나는 근위군 장군들이나 투항한 나라의 임금들에게 후하게 베풀었고, 그 결과 이들이 훗날 반란을 일으키거나 불만을 품은 일은 없었다. 이는 기업 경영에서도 마찬가지다. 최고경영자는 오랜 세월 헌신한 직원이 회사를 떠날 때, 섭섭함 없이 회사를 좋은 기억으로 남기도록 배려해야 한다. 그런 사람들은 훗날 회사의 든든한 동문이자 조용한 후원자가 된다. 좋은 인연의 씨앗은 언젠가 반드시 조직에 혜택으로 돌아온다.

끝으로, 조광윤이 조보 등 신하들의 의견에 귀를 잘 기울였다는 대목에 주목한다. 경영환경이 하루가 다르게 더 복잡해지는 요즈음 기업 지도자가 측근들의 말을 경청하고 그들이 마음 놓고 이야기할 수 있는 토론 문화를 만들어가는 것이 무척 중요하다고 생각한다. 니콜로 마키아벨리Niccolò Machiavelli가 쓴《군주론》제23장에는 이런 말이 나온다. "현명한 군주는 지혜로운 사람들을 초빙하고 그들에게 진실을 말할 수 있는 자유를 주되 그가 묻는 말에만 대답하게 하는 제3의 길을 택할 것이다. 그러나 여하튼 군주는 그들에게 열심히 묻고 그들의 의견을 경청한 다음, 스스로 최종 의사결정을 해야 한다. 군주는 또한 고문들에게 그들이 솔직하게 이야기할수록 더 환영받는다는 것을 확실히 해야 한다."

또 당태종의 리더십을 후세에 전하기 위해 교육적 관점에서 그와 신하들이 나눈 이야기를 조목별로 재편집한 명저《정관정요貞觀政要》4장의 제목은 '간언을 장려하다求諫'이다. 태종은 거울이 없으면 자신의 생김새를 볼 수 없듯이 신하들의 간언이 없으면 정치적 득실에 관해 정확히 알 방법이 없다고 지적한다. 토론 문화에 관한 조광윤, 니콜로 마키아벨리, 당태종 모두 오늘날의 기업 지도자들에게 같은 가르침을 주고 있다.

조광윤의 리더십은 강제보다 설득으로, 권위보다 신뢰로 세상을 다스린 힘이었다. 천하를 통일한 군주로서 위업보다 더 오래 남는 것은, 인간에 대한 깊은 이해와 절제의 미덕이었다. 그가 남긴 통치의 흔적은 천 년이 지난 오늘, 여전히 조직을 이끄는 모든 리더에게 조용한 울림으로 남아 있다.

5장

|공정|

마음을 얻는 것이
상책이다

감정에 치우치지 않은 신상필벌의 교본
제갈공명

중국에는 '평범한 구두장이라도 세 사람이 모이면 제갈량 같은 지혜를 낼 수 있다三個臭皮匠 頂個諸葛亮'라는 속담이 있다. 이 말만 보아도 제갈공명諸葛孔明(이름은 량亮)이 중국인들에게 지혜의 대명사임을 알 수 있다. 그의 출사표出師表*에는 '국궁진력鞠躬盡力(온 힘을 다한다)'이라는 사자성어가 등장하는데, '윗사람의 뜻을 받들어 온 힘을 다하며, 죽은 뒤에야 그친다鞠躬盡力 死而後已'라는 구절에서 비롯된 이 표현은 오늘날까지도 그를 대표하는 문장으로 남아 있다.

   제갈공명은 중국 역사상 손꼽히는 인물로, 고전을 잘 모르는 사

---

* 제갈공명이 나라를 위해 목숨을 걸겠다는 충성의 맹세를 담은 상소문.

람조차 그의 이름을 들어본 적이 있을 정도로 널리 알려져 있다. '삼고초려三顧草廬', '수어지교水魚之交', '공성계空城計', '읍참마속泣斬馬謖', "죽은 공명이 산 중달을 쫓아냈다死諸葛 走生仲達" 등 수많은 고사와 일화가 그와 관련되어 있다. 이것만 보더라도 그의 명성이 얼마나 뛰어난지 가늠할 수 있다.

민심과 함께한 전설적인 책사

그렇다면 제갈공명은 어떤 시대를 살았던 인물일까? 그가 활약한 시기는 서기 3세기 전반, 후한이 무너진 뒤 여러 세력이 각지에서 세력을 다투던 군웅할거群雄割據의 시대였다. '난세의 간웅奸雄' 조조曹操가 세력을 크게 키워 시대를 이끌었고, 그의 아들 조비曹丕는 후한의 헌제獻帝에게 황제의 자리를 빼앗아 위魏 왕조를 창건했다. 이에 맞서 한漢 왕조의 전통을 이어받았다고 자처한 촉蜀의 유비劉備와 장강 남부에서 힘을 키운 오의 손권孫權이 대립하며 삼국시대가 형성되었다.

위나라는 황하 일대를 장악한 가장 강대한 세력이었지만, 중국 전역을 통치하는 통일왕조가 아니기에 서쪽의 촉과 남쪽의 오를 꺾어야 하는 큰 과제를 안고 있었다. 이러한 중국 삼국시대의 여러 주역 가운데 한 사람이 바로 제갈공명이다. 그는 유비의 군사軍

師로 초빙되어 촉의 건국을 도왔고, 이후 정승으로서 위나라를 공격하며 국운을 지탱했다. 결국 263년 위가 촉을 멸망시키고, 이어 280년 위 왕조를 계승한 진晉이 오를 정복하면서 삼국시대는 막을 내렸다.

　문제는 세 나라 가운데 누가 후한의 정통을 이었는가였다. 실질적인 국력으로만 보면 위 왕조가 정통에 가장 가까웠다. 위는 한족의 전통적인 문화권인 황하 유역을 지배했고, 한의 마지막 황제로부터 직접 선양을 받았기 때문이다. 반면 유비는 자신이 전한 경제景帝의 자손이라 자처하며 한 왕조의 정통을 잇고 있다고 주장했다. 하지만 그의 주장을 뒷받침할 증거는 빈약했고, 촉의 영토는 중원에서 멀리 떨어진 변방에 불과했다. 당대 정사인 진수陳壽의 《삼국지三國志》와 사마광司馬光의 《자치통감資治通鑑》은 모두 위나라의 정통성을 인정했다. 그러나 송대에 이르러 유학자 주희朱熹가 《자치통감강목資治通鑑綱目》에서 "촉이야말로 정통 왕조다"라고 단언하며 후세 지식인들에게 큰 영향을 미쳤다.

　한편 이 시기 민중의 인식에는 역사서보다 만담이나 희곡이 더 영향을 미쳤다. 송나라의 문호 소식蘇軾은 "만담꾼의 이야기가 삼국시대에 이르러 유비가 졌다는 대목이 나오면 얼굴을 찡그리고 눈물을 흘리는 사람도 있다. 반면 조조가 졌다고 하면 기뻐서 신나게 떠들어댄다고 한다"라는 당대의 민심을 기록했다. 이처럼 송대에 이미 조조는 간사한 인물로, 유비와 제갈공명은 의로움과 충성의 상징으로 이미지가 형성되어 있었다. 이러한 인식은 나관중羅貫中의 대중소설 《삼국지연의三國志演義》로 굳혀졌다. 이 소설은 《정사 삼국지》를 바탕으로 하지만 만담과 희곡의 영향이 짙게 깔려 있다. 촉을 정통 왕조로, 조조를 신하의 신분으로 왕위를 찬탈한 악한으로, 유비는 한 왕조의 정통 후계자로, 제갈공명은 유비를 도와 조조를 골탕 먹인 지혜로운 충신으로 묘사되었다.

그리고 제갈공명의 비극적인 최후는 오히려 대중의 애정을 더 크게 불러일으켰다. 제갈공명은 '패배한 영웅'에 대한 연민과 결합하여 더욱 숭고한 인물로 기억되었다. 이리하여 민중의 마음속에서 그의 인기는 충성과 지혜, 그리고 약자를 향한 동정심과 맞물려 더욱 증폭했다. 그렇다면 과연 민낯의 제갈공명은 어떤 정치가였을까? 전설과 사실이 뒤섞여 형성된 이미지에서 벗어나, 한 인간이자 정치가로서의 그의 참모습에 다가가기로 한다.

혼란을 꿰뚫을 지략가

207년, 유비는 제갈공명을 모셔오기 위해 그의 초가집을 세 번이나 방문했다(삼고초려). 이때 천하의 정세는 이미 새로운 국면으로 접어들고 있었다. 2세기 말, 황건적의 난과 동탁의 반란 등으로 전란이 이어지며 도래했던 군웅할거의 시대는 그 결말의 윤곽이 서서히 드러나고 있었는데, 그 중심에는 조조가 있었다. 전란의 소용돌이 속에서 두각을 나타낸 그는 산둥반도의 남서부에 있는 연주에 근거지를 세워 세력을 확장했다. 200년에는 북방의 기, 청, 유, 병 네 지역을 장악한 원소袁紹와 천하를 놓고 대결전을 벌였다. 조조는 관도대전官渡大戰이라 불리는 이 전투에서 원소를 격파하며 자신의 세력을 완전히 굳혔고, 이후 인재를 등용하고 군대를 양성하며 내정을 충실히 하는 데 힘을 기울였다. 더불어 아직 북방에 남아 있는 원소의 세력 및 그들과 손을 잡은 오환족 평정에도 힘을 기울였다.

207년 무렵, 조조는 이들을 거의 제압하고 광대한 영토를 차지했다. 이제 남은 대항 세력은 형주의 유표劉表, 강남의 손권, 익주의 유장劉璋 정도에 불과했으니, 조조가 천하통일의 야망을 불태우는 것은 당연한 일이었다. 조조가 이 기세로 밀고 나간다면 천하통일은 시간문제였다. 당시 그의 나이는 쉰셋, 천하를 호령하는 영웅도 어느덧 인생의 황혼기에 들어서고 있었다.

반면 유비의 처지는 달랐다. 184년 황건적의 난이 일어나자 그는 관우關羽, 장비張飛와 함께 고향인 탁현을 떠나 유주에서 의병 활동에 참여했다. 그로부터 20여 년 뒤에도 여전히 변방의 군벌에 머물러 있었고, 이후 여러 세력을 오가며 부침을 거듭했다. 한때 조조의 비호를 받기 위해 그의 본진을 찾기도 했지만, 뜻밖의 사건으로 완전히 적대 관계로 바뀌었다.

유비가 조조와 결별한 계기는 황제의 밀서가 연루된 사건이었다. 조조는 자신을 찾아온 유비를 귀빈으로 맞아 극진히 대접했고, 헌제에게 천거하여 좌장군으로 임명되게 했다. 그러던 어느 날 헌제의 측근 동승董承이 유비를 몰래 찾아와 황제의 밀서라는 편지 한 통을 꺼냈고, 봉투를 뜯어보니 '조조를 쳐야 한다'라는 명령이 적혀 있었다. 이리하여 유비는 조조 토벌의 맹주로 추대되었다.

유비는 아무 일도 모르는 듯 조조의 진영에 머물렀다. 조조 역시 겉으로는 유비에게 마음을 주는 듯 보였지만, 이미 반대파의 계획을 파악하고 있었다. 《정사 삼국지》에 따르면, 어느 날 조조는 유비를 초대해 술잔을 나누며 말했다. "이제 천하의 영웅은 귀공과 나밖에 없네요. 원소 따위는 문제도 되지 않습니다." 유비는 놀란 나머지 젓가락을 떨어뜨렸고, 마침 천둥소리가 울렸다. 그러자 유비는 "부끄럽지만 천둥소리를 무서워합니다"라고 핑계를 대며 위기를 넘겼다. 이 장면은 모든 것을 꿰뚫은 조조의 여유와 그 앞에서 속을 감춘 유비의 긴장감을 극명하게 드러낸다. 두 사람의 그릇이 서로 비교가 되지 않을 정도로 달랐음을 상징적으로 보여주는 일화다.

이후 유비는 조조에게 반기를 들었지만, 오히려 역공을 당하고는 몸 둘 곳조차 마땅치 않은 처지가 되었다. 그는 할 수 없이 형주의 유표에게 몸을 의탁했다. 유표는 초라한 모습으로 도망쳐온 유비를 쾌히 맞이해 201년, 신야라는 고장을 맡겼다. 비록 작은 성이

기는 하나 물산이 풍부한 곳이었다. 그러나 그는 6년 동안 큰일을 도모할 수 없는 자신의 처지를 한탄하며 세월을 보냈다. 마흔일곱에 이른 그는 남의 집에 얹혀사는 식객이나 다름없었다. 한창 기세를 자랑하던 조조와 견주어보면 하늘과 땅 차이였다. 유비는 어디서 돌파구를 찾아야 할지 몰라 한층 더 초조해졌다. 이러한 그에게 명확한 미래의 비전을 보여주고, 나아가야 할 길을 제시해준 이가 바로 청년 제갈공명이었다.

밭을 갈고 글을 읽으며 때가 오기를 기다리다

제갈공명은 181년 낭야군 양도에서 태어났다. 황건적의 난이 일어나기 4년 전이었으나, 시대는 이미 난세의 양상을 보이고 있었다. 그의 조상은 전한 말 사예교위(오늘날 경찰청장)를 지낸 제갈풍諸葛豐으로, 아버지 제갈규諸葛珪는 태산군의 부장관으로 임명되기도 했다. 이름난 가문 출신이었던 제갈 집안의 형제들은 모두 인품이 훌륭했다. 형 제갈근諸葛瑾은 훗날 오나라의 손권 밑에서 대장군의 자리에 올랐고, 아우 제갈균諸葛均은 공명과 함께 촉나라에서 봉사하며 장수 지방의 사령관으로 임명되었다. 누이 또한 명문 방씨龐氏 집안에 시집갔다고 전해진다.

그러나 공명의 유년기는 순탄하지 않았다. 어머니는 아우 균을 낳은 직후 돌아가셨고, 아버지도 공명이 열네 살이 되던 해 세상을 떠났다. 이후 그는 동생 균과 함께 작은아버지 제갈현諸葛玄의 집에서 살게 되었다. 현을 따라 형주로 옮겨 살던 중, 작은아버지마저 세상을 떠나자 공명은 양양 교외 융중에 초가집을 짓고 자립했다. 그때부터 날이 맑으면 논밭을 갈고 비가 오면 글을 읽는 생활을 하기 시작했다.

당시 그는 키가 184센티미터에 이르는 건장한 청년으로 성장해 있었다. 《삼국지》에 따르면 공명은 10대 후반에 석도石韜, 서서徐庶, 맹건孟建 등의 벗과 함께 외지에서 공부했다고 알려졌는데, 공명이 공부하는 태도가 아주 독특했던 모양이었다. 세 학우가 모두 유교 경전의 글자와 구절을 하나하나 해석하는 데 열중한 반면, 공명은 각 문장의 뜻을 파악하는 데 집중했다. 어느 날 넷이서 이야기를 나누던 중 공명이 세 사람을 향해 이렇게 말했다. "자네들처럼 공부하면 장래에 지방장관이나 군수 정도는 될 수 있을 걸세." 벗들이 "그러면 자네는 어떻게 될 것인가?" 하고 묻자 공명은 웃기만 하고 대답하지 않았다. 이 일화는 이 시절에 벌써 그의 포부와 그릇의 크기가 범상치 않았음을 짐작하게 해준다.

공부를 마치고 양양으로 돌아온 공명은 다시 논밭을 갈고 글을 읽는 생활로 돌아간다. 그러면서 뛰어난 벗들과 교류하며 학문을 깊이 파고드는 일도 게을리 하지 않았다. 그는 급박하게 변해가는 천하의 사태를 지켜보며 자신을 춘추시대의 사상가 관중管仲과 전국시대의 명장 낙의樂毅에 견주었고 때가 오기를 묵묵히 기다렸다.

그의 재능을 유비에게 천거한 이는 벗 서서徐庶였다. 먼저 유비 진영에 합류해 기회를 살피던 서서는 어느 날 이렇게 말했다. "제 친구 중에 제갈공명이라는 자가 있습니다. 비유하자면 땅에 숨어 누워 있는 용, 즉 와룡臥龍 같은 큰 인물입니다. 한번 만나보시는 것이 어떨까요?" 유비가 "꼭 만나보고 싶네. 그대가 데려올 수 있겠는가?"라고 묻자, 서서는 고개를 저었다. "그 정도의 인물을 만나시려면 장군님께서 직접 찾아가셔야 합니다." 이리하여 유비는 세 번이나 공명의 초가집을 찾아갔고, 마침내 공명을 만날 수 있었다.

천하를 셋으로 나누는 계책

유비는 공명과 만나자마자 다른 사람들을 물리고 진심을 털어놓았다. "한나라 왕실의 위세가 약해지고 간신들이 권력을 독점하고 있습니다. 실권을 잃은 천자(한나라 헌제)께서는 난을 피해 수도를 떠나 낙향해 계십니다. 저는 분개한 나머지 제 기량을 돌아보지 않고 대의를 세우려 힘을 기울여왔습니다. 유감스럽게도 제가 많이 부족하고 무운도 따르지 않아 이 모양이 되었지만, 대의를 세우겠다는 의지만큼은 전혀 약해지지 않았습니다. 스승님, 부디 앞으로 제가 가야 할 길을 가르쳐주십시오."

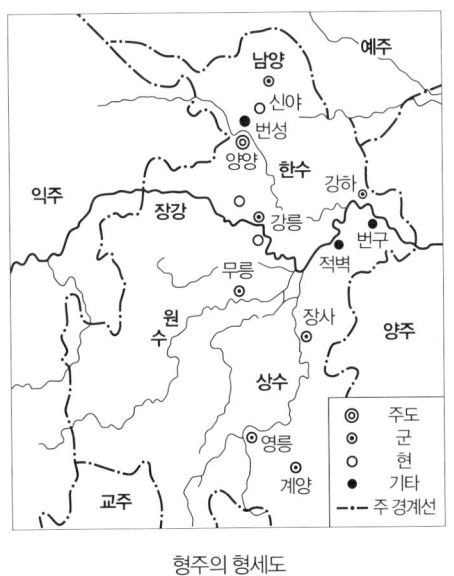

형주의 형세도

공명이 대답했다. "동탁董卓의 난 이래 여러 영웅이 세력을 키웠지만, 현재 가장 두각을 나타낸 이는 조조입니다. 조조는 원소에 비해 지명도와 병력에서 뒤처졌으나 원소를 격파하고 북방의 패권을 장악했습니다. 이는 단지 시기가 맞아떨어진 탓만은 아니고, 참모들의 계략도 적절했기 때문입니다. 이제 조조는 막강한 군세를 거느리고 천자를 끌어들여 천자의 이름으로 제후들을 호령하고 있습니다. 그 병력과 지휘체계, 정치적 정당성까지 갖춘 기세는 당해내기 어려울 것입니다.

한편 강동의 손권 가문은 또 다른 성격의 강국입니다. 그들은

3대에 걸쳐 기반을 닦았고, 지형이 험준하여 방어하기에 유리합니다. 백성들의 지지도 견고하고 신하들도 슬기롭고 유능한 사람이 많습니다. 그들은 손권을 잘 보좌하며 제구실을 하고 있습니다. 우리가 동맹국으로 삼기에 딱 알맞은 세력이 바로 이 나라가 아닐까 싶습니다. 그러니 손권을 공격해 멸망시키려는 생각은 절대로 하시면 안 됩니다.

그렇다면 이곳 형주 땅은 어떨까요? 형주는 천하의 중심이라 할 수 있습니다. 북쪽은 한수를 앞세워 방어에 유리하고, 남쪽은 남해에 면해 있어 물산이 풍부합니다. 동쪽은 오와 회계로 통하며, 서쪽은 파촉과 경계를 접하고 있어 천하를 굽어살필 수 있는 전략적 요지입니다. 그러나 지금 이 땅을 다스리는 유표는 패기가 부족하여 형주를 끝까지 지킬 수 없을 것입니다. 그렇다면 이 형주야말로 하늘이 장군께 내리신 선물이라 말씀드릴 수 있지요.

이제 눈을 서쪽, 즉 익주로 돌려봅시다. 사방이 산으로 둘러싸인 천연 요새인 데다 중앙부에는 광활한 비옥지대가 펼쳐져 있습니다. 옛 한고조漢高祖도 그곳에 웅거하면서 천하통일의 위업을 달성하셨습니다. 그런데 현 영주 유장劉璋은 어리석고 겁이 많아 그 땅을 제대로 다스리지 못하고 있습니다. 장로張魯라는 도적이 북쪽에서 설쳐대도 평정조차 하지 못하고, 국고가 넉넉함에도 백성들에게 베풀 줄도 모릅니다. 그 지방의 지각 있는 사람들은 유장을 몰아내고 새 영주를 모시고 싶어 합니다. 장군께서는 황실의 혈통을 이어받았고, 신의가 두텁다는 것도 모르는 사람이 없습니다. 장군님은 훌륭한 부하들이 있고, 어질고 슬기로운 인재를 얻고 싶어 하시지 않습니까? 그래서 이제 저의 계책을 말씀드리려 합니다.

먼저 형주와 익주를 손에 넣고 국경을 튼튼히 하십시오. 서방과 남방의 이민족을 회유하고, 오의 손권과 동맹을 맺어 국정을 정비해야 합니다. 그다음 언젠가 천하에 변란이 일어나면 부하를 보내 형주의 군을 이끌고 원과 낙을 공략하게 합니다. 장군께서는 익주의 군을 거느리고 진전으로 출정하십시오. 그러면 여러 나라의 백성들은 장군님을 환영할 것입니다. 이 계책을 받아들이신다면 천하통일의 대업도 한 왕조의 부흥도 실현할 수 있을 것입니다."

이것이 바로 훗날 세상에 전해진 '천하를 셋으로 나누는 계책天下三分之計'이다. 제갈공명의 계책은 유비에게 명확한 방향을 제시했다. 당시 북방을 평정한 조조는 100만 대군을 거느리고 남하할 기세를 보이고 있었다. 유비는 믿음직하지 않은 유표와 함께 이에 맞서야 하는 처지였지만, 정면 승부로는 이길 확률이 100분의 1도 되지 않았다. 그런 상황에서 공명의 말은 어둠 속에서 한 줄기 빛을 찾아낸 기분이었다. 당면 문제는 어찌 되었든 확실한 미래의 비전을 들을 수 있었기 때문이다. 이때 유비의 나이는 마흔일곱, 공명은 스물일곱이었다.

유비는 즉시 공명을 군사로 영입하고 날이 갈수록 그를 깊이 신뢰했다. 그러나 이런 모습이 못마땅했던 유비의 의동생 관우와 장비는 불평을 늘어놓았다. 유비는 두 사람을 불러 이렇게 말했다. "나에게 공명이 있는 것은 마치 물고기에게 물이 있는 것과 같다. 그러니 더 이상 이 일에 대해 말하지 않기를 바란다." 이 일화에서 비롯된 사자성어가 바로 '수어지교水魚之交'다. 이 한마디는 유비가 공명에게 얼마나 절대적으로 의지하고 있었는지를 잘 보여준다. 그 후 관우와 장비 또한 더는 불만을 털어놓지 않았다.

이후 유비의 모든 전략은 공명이 제시한 '천하삼분지계'를 바탕으로 전개되었다. 스물일곱의 청년이 제시한 이 전략은 훗날 촉한의 근간이 되었으며, 공명이 단순한 책략가가 아니라 멀리 내다보는 정치가였음을 입증했다.

적벽대전: 판도를 바꾼 설득의 힘

유비는 오랜 세월 유표에게 몸을 의탁한 채 뜻을 펴지 못하는 처지를 한탄하고 있었다.* 이런 유비에게 공명의 제안은 더할 나위 없이 명확한 돌파구였다. 북쪽의 조조, 동쪽의 손권과 함께 천하를 셋

---

* 이 말의 유래는 '비육지탄(髀肉之嘆)'이다. 비육은 '넓적다리'이며, 유비가 은거하고 있던 시절에 오랫동안 말을 타고 싸움터에 나가지 못해 넓적다리만 살찌는 것을 한탄했다는 뜻이다. 그래서 비육지탄은 '재능을 발휘할 기회를 갖지 못하고 헛되이 세월만 보냄을 한탄한다'라는 뜻으로 쓰인다.

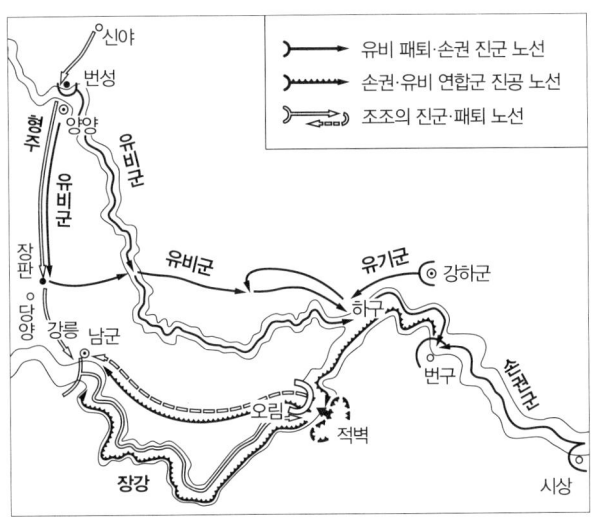

적벽과 그 주변

으로 나누어 균형을 이루자는 이 구상은 유비의 운명을 바꾼 전략이었다.

그리고 이 원대한 구상은 곧 현실이 되었다. 208년, 북방 평정을 마친 조조가 100만 대군을 이끌고 남하하자 유비와 손권은 연합군을 결성했다. 이 전쟁이 바로 중국 전쟁사에 길이 남은 적벽대전赤壁大戰이다. 이들은 화공을 계책으로 내세워 조조의 수군을 궤멸시켰다. 이 전투에서 손권은 강동의 영토를 확고히 지켰고, 유비는 형주를 손에 넣었다. 반면 참패한 조조는 천하통일의 꿈을 당분간 접어야 했다.

적벽대전으로 세력 균형이 완전히 새로 짜였다. 유비의 촉, 손권의 오, 조조의 위가 솥발鼎足처럼 맞서는 삼국정립三國鼎立의 시대로 접어든 것이었다. 결과적으로 가장 큰 수혜자는 유비였다. 그는 마침내 천하삼분지계를 현실로 옮기며 '비육지탄'의 시절을 끝냈다. 이제 공명이 이 거대한 전환점에서 어떤 구실을 했는지를 살펴보자.

북방을 제패하고 승상丞相에 오른 조조는 남방 정벌을 준비하며 형주의 유표와 유비, 강동의 손권을 공격 대상으로 삼았다. 이 무렵 유표가 병사하고 둘째 아들 유종이 뒤를 이었다. 그러나 파죽지세로 밀려오는 조조의 대군에 겁을 먹은 유종은 싸우지도 않고 항복을 택했다. 번성을 지키던 유비의 군대는 괴멸했고, 결정적인 순간에 유종이 등을 돌리면서 완전히 와해되었다. 유비는 간신히 병력을 수습해 동남쪽 하구(현재 한구)로 퇴각했다.

조조의 군대는 대규모로 남하하여 장강 유역의 요충지 강릉을 점령했다. 한편 하구까지 밀려난 유비에게 이제 믿을 사람이라곤 손권밖에 없었다. 그즈음 손권은 시상에 군대를 주둔시키고 사태를 관망하고 있었다. 그러나 형주가 함락되면 오 역시 조조의 직접적인 압력에 노출된다는 점을 잘 알고 있었다. 유비가 조조에게 연전연패하고 있는 이 국면을 타개하려면 손권을 설득해 함께 싸우게 하는 것이 유일한 활로였다. 이 어려운 임무를 자청한 사람이 바로 공명이었다.

공명은 유비의 전권을 받아 시상의 손권 진영을 향해 떠났다. 이때 손권은 불과 스물여섯, 공명보다 두 살 어린 청년 장수였다. 공명은 단도직입적으로 호소하기보다 젊은 장군의 자존심을 자극하는 방식을 택했다. "지금 천하는 큰 혼란 속에 있습니다. 장군께서는 강동을 영유하시고, 저희 장군 유비께서는 한남 땅에서 거병하시어 조조에 맞서 싸우셨습니다. 그런데 조조는 여러 영웅을 차례로 격파하며 천하를 평정하고, 여세를 몰아 형주를 공략하며 그 위세를 만방에 떨치고 있습니다. 많은 영웅이 그 발아래 엎드렸고 유비 장군도 쫓겨나 곤경에 처했습니다.

장군께서는 자신의 역량을 냉정히 따져 사태에 대처해야 합니다. 만일 오와 월의 군대를 이끌어 조조에 대항하실 생각이 있으면 한시라도 빨리 전쟁 태세를 갖추셔야 합니다. 만일 승리를 기대하기 어렵다고 판단되면 깨끗이 무기를 버리고 항복하시는 것이 좋습니다. 길은 둘 뿐입니다. 그러나 장군께서는 겉으로는 굴복한 척하면서도 속으로는 결단을 못 내리고 계십니다. 사태는 더 이상 머뭇거림을 허락하지 않습니다. 지금 결단하지 않으면 머지않아 최악의 사태를 맞이하게 될 것입니다."

공은 이제 손권에게 넘어왔다. 그는 반문했다. "그렇다면 유비 장군은 어째서 항복하지 않았습니까?" 공명은 단호히 답했다. "전횡田橫 같은 장사壯士도 절개를 위해 목숨을 버렸습니다. 하물며 유비 장군께서는 황실의 혈통을 이으신 분입니다. 어찌 조조 따위에게 호락호락 항복하시겠습니까?"

이 도발은 젊은 손권의 마음을 크게 움직였다. 손권은 결의를 표하며 말했다. "나에게는 10만 명의 대군이 있습니다. 남의 지배 따위를 받을 생각은 없습니다. 다만 유비 장군께서 패배한 마당에 그대에게는 좋은 계책이라도 있습니까?"

공명은 기회를 놓치지 않고 말을 쏟아냈다. "장판에서 조조에게 패한 것은 사실입니다. 하지만 지금 우리 군은 재편을 마치고 다시 전열을 가다듬고 있습니다. 관우가 이끄는 정예 1만 명이 온전하고, 강하에서 온 유기劉琦 장군(유표의 장자)의 군대도 1만 명에 이릅니다. 듣자 하니 조조 군대는 우리를 추격하기 위해 하루에 300여 리를 달렸다고 합니다. '아무리 강한 쇠뇌라도 사정거리 끝에 이르면 얇은 비단도 뚫지 못한다'라는 옛말이 있습니다. 그들에게는 더 이상 아무런 힘도 남아 있지 않습니다. 병법서에도 이런 적군을 상대하면 '반드시 적의 최고사령관도 쓰러뜨릴 수 있다'라고 쓰여 있습니다.

더구나 북방 군대는 수전水戰에 익숙하지 않습니다. 형주의 백성들도 단지 조조의 힘에 굴복했을 뿐, 진심으로 그를 따르지는 않습니다. 장군께서 용맹한 장수에게 수만의 병력을 맡겨 유비 장군과 힘을 합세한다면 반드시 조조를 부술 수 있습니다. 조조는 패배하면 틀림없이 북으로 철수할 것입니다. 그렇게 되면 형주와 오는 강대해져 삼국의 균형이 형성될 것입니다. 이 기회를 잡느냐 놓치느

냐는 장군의 결단에 달려 있습니다."

공명의 설득은 손권의 마음을 확고히 만들었다. 손권은 노장 주유周瑜에게 수군 3만 명을 이끌고 출정할 것을 명했고, 주유는 하구에서 유비와 합류한 뒤 장강을 거슬러 적벽에서 조조와 맞붙게 되었다. 이때 주유의 부하 황개黃蓋가 적의 함선들이 서로 결박되어 있음을 지적하며 화공을 제안했다. "적은 병력은 많지만 건너편에 정박해 있는 적의 함대는 이물(뱃머리)과 고물(선미)이 서로 붙어 자유롭게 움직이지 못합니다." 주유는 황개의 제안을 받아들였고, 때마침 불어온 돌풍을 타고 조조의 함대를 화공으로 격파했다. 대함대는 불에 휩싸여 강물에 가라앉았고 조조는 치명적 타격을 입었다.

적벽대전에서 공명의 직접적 전술 공헌은 역사서에 명확히 기록되어 있지 않다. 후대의 설화는 그가 칠성단을 세워 하늘에 제사를 지내고 바람을 일으켰다고 전하지만, 이는 후세의 상상에 가까운 이야기다. 실제로 공명의 진정한 역할은 손권을 설득해 오군을 출전시킨 데 있다. 그 한 가지 사실만으로도 그의 공헌은 결정적이었다고 할 수 있다.

이 승리로 유비가 얻은 이익은 헤아릴 수 없을 정도로 컸다. 그는 형주 남부에 확고한 기반을 얻었고, 천하삼분지계 실현이라는 목표를 향해 첫걸음을 내디뎠다. 공명은 그 공로로 군사중랑장에 임명되어 영릉, 계양, 장사의 정치를 맡게 되었다.

촉 건국, 전략이 현실이 된 순간

유비가 공명의 조언에 따라 세력을 서쪽으로 넓히며 삼국정립의 시대를 열 수 있었던 것은 214년 파촉 지역을 실질적으로 지배하게 되면서부터였다. 이로써 유비는 형주를 넘어 서쪽으로 세력을 확장하며 촉 건국의 기반을 다졌다. 그 여정이 완성된 것은 221년, 유비가 스스로 황제라 칭하고 촉한을 세우면서였다. 유비는 형주 남부에 발판을 마련한 지 5년 만에 파촉을 차지했고, 12년 만에 마침내 나라를 세웠다. 그러나 그 영광은 오래가지 않았다. 2년 뒤인 223년, 유비는 오와의 전쟁을 준비하던 중 병을 얻어 세상을 떠나며 모든 국정을 제갈공명에게 맡겼다. 공명의 진정한 활약은 바로 이때부터 시작된다. 이제 유비가 형주 남부를 얻고 병사할 때까지, 약 14년의 흐름을 제갈공명의 행보를 중심으로 살펴보기로 한다.

209년, 형주 남부를 손에 넣은 유비는 비로소 한숨 돌릴 수 있었지만, 세력은 여전히 불안정했다. 북쪽에서는 조조가 압박을 이어갔고, 동쪽에서는 적벽대전의 승리로 기세가 오른 손권이 형주 전체의 영유권을 주장하며 끈질기게 맞섰다. 이후 형주를 둘러싼 두 세력의 충돌은 잦은 분쟁으로 이어졌다. 그러던 중 유비에게 전환의 계기가 생겼다. 익주의 장관으로 사실상 파촉을 갖고 있던 유장이 원군을 요청해온 것이었다. 유비에게는 절호의 명분이었다. 그는 기꺼이 요청을 받아들이고 몸소 군대를 이끌고 익주로 향했지

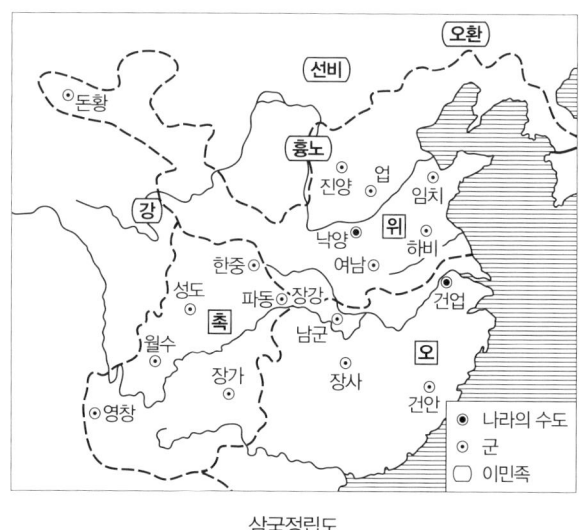

삼국정립도

만, 유장을 돕기는커녕 오히려 그를 공격했다. 익주 내부에서는 무능한 유장에게 등을 돌리고 유비를 지지하는 세력이 늘었지만, 전세는 쉽게 평정되지 않았다. 처음에는 공명과 관우, 장비, 조운 趙雲이 형주에 남아 있었으나, 곧 관우만을 남기고 모두 파촉 공략에 합류했다. 214년, 마침내 익주의 수도 성도 成都가 함락되며 유비는 파촉을 제압하는 데 성공했다. 이때 제갈공명의 직함은 군사장군이었는데, 이는 실질적으로 내정과 군정을 아우르는 재상직에 해당했다.

유비는 세력을 넓혀 219년에는 한중 땅을 지배하게 되었다. 이로써 그는 파촉 전체를 손에 넣었지만, 같은 해 형주를 잃었다. 형주는 위, 촉, 오의 세력이 교차하는 전략 요충지로, 외교와 정치의 균형 감각이 필요한 땅이었다. 그러나 이 지역을 지키던 관우는 전투에서는 더할 나위 없는 용장이었지만, 외교와 정치에는 형편없었다. 손권이 조조와 비밀리에 손잡은 사실도 알아차리지 못한 그는 결국 협공을 받아 참살되었고, 형주는 오의 손에 넘어갔다.

관우를 잃고 형주마저 빼앗긴 유비는 깊은 상실감에 빠졌다. 오랜 동지의 죽음과 함께 반격의 거점을 잃은 충격은 그의 기력을 크게 약화시켰다. 다음 해인 220년, 오랜 경쟁자 조조가 예순여섯 살로 세상을 떠나고 그의 아들 조비가 한나라 마지막 황제로부터 선양을 받아 새로운 위 왕조를 세웠다. 이듬해인 221년, 유비 또한 신하들의 추대를 받아 성도에서 즉위해 국호를 한이라 정했다. 이를 원래의 한 왕조와 구별하기 위해 후세에서는 촉한 또는 계한季漢이라 부른다. 이때 제갈공명은 승상에 오르며 유비 사후 국정을 전담하게 되었다.

촉한이 건국된 뒤, 유비가 가장 먼저 생각한 일은 오랜 동지 관우의 원수를 갚고 형주를 되찾는 것이었다. 그러나 중신들 가운데에서도 반대하는 자들이 많았다. 조운은 이렇게 간언했다. "폐하, 진정한 원수는 손권이 아니라 조씨 일가입니다. 우선 위를 공격해 천하의 신망을 얻는 것이 옳습니다. 사사로운 원한을 앞세워서는 안 됩니다." 공명도 공공연히 반대하지는 않았지만 조운과 같은 견해였다. 그러나 유비는 신하들의 만류를 듣지 않고 끝내 동방 원정을 강행했다.

《삼국지》를 지은 진수는 《촉서선생전蜀書先生傳》에서 유비를 이렇게 평가했다. "뜻이 넓고 굳세며, 마음이 너그럽고 인심이 두텁다. 사람을 알아보는 안목이 있으며, 선비를 예우하고 기다릴 줄 안다. 그러나 권모술수와 정치적 수완은 위무魏武(조조)에 미치지 못한다." 유비의 본질을 정확히 짚은 말이다. 그는 어질고 인덕이 깊은 군자였지만, 술수에 능하고 사리에 밝은 정치가는 아니었다. 바로 이런 점이 공명이 유비를 위해 분골쇄신하게 만든 원천이었지만, 동시에 고도의 정치적 결단을 내려야 하는 순간에는 치명적인 결함으로 작동하기도 했다.

그는 의형제 관우의 원수를 갚겠다는 일념으로 동방 원정을 감행했다. 그러나 출정에 앞서 또 한 번의 비보가 들려왔다. 파서를 지키던 또 다른 의동생 장비가 부하에게 살해된 것이다. 장비는 부하들을 아끼고 돌보는 정 많은 장수였지만, 성미가 급하고 통솔이 거칠었다. 그 때문에 원한을 품은 부하가 끝내 그를 암살한 것이었다.

새로운 슬픔을 안은 유비는 군을 이끌고 출정했다. 초반에는 유비의 군대가 형주 깊숙이 진격했음에도, 오군의 저항이 거의 없었다. 그러나 이것은 적장 육손陸遜의 치밀한 작전이었다. 육손은 유비 군대의 긴 보급선을 노려 화공을 감행했고, 불길 속에서 유비의 대군은 순식간에 무너졌다. 간신히 목숨을 건진 유비는 백제성으로 퇴각했으나, 병세가 악화되어 성도로 돌아가지 못한 채 그곳에서 숨을 거두었다. 때는 223년 4월, 그의 나이 예순세 살이었다.

유비는 죽기 전에 성도에서 급히 달려온 승상 공명을 불러 뒷일을 부탁했다. "승상의 재능은 조비의 열 배는 됩니다. 반드시 나라를 안정시키고 한 왕실을 부흥시켜주리라 믿습니다. 만일 내 아들 선禪이 승상께서 보좌할 만한 그릇이라면, 부디 그를 도와주시기 바랍니다. 그렇지 못하다면 승상께서 대신 황제가 되셔서 전권을 행사하시기 바랍니다." 공명은 눈물로 답했다. "신은 온 힘을 다해 충성과 절개를 지키겠습니다. 목숨을 걸고 뜻을 이루겠습니다."

유비는 마지막으로 아들 유선에게 일렀다. "너는 승상과 함께 나라를 다스려라. 승상을 대하는 일에 있어서는 아비인 내가 그를 대하듯 하여라." 그리하여 한 시대를 연 군주 유비는 생을 마감하고, 제갈공명이 이끄는 새로운 시대가 시작되었다.

마음을 얻는 것을 상책으로 삼다

촉한의 제2대 황제 유선은 아버지 유비가 걱정했던 대로 지나치게 평범한 인물이었다. 그의 유일한 장점은 아버지가 유언한 대로 공명의 지시를 충실히 따랐다는 점이었다. 그러나 바로 그 순종이 오히려 무거운 책임감으로 공명의 어깨를 짓눌렀다. 《삼국지》에는

"정치에 관한 일은 크고 작음을 막론하고 모두 공명이 결정했다"라는 기록이 남아 있다.

공명은 자신에게 주어진 막중한 임무를 신명을 걸고 완수하려 했다. 유비가 세상을 떠난 뒤 그에게 주어진 가장 큰 과제는 위를 무너뜨리고 한 왕실을 다시 일으키는 일이었다. 그러나 그 길로 나아가기 위해서는 반드시 해결해야 할 두 가지 난제가 있었다. 하나는 오와의 분쟁이었고, 다른 하나는 남방 이민족의 반란이었다.

본래 공명이 구상한 천하삼분지계의 핵심은 오와 손을 잡고 위에 대항하는 것이었다. 207년 양양의 초가집에서 유비와 처음 만났을 때 이미 이 점을 강조했으며, 이듬해에는 스스로 특사 자격으로 오를 방문하여 동맹관계를 성사시켰다. 그러나 그 이후 두 나라의 관계는 공명이 기대했던 대로는 발전하지 않았다. 관우가 전투에서 패해 전사하고, 이어 유비마저 패전하면서 두 나라는 최악의 사태로 치달았다. 이제 공명이 북부로 군대를 보내 위를 치려면, 어떻게든 오와의 동맹을 다시 복원해야 했다. 공명은 유비가 세상을 뜬 바로 그 해, 대신 등지鄧芝를 오나라로 보내 양국 관계 개선에 착수했다. 등지는 이듬해인 224년에도 다시 오를 방문했고, 두 차례에 걸쳐 절충한 끝에 양국은 다시 제휴하기로 합의했다.

이제 남은 과제는 남방 이민족의 평정이었다. 이를 위해 공명은 225년 친히 군대를 이끌고 남방으로 향했다. 여기서 말하는 남방은 오늘날 중국의 서남부 일대로, 산세가 험하고 여러 소수민족이

흩어져 사는 지역이었다. 이른바 미개발지역으로 《한서漢書》에 나오는 '야랑자대夜郎自大'*라는 말이 생겨난 곳이기도 하다. 그만큼 문화 수준이 낮고 중앙의 통제력이 미치기 어려웠다.

촉한은 건국 이후 월수, 익주, 영창, 장가 등 일부 군을 제외한 이 지역을 통치해왔다. 위와 오에 비해 국력이 약했던 촉한으로서는 이 지역의 풍부한 물산 자원이 크나큰 매력이었다. 그러다 보니 과도한 세금 징수와 통제 강화 등 다소 가혹한 통치가 이루어지기도 했다. 결국 유비의 죽음을 계기로 남방 곳곳에서 반란이 일어났는데, 그 중심인물은 추장酋長 옹개雍闓였다. 그는 익주의 태수 정앙正昂을 죽인 뒤 각지의 추장들에게 격문을 보내며 봉기를 촉구했다. 그 중에서도 실력자 추장 맹획孟獲에게 보낸 격문의 내용은 다음과 같았다. "이번에 촉한 정부가 우리에게 내린 명령을 전하네. 가슴털이 검은 새끼 까마귀 300마리, 옥이 섞인 돌 서 말, 그리고 길이 9미터에 이르는 단목斷木 3천 그루를 바치라고 요구하고 있네. 이 명령을 따르지 않으면 사형에 처한다고 위협한다네. 이 일을 두고 자네는 어떻게 생각하는가?"

단목은 통상 길이가 6미터를 넘지 않았다. 따라서 길이 9미터짜리 단목 3천 그루를 바치라는 요구는 애초부터 터무니 없는 명령

---

* 자기의 능력을 모르고 위세를 부린다.

이었다. 옹개의 격문에는 사실과 다른 과장된 선전 문구가 포함되어 있었던 것으로 보인다. 그러나 촉한 통치에 불만을 품어온 서남부 이민족들은 옹개의 격문에 호응하여 속속 반란을 일으켰고, 이러한 반란 운동은 순식간에 서남부 전역으로 번졌다. 더구나 그 배후에는 오의 개입 정황까지 포착됐다. 자칫 잘못 대응하면 사태가 걷잡을 수 없이 악화될지도 몰랐다. 공명은 자신이 직접 나서기로 결심했다.

공명은 서남 지방을 어떻게 다뤄야 할지 몹시 고심했다. 무력으로 일시에 진압하기는 쉬웠지만, 북벌을 앞둔 상황에서 병력 손실을 최소화하는 것이 급선무였다. 따라서 가장 바람직한 해법은 민심을 공략해 그들이 자발적으로 따르게 하는 것이었다. 그런 다음 안정적인 협력 관계를 구축해 후환을 없애는 것이 목표였다.

공명은 일찍부터 마속馬謖을 주목하고 있었다. 참모장교 마속은 이번 원정에는 참가하지 않으나, 남방으로 떠나는 공명 일행을 수십 리 앞까지 배웅했다. 출발 직전 공명은 그를 불러 의견을 물었다. "지금까지 자네와 오랫동안 서남 오랑캐 대책을 논의해왔네. 이제 군대를 진군시키려 하는데, 혹시 좋은 계략이 있는가?"

마속은 대답했다. "그들은 지세가 험하고 거칠다는 데 기대어 오랫동안 복속을 거부해왔습니다. 오늘 격파한다 한들, 내일이면 또다시 반기를 들 것입니다. 물론 몰살로 화근을 제거할 수는 있습니다만 어진 군자가 할 도리가 아닙니다. 원래 용병의 세계에서는 마음을 공략하는 것을 상책으로 하고, 성을 공격하는 것은 졸책으로 봅니다. 마음과 마음이 서로 맞닿게 해야지, 병사와 병사가 맞붙게 해서는 안 됩니다. 부디 그들이 충심으로 기뻐하며 성심껏 따를 수 있도록 늘 유의하시기 바랍니다."

공명은 마속의 진언에 크게 수긍했다. 그의 말을 들은 즉시 남방 작전의 방점을 마음에 두기로 작정했다. 225년 5월, 공명이 이끄는 촉한군은 노수를 건너 세 방면으로 나뉘어 서남 오랑캐의 본거지인 익주로 진격했다. 이미 반란군의 지도자 옹개는 내부 다툼 끝에 암살되었고, 그를 대신해 맹획이 반란군을 지휘하고 있었다. 공명은 "맹획을 반드시 생포하라"고 전군에 포고했다.

격전 끝에 맹획은 붙잡혀 공명 앞에 끌려왔다. 공명은 몸소 맹획에게 직접 진영의 내부를 샅샅이 보여줬다. 그리고는 "우리 군대의 배치가 어떤가?"라고 물었다. 맹획이 대답했다. "아까는 이쪽의 배치 상황을 몰랐기 때문에 낭패를 보았다. 이제 이렇게 잘 보았으니 다음에는 내가 반드시 이길 것이다." 공명은 웃으며 말했다. "요놈 봐라, 재미있네. 좋다, 이놈을 풀어주어라." 이리하여 맹획은 일곱 번 풀려나고, 일곱 번 붙잡혔다. 이를 '칠종칠금七縱七擒'이라 부른다. 일곱 번째로 붙잡혔을 때, 그 대단한 맹획도 마음속으로 완전한 항복을 선언했음이 틀림없었다. 공명이 또다시 포박을 풀어주려 하자 맹획은 이렇게 말했다. "장군은 정말로 신과 같은 분입니다. 다시는 장군의 뜻을 거스르지 않겠습니다."

이렇게 반란을 평정한 뒤, 공명은 반란의 주모자들을 관리로 등용하고, 현지인을 중용하는 현지주의現地主義를 통치 방식으로 택했다. 원정군 역시 모두 본국으로 철수시켰다. 표면적으로는 현지인의 인심을 얻기 위한 조치였지만, 그 이면에는 실무적 고려도 깔려 있었다. 공명은 이렇게 설명했다. "외지 사람을 관리로 임명하면, 그와 더불어 군대도 주둔시켜야 하네. 군이 머무르면 군량을 보급해야 하고, 이번 싸움으로 현지인들이 많이 죽거나 다쳤네. 외지인을 임명하는 것은 좋지만, 군으로 그들의 안전을 보장하지 않으면 예측할 수 없는 사태가 일어날 염려가 있네."

　공명은 서남 지방을 최대한 효율적으로 통치하면서, 국력을 결집해 다가올 위나라와의 전면전에 대비하고자 했다. 이렇게 남방을 평정하여 후환을 없앤 공명은 그해 7월, 당당히 성도에 개선했다. 이제 드디어 대망의 북벌 준비가 시작되었다.

모두 두려워하면서 동시에 사랑했다

이리하여 마침내 북벌이 시작되었다. 그러나 본격적인 전쟁 이야기로 들어가기 전에 정치가로서의 제갈공명, 곧 승상으로서 그가 어떠한 정치를 펼쳤는지를 먼저 살펴볼 필요가 있다. 공명이 정식으로 승상에 임명된 것은 221년, 촉한이 건국된 직후였다. 그러나 내정을 실질적으로 총괄하기 시작한 시점은 유비가 파촉을 영유한 214년부터였다. 그로부터 234년 오장원에서 병으로 쓰러져 생을 마감할 때까지 그는 약 20년간 촉한의 정치를 책임졌다.

《삼국지》를 지은 진수는 공명의 치세를 다음과 같이 평가했다. "충성을 다하고 시대에 이로움을 주는 자는 원수라 할지라도 반드시 상을 내리고, 법을 어기고 태만한 자는 부모라 할지라도 반드시 벌을 주었다. 죄를 뉘우치는 자는 죄가 무겁더라도 용서하였으며, 용서받고도 다시 잔재주를 부리는 자는 죄가 가볍더라도 반드시 처벌하였다. 선행은 사소하더라도 상을 내렸고, 악행은 아무리 대수롭지 않아도 결코 눈감지 않았다. 마침내 나라 안의 백성들은 모두 공명을 두려워하면서 동시에 사랑하였다. 형정刑政은 준엄하였으나 원망하는 이가 없었다. 이는 그의 마음이 공평하였고 착한 일을 권장하며 악한 일을 징계했기 때문이다."

이 기록에서 알 수 있듯, 공명은 신상필벌信賞必罰을 근간으로 한 법가적 통치를 실천하였다. 이러한 그의 통치관은 한 일화에서도 확인된다. 공명이 군사장군이던 시절, 법을 지나치게 엄격히 적용하는 그를 보고 중신 법정法正이 간언했다. "옛날 한고조께서 관중에 입성하셨을 때, '법은 세 조항뿐이다'라고 포고하자 진의 폭정에 시달리던 민중들이 환호했습니다. 지금 장군께서도 새로 얻은 땅의 백성들에게 충분한 은혜를 베풀 때입니다. 형벌을 완화하고 금지 조항을 줄여 백성들의 기대에 부응하는 것이 어떨까요?"

그러자 공명은 이렇게 대답했다. "대감께서는 하나만 알고 둘은 모르시네요. 진은 도리에 어긋나는 폭정을 일삼아 백성들의 원한을 샀기 때문에 천하를 잃었습니다. 고조께서 너그러이 나라를 다스리고 인심을 얻을 수 있었던 것도 바로 그 때문입니다. 그러나 유장은 은혜를 베풀지도, 형벌을 제대로 내리지도 않아 신하들이 전횡을 부리게 되었고, 결국 나라를 잃었습니다. 그래서 나는 죄가 있는 사람에게는 법을 적용하고, 공이 있는 사람에게는 작위를 내립니다. 지금 우리 정치에 필요한 것은 바로 원칙입니다."

공명의 대답은 그의 정치 철학을 단적으로 보여주었다. 그는 법과 은혜의 균형을 나라의 기강으로 보았고, 정의와 질서를 세움으로써 백성의 신뢰를 얻는 것이 진정한 덕치라고 믿었다. 공명은 정치의 요체에 대해 이렇게 말했다. "세상을 다스리는 일은 큰 덕으로 해야지, 작은 은혜를 베푸는 것으로 하면 안 된다. 전한의 명승상 광형匡衡과 후한의 공신 오한吳漢이 대사면을 원하지 않은 것도 그 때문이다. 선제 유비께서도 '나는 진기陳紀, 정현鄭玄 같은 큰 스승들에게 정치의 요체를 배웠지만, 그분들은 사면에 대해서는 한 번도 언급하지 않으셨다'고 말씀하신 바 있다. 그런데 유언劉焉, 유장 부자 같은 무리들은 매년 대사면령을 내렸으나, 무엇 하나 나라에 도움되는 바가 없었다."

이처럼 공명은 신상필벌의 원칙에 따라 법을 엄격히 집행했다. 그러나 그가 '형정이 준엄했으나 원망이 없었다'라는 평을 들을 수 있었던 이유는, 모든 일을 사사로운 감정 없이 공정하게 처리했기 때문이다. 그의 통치는 한마디로 공평무사公平無私 그 자체였다. 당시 공명의 밑에서 정무를 담당하던 장예張裔는 그의 태도를 이렇게 묘사했다. "먼 사이라고 상을 주지 않는 법이 없고, 가깝다고 해서 내려야 할 벌을 피하지 않는다. 공적이 없는 자에게는 작위를 주는 일이 없고, 권세가 있다고 해서 형벌을 면제해주지 않는다. 이렇게 하지 않으면 슬기로운 이도 어리석은 이도 모두 분수를 잃게 된다."

예로부터 중국에서 이상적인 재상의 리더십은 '세세한 일에는 관여하지 않는 것'이었다. 즉, 실무는 담당자에게 맡기고 재상은 대국적인 견지에서 정국의 흐름을 살피는 것이 이상적인 태도라 여겼다. 그러나 공명의 리더십은 그러한 전통적 방식과는 대조적이었다. 그는 침식을 잊을 정도로 업무에 몰두했으며, 세세한 장부 하나까지 직접 검토했다.

오장원에서 위나라의 사마중달司馬仲達과 대치하고 있을 때의 일이었다. 중달이 공명의 생활을 궁금해하자, 그의 진영을 방문한 공명의 심부름꾼은 이렇게 대답했다. "재상께서는 아침 일찍 일어나 밤늦게까지 업무를 보십니다. 태형 스무 대 이상의 형벌은 모두 직접 결재하십니다. 그리고 식사는 아주 조금만 드십니다."

태형 스무 대의 형벌은 대개 대대장 수준이 다루는 사안이었으니, 총사령관인 공명이 그런 일까지 직접 결재했다는 것은 매우 이

례적이었다. 그러나 촉은 영토가 작고 인재의 층이 얇아, 실무를 온전히 아랫사람에게 일임할 수 있는 형편이 아니었다. 공명은 수많은 세부 업무를 직접 처리해야 했고, 선대 황제 유비가 자신을 전폭적으로 신뢰하고 모든 국사를 위임한 사실 또한 무거운 책임감으로 작용했다. 이러한 비상상황에서 공명은 글자 그대로 침식을 잊고 분골쇄신하였다. 그의 이러한 정진의 태도는 부하들과 백성들의 마음을 움직였고, 모두를 한층 더 분발하게 만들었다.

공명의 지도력은 한 나라의 재상으로서는 드물 정도로 소박한 사생활에서도 드러났다. 공명은 원정에 나서기 전, 황제에게 자신의 재산 상태를 직접 보고했다. "저는 수도에 뽕나무 800그루와 밭 4만 5천 평을 갖고 있습니다. 이 정도면 자손이 생계를 잇는 데 부족함이 없을 것입니다. 이외에 재산을 더 모아 폐하께 누를 끼치는 일은 결코 하지 않았습니다." 실제로 공명이 죽은 다음 재산을 조사해보니, 그가 보고했던 재산 이외에는 아무것도 없었다고 한다.

공명 자신이 이처럼 청렴결백하게 살았기에 그의 말과 정치가 백성들에게 강한 신뢰를 얻게 된 것은 당연한 일이었다. 그는 평생 유비의 유지를 실현하고자 몸을 던졌고, 성실하고 청렴한 정치지도자의 전형을 보여주었다. 진수는 《삼국지》에서 공명을 "나라를 다스리는 솜씨가 관중과 소하蕭何에 견줄 만하다"라고 매우 높이 평가했다.

무리하지 말고 신중하게 지휘하라

227년, 모든 준비를 마무리한 공명은 드디어 촉한의 국력을 총동원하여 북벌의 길에 나섰다. 이때 그는 제2대 황제 유선에게 출사표를 제출했고 그 서두는 이렇게 시작한다. "선제께서는 창업의 뜻을 반도 이루지 못한 채 붕어하시고, 지금 천하는 셋으로 나누어져 있습니다. 더구나 익주는 전쟁으로 피폐하니 이는 나라의 존망이 달린 위급한 때라 할 수 있습니다." 이 글은 제갈공명이 이번 원정에 임하며 품은 결의를 드러낸 명문으로, '이 글을 읽고 울지 않는 사람은 충신이 아니다'라는 말이 전해질 만큼 유명했다.

이어서 촉한군 6만여 명은 성도를 출발해 한중의 양평관 부근에 진주했다. 봄을 기다리며 열린 작전 회의에서 장수 위연魏延은 직선 경로로 적의 본거지를 공격하자고 제안했다. 1941년 12월 일본의 진주만공격처럼 기습작전을 펼치자는 것이었다. 그러나 공명은 이를 무모하다고 판단해 단호히 거절했고, 그 대신 그는 방어가 비교적 적은 우회로를 택해 진공하기로 결정했다.

여기서 우리는 촉과 위 사이의 엄청난 국력 차이에 주목할 필요가 있다. 총군사력으로 보면 양국은 1 대 7의 비율이었고, 공명은 촉의 전군을 동원했지만 위는 지방 방면군만으로 맞서고 있었다. 그럼에도 양측의 병력 규모가 비슷했을 만큼 기본 국력의 차이가 컸다. 처음부터 승산이 희박한 싸움이었고, 이 사실을 누구보다 잘 알고 있는 제갈공명이 이 싸움을 하고 싶었을 리 없었다. 그럼에도 원정을 감행한 이유는 선대 황제 유비의 유언을 실천하기 위함이었다.

이러한 곤경 속에서 공명이 택한 전략은 '쉽게 이길 수 없다면, 결코 지지 않는 싸움을 하자'는 것이었다. 패배하면 촉나라의 전군이 궤멸하고, 나아가서는 나라까지 멸망하게 된다. 이 최악의 사태만은 어떻게든 막아보자는 것이 공명의 판단이었다. 그는 지지 않는 전쟁을 위해 무리한 기습보다 철저한 방어와 안정된 전선을 중시했다. 위연의 과감한 제안을 받아들이지 않은 것도 그 때문이었다.

이렇게 무리하지 않고 신중하게 전장을 지휘하는 것이 제갈공명식 용병의 특징이었다. 그는 돌다리도 두드리고 건너는 지휘관이었다. 이번에도 공명은 서방으로 우회하여 적의 허점을 공략했다. 피해를 최소화하면서도 승산을 높일 수 있기 때문이다. 설사 패하더라도 깊은 상처를 입지 않으니 곧 진용을 가다듬을 수 있었다. 그러나 이런 전법은 위연 같은 맹장猛將에게는 답답하기 짝이 없었다. 그는 훗날까지도 공명을 '겁쟁이'라 비난했다고 전해진다.

그만큼 공명의 신중함은 주변 장수들에게 때로는 지나친 조심성으로 비쳤다. 그러나 후대 사람들은 바로 그 신중함에서 그의 진정한 지모智謀를 보았다. 《삼국지》에는 곽충삼사郭沖三事에서 인용된 것으로 전하는 이야기가 주석에 덧붙어 있다. 이 일화에 대해 주석을 단 배송지裵松之 자신도 '허구'라 평하며 사실이 아님을 인정했지만, 훗날 소설 《삼국지연의》가 이 주석을 바탕으로 각색하면서 '공성계空城計'라는 유명한 일화가 생겨났다. 이 이야기는 경극 등 전통 연극에서도 명장면으로 전해지며, 결국 '제갈공명' 하면 '공성계'가 생각날 정도로 대중적으로 자리 잡았다.

공성계의 바탕이 된 곽충삼사의 기록은 다음과 같다. 공명은 위연에게 주력부대를 맡겨 동쪽으로 향하게 하고, 자신은 2,500명의 병력만 남긴 채 양평관을 지키고 있었다. 이때 위나라의 장군 사마중달이 15만 대군을 이끌고 공격해왔다. 아무리 공명의 지략이 뛰어나다 해도 2,500명으로 15만 대군에 맞설 수는 없었다. 성 안의 병사들은 모두 얼굴이 새파랗게 질렸다.

그러나 공명은 조금도 동요하지 않고 "잠깐 기다려라. 좋은 생각이 있다"라고 말했다. 그는 사방의 성문을 활짝 열고 스무 명가량의 병사들에게 평민의 옷을 입혀 거리를 쓸게 했다. 그리고 자신은 도사의 옷차림으로 성루에 올라 향을 피우며 태연하게 거문고를 타기 시작했다. 성 밑까지 진군한 사마중달은 이 기이한 광경을 보고 잠시 생각에 잠겼다. "공명은 원래 신중한 사람이다. 함부로 성문을 열고 적을 맞이할 리 없다. 분명 복병이 숨어 있을 것이다." 그는 즉시 공격을 거두고 전군에게 후퇴를 명령했다. 사마중달의 15만 대군이 물러나자, 성 안의 병사들은 놀라움과 감탄을 감추지 못했다. 모두가 제갈공명의 지모에 감탄했고, 뒤늦게 그것이 공명의 계략이었음을 알게 된 사마중달은 분을 이기지 못해 땅을 치며 통탄했다.

준엄과 온정의 균형

공명은 엄격함과 온후함을 겸비한 지도자였다. 그 두 면모를 가장 극적으로 보여주는 사례가 바로 '울면서 마속을 베다'로 알려진 일화다. 228년 봄, 그는 교묘한 양동작전陽動作戰으로 위군을 혼란에 빠뜨리는 데에는 성공했으나, 선봉장 마속이 결정적인 실수를 저질러 원정은 실패로 끝났다.

마속은 출정에 앞서 공명으로부터 면밀한 지시를 받았다. 하지만 정작 전투가 벌어지자 위수 상류의 가정에서 산 위에 진을 치는 졸렬한 작전을 전개했다. 위군의 총사령관 장합張郃은 상대방의 허점을 놓치지 않는 백전노장이었다. 그는 즉시 산을 포위해 보급로를 끊고 장기전에 들어갔다. 고립된 마속은 전멸을 막기 위해 전군에 산 아래로 돌진할 것을 명령했으나, 이것이야말로 장합이 노리던 순간이었다. 기다리고 있던 위군은 촉군을 포위하여 섬멸했고, 마속의 군대는 전멸에 가까운 피해를 입었다.

참패의 책임은 오롯이 마속에게 있었다. 공명은 군율을 바로 세우기 위해 눈물을 머금고 마속의 목을 베었다. 그리고 그를 발탁한 자신의 책임을 통감하며, 황제에게 스스로 처벌을 탄원했다. 이 사건만 놓고 보면 제갈공명은 피도 눈물도 없는 냉철한 무장처럼 보인다. 그러나 공명은 마속을 처형하면서도 그 유족에게 종래와 똑같은 대우를 약속하며 냉정함 속에서도 인간적 온정을 잃지 않았다. 준엄함과 자비로움, 그 두 가지가 절묘하게 조화를 이룬 덕에 공명은 끝까지 신뢰받는 지도자로 남을 수 있었다.

적이 도망갈 길을 열어두라

1차 원정의 패배로 깊은 상처를 입은 공명은 군을 재정비한 뒤, 228년 겨울 두 번째 북벌을 감행했다. 불과 몇 달 전 패배를 겪은 직후였지만, 서둘러 재차 북벌을 결심한 것은 오와 위가 맞닥뜨리고 있는 동부 전선의 전황이 촉한에 유리하게 전개되고 있었기 때문이다.

같은 해 5월, 위는 세 방면에서 오를 공격했으나 만반의 준비를 마친 손권에게 패배했다. 동부 전선에서 적지 않은 타격을 입은 위는 일부 병력을 그쪽으로 돌릴 수밖에 없었고, 그 결과 촉한과 접한 관중 방면의 방비가 상대적으로 허술해졌다. 공명은 이 기회를 놓치지 않았고 지난 원정과는 다른 경로를 택해 진창을 목표로 삼아 산관을 넘어 치고 나갔다. 진창은 수비병이 1천 명 남짓한 작은

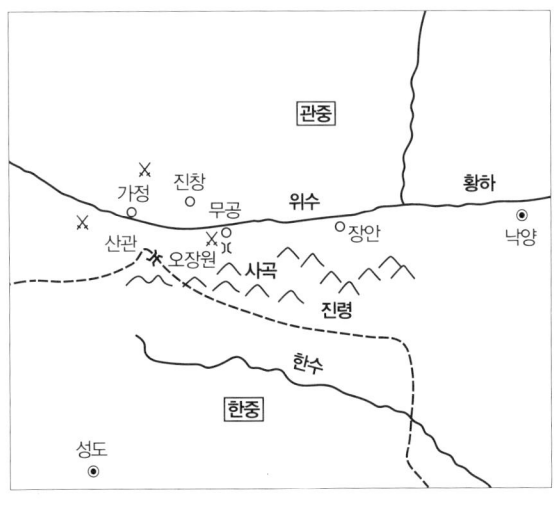

공명의 북벌지도

성에 불과했지만, 관중으로 향하는 길목을 지키는 요충지였다. 공명은 이곳을 단숨에 점령한 뒤, 그 여세를 몰아 관중으로 밀고 들어가겠다는 작전을 세웠다.

그러나 공명의 계획은 서전인 진창 공방전에서부터 어긋나기 시작했다. 이 작은 성을 지키던 지휘관은 역전의 용장 학소郝昭였다. 그는 이미 공명의 의도를 간파하고 전투 준비를 마친 채 적군이 오기를 기다리고 있었다. 예상대로 작은 성 하나를 두고 치열한 공방전이 벌어졌다.

정공법을 택한 공명은 수만 명의 군대를 동원하여 진창을 포위

하고, 먼저 학소에게 투항을 권했다. 그는 같은 고향 출신인 근상靳
祥을 성문 밖으로 보내 투항하라고 외치게 했다. 이에 학소는 성벽
위에서 이렇게 응수했다. "위의 군법이 얼마나 엄격한지는 자네도
잘 알 것이다. 나는 위나라의 큰 은혜를 입었고, 죽음은 이미 각오
한 바다. 얼른 돌아가서 공명에게 마음 놓고 공격하라 전하라."

공명은 다시 근상을 보내 설득을 시도했다. "그대의 군대는 1천 명,
우리는 수만 명의 대군입니다. 승부는 뻔합니다. 무의미한 저항은
그만두는 것이 그대의 신상에도 좋을 것입니다." 그러나 학소는 단
호했다. "듣고 싶지 않다. 더 떠들면 네 배에 바람구멍을 내줄 테다."
공명은 할 수 없이 성을 공격할 준비에 나섰다. 먼저 사다리 수레를
성벽 가까이 붙이고, 충돌용 전차를 동원해 성벽을 돌파하려 했다.
그러나 학소는 불화살을 퍼부어 사다리 수레를 모조리 태워버렸
고, 이어 돌절구를 새끼줄에 매달아 성벽 위에서 떨어뜨려 충돌용
전차마저 산산이 부쉈다.

공명은 이에 굴하지 않았다. 이번에는 높이 33미터에 달하는 망
대望臺를 세워 그 위에서 성 안으로 화살을 쏘게 했다. 동시에 해자
垓子*를 메워 병사들이 성벽을 오를 수 있도록 했다. 그러나 학소는
해자의 안쪽에 또 하나의 성벽을 쌓아 촉군의 접근을 완전히 막아

---

* 적의 접근을 막기 위하여 성의 둘레를 파서 물을 채운 도랑.

냈다. 마지막으로 공명은 땅굴을 파 성 안으로 진입하려 했으나, 학소는 그 땅굴과 교차하도록 가로 해자를 파서 침입로를 원천 봉쇄하였다. 이리하여 일진일퇴의 공방이 계속되었으나, 학소의 수비는 예상보다 훨씬 견고했다. 공명은 20여 일간 성을 공격했으나 결국 함락시키지 못했고, 군량의 보급이 끊기자 눈물을 머금고 철수할 수밖에 없었다. 그가 평생 풀지 못한 숙제, 보급의 한계가 또다시 발목을 잡은 것이다. 원래 촉이 위를 치기 위해서는 '촉의 벼랑길'이라 불리는 험준한 길을 통과해야 했다. 사람 한 사람이 간신히 지나갈 만큼 좁은 길이라 식량과 물자를 운반하기가 매우 힘들었다. 공명은 출정 전부터 이 문제를 해결하려 온갖 지혜를 강구했으나, 끝내 결정적인 해결책을 찾지 못했다.

이보다 앞서 위나라 조정은 촉나라 군대가 진창을 포위했다는 소식을 듣자 즉시 동부 전선에서 백전노장 장합을 불러들였다. 그리고 그에게 '진창을 구원하라'는 명령을 내렸다. 장합은 가정 전투에서 마속의 보급로를 끊어 대승을 거둔 바로 그 인물이었다.

그의 출발을 앞두고 수도 낙양에서는 성대한 연회가 열렸다. 이 자리에서 당시의 황제 명제明帝가 물었다. "그대가 도착할 때까지 진창이 버틸 수 있겠는가?" 장합이 대답했다. "저는 그때까지 진창이 함락되지 않을 것이라 봅니다. 적군에게는 군량의 보급이 부족하기에 오랫동안 포위작전을 펼 수 없습니다. 아마 촉한군이 갖고 있는 군량은 열흘치도 안 될 것입니다. 제가 그곳에 달려갈 때까지는 포위망이 풀리지 않을까 생각합니다." 과연 장합이 말한 대로, 그가 이끄는 3만 명의 위나라 군대가 진창에 도착한 것은 촉한군이 이미 포위작전을 포기하고 철수한 뒤였다.

이듬해인 229년 봄, 공명은 전략을 바꿔 무도와 음평을 평정하여 진공의 발판을 마련했다. 공명은 앞서 마속의 패배에 대한 책임을 지고 우장군으로 강등된 바 있는데, 이번 공로로 다시 승상의 직을 맡게 되었다. 이어서 230년 가을에는 위가 반격에 나설 움직임을 보이자 공명은 맞서 싸울 태세를 갖추는데, 마침 이 해에는 장마로 말미암아 그 벼랑길을 쓸 수 없게 된다. 위군은 할 수 없이 포기하고 중간 지점에서 되돌아간다. 어느 쪽이 공격에 나서건 험준한 산악 지대는 언제나 군사 작전에 걸림돌이 되었다.

231년 봄, 공명은 또다시 대군을 거느리고 기산을 덮친다. 앞의 두 차례에 걸친 북벌이 모두 실패한 까닭은 물자의 보급이 원활하지 않았기 때문이라고 생각한 공명은 새로 발명한 나무소木牛, 흐르는 말流馬 등을 써서 물자를 날랐다고 한다. 이러한 운반 기구가 실제로 어떤 것이었는가는 전해지지 않지만, 공명이 보급 효율을 위해 얼마나 고심했는지 짐작하게 하는 대목이다.

이에 맞서는 위는 사마중달에게 여러 장군을 거느리게 하여 기산을 방어하도록 했다. 이리하여 공명과 중달은 여기서 처음으로 맞붙게 되는데, 중달의 전투 방식은 그야말로 '신중' 그 자체였다. 공명이 일부러 퇴각하는 척하며 유인해도 중달은 결코 깊이 쫓아

가지 않았고, 상대가 만만치 않아 보이면 아예 전전기지에 틀어박혀 나오지 않았다. 빨리 결전으로 몰고 가야 하는 공명으로서는 참으로 다루기 힘든 적수였다.

한편 중달의 부하 장군 연중連中은 상관의 이런 전투 방식을 보고 있으면 답답해서 견딜 수가 없었다. "장군님께서는 공명을 마치 호랑이처럼 무서워하고 계십니다. 이렇게 하시면 천하의 웃음거리가 되실 것입니다." 부하의 말에 자극받은 중달은 뜻을 굳혔다. 정면으로 공명에게 싸움을 걸었으나 여지없이 패했고, 또다시 거북이가 목을 움츠려 등딱지 속으로 숨어버리듯 전전기지에 틀어박혔다.

하지만 공명군 역시 식량의 보급이 계속되지 않았다. 더는 버틸 수 없다고 판단한 공명은 눈물을 머금고 또다시 철수할 수밖에 없었다. 사마중달은 촉한군이 돌아간다는 소식을 듣자마자 즉시 부하 장군 장합에게 추격을 명했으나, 노련한 지휘관 장합은 이렇게 말하며 반대한다. "성을 포위할 때는 반드시 적의 도망갈 길을 열어놓아야 합니다. 물러가는 적은 쫓지 말라고 병법에서 가르칩니다." 그러나 중달은 그의 만류를 듣지 않았고, 할 수 없이 장합은 철수하는 촉한군을 추격했다. 아니나 다를까, 공명은 이런 일이 있을 것을 예견하고 조금 높은 언덕에 복병을 매복시켜두었다. 장합의 군대가 모습을 드러내자 그들은 일제히 화살과 돌을 퍼부었다. 추격하던 장합의 군대는 큰 혼란에 빠졌고, 장합 자신도 화살이 오른

쪽 무릎을 꿰뚫어 전사했다.

앞서 이야기하였듯이, 공명의 용병술은 신중하고 견실했다. 달리 표현하면, 정석대로 하며 기본에 충실한 것이 그의 용병이었고, 이렇게 복병을 숨겨 추격군을 궤멸시킨 전법은 단순한 기지가 아니라 철저한 계산의 산물이었다. 공명은 이러한 특징을 가진 자신의 용병술의 강점을 이 싸움에서 유감없이 발휘하여 멋진 승리를 거두었다.

원칙을 지킨 마지막 순간

234년 봄, 공명은 2년에 걸친 준비를 끝내고 네 번째 북벌에 나섰다. 병력은 10만 명, 촉한의 총력을 쏟아넣은 마지막 출진이었다. 이번에는 사곡에서 위수 남쪽 기슭의 무공으로 진군한 뒤 오장원이 있는 서쪽으로 향했다. 공명의 군대는 여기서 진을 치는데, 이곳에서 그와 맞붙을 적군의 총사령관은 지난번과 마찬가지로 사마중달이었다.

이미 상대방의 수법을 잘 알고 있는 두 사람은 신중했다. 중달은 처음부터 정면충돌은 피하고 지구전으로 끌고 가 상대방이 지치기를 기다릴 심산이었다. 공명은 세 번의 실패를 교훈 삼아 오장원에 포진하자마자 군량을 보급하기 위한 둔전屯田을 마련했다. 장기

전에 대비해 식량을 자급할 수 있는 체제를 갖춘 것이다.

이리하여 양쪽은 무려 100일이나 대치했다. 그러나 지구전에 들어가면 원정군이 불리했다. 공명은 때때로 싸움을 걸었지만 중달은 전혀 응하지 않았다. 속이 끓는 공명은 어느 날 중달에게 여성용 옷을 보내 그를 도발했는데, 이는 "너는 여인보다도 겁이 많구나"라는 뜻이었다. 그럼에도 중달은 꿈쩍도 하지 않았다.

이즈음 중달은 공명의 심부름꾼으로부터 공명의 집무방식과 생활에 대해 전해 듣고 중얼거렸다. "공명도 이제 얼마 안 남은 듯하네." 중달이 내다본 대로 공명은 얼마 지나지 않아 피를 토하고 쓰러졌다. 병세가 나날이 악화된 공명은 죽을 때가 다가왔음을 알아차리고 양의楊儀, 비위費禕, 강유姜維 등의 부하 장군들에게 철수 작전을 지시했다. 그리고 마침내 돌아오지 않는 사람이 되었다. 때는 234년 8월, 그의 나이는 쉰네 살이었다.

촉한군이 철수한 후에 그들의 진영이 있었던 곳을 자세히 점검한 중달은 이렇게 개탄했다고 한다. "공명이야말로 정말 드물게 뛰어난 천하의 재주꾼이었구나." 나관중이 쓴 소설 《삼국지연의》에는 "죽은 공명이 산 중달을 쫓아버리다"라는 이야기가 나온다. 이것은 원래 《한진춘추漢晉春秋》라는 책에 적혀 있는 일화인데, 이것을 나관중이 더 극적으로 각색한 것이며 그 내용은 다음과 같다.

촉한군에 이변이 있다는 소식은 근방에 사는 백성에 의해 곧 중달의 진영에도 전달된다. 중달은 즉각 추격에 나선다. 그런데 양의

가 이끄는 한 부대가 '한승상 무향후 제갈량漢丞相武鄕侯諸葛亮'이라는 깃발을 내세우고 북을 치면서 반격해온다. "아뿔싸, 속았구나!"라고 한탄하며 중달은 허둥지둥 군대를 되돌린다. 이러는 사이 촉한군은 느긋하게 퇴각한다. 이 광경을 보고 사람들은 "죽은 공명이 산 중달을 물리쳤다"고 수근거리게 되었다고 한다.

어떤 사람이 나중에 이 이야기를 중달에게 들려주자, 그는 이렇게 말하며 쓴웃음을 지었다고 한다. "산 사람의 생각이라면 헤아려볼 수 있겠지만, 죽은 이의 계책을 어떻게 알겠는가?" 사마중달의 이름은 의懿로, 훗날 진을 창시하고 삼국을 통일하게 되는 사마염司馬炎의 조부다. 공명이 기재奇才임을 알아차린 그 역시 보통내기는 아니다.

이리하여 공명의 웅대한 계획은 허망하게 좌절되었고, 네 번이나 북벌을 시도하였으나 네 번 모두 실패로 끝났다. 정치가로서의 공명을 '춘추전국시대의 제의 재상이었던 관중과 한의 재상을 역임한 소하'에 필적할 만한 큰 그릇으로 칭송한 진수조차 이렇게 말하고 있다. "매년 백성들을 동원하여 원정에 나섰지만 결국 성공하지 못했다. 생각하건대 임기응변의 전략은 그의 특기가 아니었다."

후세 사람들에게도 왜 마속을 기용했는지, 왜 지나치게 정공법에 매달렸는지를 두고 논란이 이어졌다. 그러나 두 나라의 국력의 차이, 보급의 어려움 등의 문제점을 나열해보면, 이것은 처음부터 승산이 아주 적은 싸움이었다. 결과적으로 성공하지 못했다고 해서 그 책임을 공명의 장군으로서의 자질 문제와 결부시키는 것은 지나치게 성급한 견해다. 여러 악조건 속에서도 끝까지 전선을 지켜낸 것만으로도 제갈공명은 충분히 선전했다고 할 수 있다.

그런데 공명의 용병에 대한 진수의 낮은 평가에 대해 꽤 그럴싸한 가설을 제시하는 역사가가 있다. 《이십이사차기二十二史箚記》를 지은 조익趙翼이 그 주인공인데, 그에 따르면 진수의 아버지는 옛날에 마속의 부하였다고 한다. 마속이 참패의 책임을 지고 참수되었을 때, 그는 머리털을 베어 떨어뜨리는 형벌을 받는다. 이런 집안 역사가 공명에 대한 평가에 영향을 주었을지도 모른다는 것이다.

공명이 세상을 떠난 후에 촉나라에서는 장완蔣琬, 비위 등이 대사마, 대장군으로서 황제 유선을 모시면서 나라를 다스렸다. 이들이 위나라의 중압을 잘 견디어내기는 하였으나, 공명이 했던 것 같은 대규모 북벌은 더 이상 생각할 수 없었다. 그들은 오로지 방어 태세를 정비하는 데만 힘을 기울였고, 장완과 비위마저 잇달아 세상을 떠나자, 촉한은 더 이상 버틸 수 없게 되었다. 위의 정서장군 등애鄧艾가 이끄는 대군단 앞에 촉한의 방어선은 맥없이 무너졌고 모든 것이 끝났음을 깨달은 유선은 자신의 몸을 오랏줄로 묶고 등애의 진영에 나아가 항복의 뜻을 밝혔다. 때는 263년, 공명이 죽고 나서 29년 후의 일이었다.

비록 제갈공명은 뜻을 이루지 못하고 세상을 떠났으나, 그가 남긴 통치의 원칙과 리더십은 천 년이 지난 오늘날에도 여전히 살아 있다. 그는 권력보다 책임을, 감정보다 원칙을 앞세웠으며, 공정한 신상필벌로 조직의 신뢰를 세우고 몸소 모범을 보이며 백성들에게 헌신했다. 냉철함 속에서도 따뜻함을 잃지 않았던 그의 리더십은 시대를 초월한 인간의 교본이라 할 수 있다. 촉한은 그가 떠난 뒤 자립할 힘을 잃었으나, 역사는 여전히 그를 기억한다. 제갈공명은 권모술수가 아니라 진심으로 세상을 다스리려 한 최고의 지략가로 남아 있다. 그의 이름은 진정한 리더십이란 승리보다 신뢰를 남기는 일이라는 사실을 일깨운다.

| 6장 |

| 전략 |

한순간도 현장에서
눈을 떼지 마라

전설로 남은 이집트의 마지막 여성 통치자
클레오파트라

기원전 51년부터 기원전 30년까지 21년 동안 이집트를 통치한 클레오파트라 7세Cleopatra VII의 삶은 이제 하나의 신화로 남았다. 세계 최강국 로마의 두 실력자를 매료시킨 이 여왕은 수많은 예술가의 창작 욕구를 자극했고, 그녀를 주제로 한 책과 작품은 헤아릴 수 없을 만큼 많이 탄생했다. 그러나 역설적으로, 바로 그 유명세 때문에 오히려 그녀의 실체가 희미해졌다는 인상을 지울 수 없다.

그리스인이면서 동시에 이집트인이었던 클레오파트라는 몰락 직전의 왕조를 이끌어야 했던 마지막 군주였다. 거대한 전환기에 놓여 있던 지중해 연안을 무대로 그녀는 동맹과 암살, 사랑과 배신으로 얼룩진 고대사의 중심에 서 있었다. 그녀의 삶은 결코 평온하지 않았지만, 급변하는 정세 속에서도 클레오파트라는 언제나 기지를 발휘해 그 국면을 돌파했다.

클레오파트라의 이야기는 기원전 331년, 알렉산더Alexander 대왕이 이집트를 다스리던 페르시아인을 쫓아내고, 자신의 이름을 딴 도시 알렉산드리아를 세운 때로 거슬러 올라간다. 그는 자신을 이집트 신 아문Amun의 아들이라 선전하며 동방 원정을 계속했으나, 8년 후 바빌론에서 세상을 떠났다. 이후 그의 주요 장군들인 셀레우코스Seleucus, 안티고노스Antigonus, 카산드로스Cassander, 프톨레마이오스Ptolemy가 거대한 제국을 나누어 통치했는데, 그중 이집트를 차지한 이는 마케도니아 귀족 라고스의 아들 프톨레마이오스였다. 그는 새로운 왕조를 열고, 자신과 후계자들이 알렉산더 대왕과 고대 파라오의 정통을 잇는 존재임을 내세워 3세기에 걸쳐 헬레니즘 문화권에서 가장 풍요롭고 강대한 왕국을 통치했다.

그러나 프톨레마이오스 왕가의 역사는 화려함 뒤에 내분과 음모로 점철되어 있었다. 혈통 유지를 위한 근친혼, 궁정 내 세력 다툼, 암살 사건이 끊이지 않았다. 그 혼란스러운 과정에서 여성들은 유례없이 강력한 정치적 권한을 행사했다. 왕비는 공동통치자로서 왕과 함께 문서에 서명하고 신전 제사를 주관했으며, 그리스 세계에서는 보기 드문 여왕 중심의 통치 체제가 형성되었다.

이러한 왕실 문화는 근친혼 관습과 밀접한 관련이 있었다. 기원전 276년 경, 프톨레마이오스 2세는 자신의 누이 아르시노에Arsinoe와 결혼했다. 그리스 관습으로는 용납될 수 없는 근친혼이었으나, 그는 이 결혼을 통해 파라오와 왕비는 신의 성품, 즉 신성神性을 지닌 존재임을 이집트 백성들에게 각인시키려 했다. 아르시노에는 '아우를 사랑하는 사람'이라는 뜻의 '필라델포이philadelphoi'로 불리며 신격화되었고, 이집트 신들과의 유대가 강조되었다. 이 혼인은 선례가 되어 이후의 파라오들도 같은 방식을 되풀이했다. 근친혼이 이어질수록 신격화된 군주 부부의 수가 늘어났고, 그 결과 왕조의 혈통은 성스러운 신들의 계보와 하나로 엮이며 이집트에 더욱 깊이 뿌리를 내렸다.

그로부터 1세기 후인 기원전 180년, 클레오파트라 1세가 남편의 사후 섭정으로 짧은 기간이나마 나라를 다스렸는데 이는 이집트 역사상 여성이 단독으로 군림한 첫 사례였다. 이후에도 클레오파트라 2세, 3세 등이 차례로 등장했으나 진정한 의미에서 권력을 장악한 여성 군주는 클레오파트라 7세가 유일했다.

지식의 도시에서 태어나다

클레오파트라 7세는 기원전 69년, 이집트의 새 수도 알렉산드리아에서 태어났다. 이 도시는 세계 무역의 중심지이자 지중해에서 가장 많은 곡물이 출하되는 항구였다. 알렉산드리아를 찾은 여행객들은 항구 입구의 파로스Pharos 등대를 보고 감탄을 금치 못했다.

높이 130미터에 달하는 이 등대는 고대 세계 7대 불가사의 중 하나로 도시의 눈부신 번영을 상징했다. 인구 약 30만 명에 달하는 알렉산드리아는 계층이 뚜렷이 구분된 다민족 도시로, 그리스인들은 중앙부에, 유대인들은 서쪽에, 이집트인들은 가난한 서부 지역에 거주했다.

눈부신 문명의 도시였던 알렉산드리아는 동시에 지식의 집결지이기도 했다. 세계의 모든 지식을 도서관에 집대성하려는 프톨레마이오스 왕조의 야심찬 꿈은 뛰어난 역대 도서관장들과 헌신적인 직원들에 의해 실현되었다. 이곳에 입항하는 모든 선박은 서적의 존재를 신고해야 했고, 책은 반드시 도서관의 필사 담당자에게 맡겨 복제 과정을 거쳤다. 복제가 끝난 책은 주인에게 돌려주었지만, 때로는 원본을 도서관에 남기고 사본만 돌려주는 경우도 있었다. 그렇게 축적된 수많은 장서들이 알렉산드리아 도서관을 세계 최대의 지식 저장고로 만들었다.

도서관과 함께 있던 무사이온Mousaion*은 지식 연구의 핵심 기관이었다. 무사이온에는 천체관측 장비, 해부실, 외국 식물 표본실 등 다양한 연구 시설이 있었으며, 도서관과 함께 지식의 성소를 이

---

* 그리스 신화에 따르면 문예를 관장하는 아홉 명의 여신이 있었는데, 이들은 무사(Mousa)라고 불렸고, 복수로는 무사이(Mousai), 그리고 영어로는 뮤즈(Muse)였다. 이들이 사는 집은 무사이온이라고 하였으며 영어로는 뮤지엄(Museum), 즉 박물관이었다.

루었다. 이곳에는 지중해 각지에서 온 철학자, 의사, 수학자들이 모여 침식을 같이하며 연구를 이어갔다. 알렉산드리아는 이렇게 방대한 장서와 학문적 교류를 기반으로, 비할 데 없는 고대 지성의 찬란한 꽃을 피웠다.

프톨레마이오스 왕조는 학문적 전통을 적극적으로 후원했으며, 학자들과 가까이 지내며 문화적 중심지 역할을 했다. 클레오파트라 역시 이러한 환경 속에서 성장했다. 그녀는 학자들과의 교류를 통해 지식을 넓혔고, 호메로스Homer, 에우리피데스Euripides를 비롯하여 위대한 시인, 저술가 들의 작품을 독파했으며, 데모스테네스Demosthenes의 연설을 통해 웅변술을 배웠다. 의학, 천문학 등 다양한 학문에 관심을 보였고, 여러 언어를 능숙하게 구사했다. 특히 선조들과는 달리 이집트어까지 구사할 수 있었다.

그러나 그녀가 왕비로 즉위했을 당시의 상황은 절망적이었다. 왕조는 내부 부패와 음모, 전투 패배, 민중의 반란으로 흔들리고 있었고, 흉작과 재정난이 겹쳐 일부 지역은 기근에 시달렸다. 그녀의 아버지 프톨레마이오스 12세는 '피리 부는 사람'이라는 별명이 붙을 만큼 풍류를 즐기던 왕이었다. 그는 한때 반란으로 폐위되었다가 로마의 지원을 받아 왕위를 되찾았지만, 그 과정에서 막대한 자원을 탕진해 국고는 이미 텅 비어 있었다. 그 결과 클레오파트라가 즉위했을 무렵 왕국은 이미 쇠락의 길에 들어서 있었다.

프톨레마이오스 왕조에서는 여성이 단독으로는 권력을 행사할 수 없었다. 클레오파트라는 남동생 프톨레마이오스 13세와 형식적인 혼인을 하고 공동통치를 시작했다. 즉위 초반, 젊은 왕비는 비대해진 관료기구를 견제하고 무너진 국가 질서를 바로잡는 데 힘을 기울였다. 약 40개의 노모스(우리나라의 '도')를 관할하는 지방장관들과 협력해 징세를 강화하며 통치 기반을 다졌다.

그녀는 계략을 써서 1년 넘게 단독 통치를 이어가기도 했으나, 자신의 초상만 새긴 동전을 주조하면서 동생의 후견인들에게 반발을 샀다. 결국 그들은 클레오파트라를 권력의 중심에서 끌어내렸다. 공문서에는 동생의 이름이 먼저 기재되었고, 클레오파트라의 이름은 로마 원로원의 결의문에서 완전히 사라졌으며, '로마 시민의 벗이자 동맹자'라는 칭호 역시 프톨레마이오스 13세에게만 주어졌다.

왕비가 된 지 3년, 철저히 소외된 클레오파트라는 알렉산드리아를 떠났다. 스스로의 결단이었는지 폭동을 피해 강제로 떠난 것인지는 알 수 없다. 그러나 분명한 것은 그녀가 시리아로 망명해 왕국 탈환을 준비하며 와신상담의 세월을 보냈다는 점이었다.

같은 시기, 초강대국 로마에서는 가이우스 율리우스 카이사르 Gaius Julius Caesar와 그나이우스 폼페이우스 마그누스 Gnaeus Pompeius Magnus가 맞붙는 대규모 내전이 한창이었다. 기원전 48년 8월 9일, 두 사람은 그리스의 파르살로스 평원에서 운명을 건 결전을 치렀다. 이 전투에서 패한 폼페이우스는 이집트로 도망쳤는데, 그는 과거 프톨레마이오스 12세가 왕위를 되찾을 때 자신이 도운 일을 떠올리며, 이집트 왕가가 자신을 환대할 것이라 굳게 믿었다.

그러나 현실은 달랐다. 같은 해 10월, 폼페이우스는 이집트 해안에 상륙하자마자 프톨레마이오스 13세의 측근들에게 살해당했다. 이는 카이사르에게 잘 보이려는 궁정 세력의 충성 경쟁이 낳은 비극이었다. 얼마 뒤 이집트에 도착한 카이사르는 내전으로 황폐해진 이 나라의 문제에 즉시 개입할 필요성을 느끼지 못했다. 다만, 왕위 다툼으로 대립하고 있던 남매 프톨레마이오스 13세와 클레오파트라가 화해하여 함께 통치하기를 바랐다.

로마를 흔든 여왕의 승부수

프톨레마이오스 13세를 섬기는 일파에게 암살당할 것을 두려워하던 클레오파트라가 어떻게 알렉산드리아로 돌아왔고, 또 어떻게 카이사르를 만나게 되었는지는 확실하지 않다. 배에 숨어 있다가 야음을 틈타 상륙했을까? 전설에 따르면 그녀는 자신을 융단에 감싸 카이사르의 숙소로 들여보내게 한 뒤, 그 앞에서 모습을 드러냈다고 한다. 진위는 알 수 없으나, 막 탄생하려던 로마 제국의 실권자 카이사르가 여왕의 매력에 사로잡힌 것은 분명한 사실이었다.

《로마인 이야기》로 알려진 일본의 작가 시오노 나나미 역시 클레오파트라의 성격으로 보아, 이 이야기가 충분히 사실일 가능성이 높다고 보았다. 고대의 여러 작가들은 클레오파트라를 '신들에 버금가는 미모의 여인'이라 묘사했지만, 외형보다 더 강렬하게 사람들을 사로잡았던 것은 그녀의 지성과 교양, 그리고 듣는 이의 마음을 사로잡는 청명한 목소리였다.

《플루타르코스 영웅전》의 저자 루시우스 메스트리우스 플루타르코스Lucius Mestrius Plutarchus는 이렇게 기록했다. "그녀의 용모만 놓고 보면 비할 데 없는 미인이거나 누구나 매료될 만큼 아름다운 얼굴은 아니었다. 그러나 사람의 마음을 사로잡는 대화의 기술은 타고났다. 그 교묘한 말솜씨와 행동거지에는 타고난 성격이 스며 있었고, 그것이 모든 사람을 황홀하게 만들었다."

이후 철학자 파스칼은 사소한 일이 역사의 흐름을 바꾼다는 비유로 클레오파트라의 코를 언급했다. "클레오파트라의 코가 조금만 더 낮았더라면, 역사는 전혀 다른 방향으로 전개되었을 것이다." 파스칼이 말한 것은 단순한 외모가 아니라 '사랑'이라는 감정의 불가해한 힘이었다. 그는 사랑이 얼마나 무섭고 거대한 결과를 낳을 수 있는가를 암시한 것이다.

그러나 클레오파트라와 카이사르의 관계에서 감정과 정치가 어떤 비율로 섞여 있었는지는 알 수 없다. 이후 그녀가 안토니우스의 연인이자 아내가 되었을 때도 마찬가지였다. 두 경우 모두 클레오파트라가 가장 힘을 기울여 추구한 목표는 자신의 지위를 지키고,

프톨레마이오스 왕조가 2세기 전에 누렸던 부귀영화를 다시 되찾기 위해 로마의 최고 권력자와 우호적인 관계를 맺는 것이었다. 카이사르는 애초에 이집트를 식민지로 만들려는 의도를 품고 알렉산드리아에 왔지만, 이처럼 풍요로운 나라를 로마의 속주屬州로 만들면 현지 총독이 지나치게 강한 권력을 행사할 위험이 있었다. 그래서 대신 이집트를 로마의 보호령으로 두는 편이 낫다고 생각을 바꾸었다.

또한 그는 폼페이우스의 죽음에 분노했다. 로마의 보호를 받는 왕조가 로마의 집정관을 지낸 공인이자 전 동료였던 폼페이우스를 살해한 것은 로마인의 명예를 짓밟는 행위였다. 만약 프톨레마이오스 13세 한 사람만 통치자로 세운다면, 카이사르가 살인자들의 죄를 묵인하는 꼴이었고 이미 클레오파트라에게 마음이 기울어 있던 그는, 결국 왕조의 통치권을 형식상 두 남매에게(실질적으로는 클레오파트라에게) 돌려주었다. 총독이 아니라 자신의 연인을 통해 이집트를 통제하기로 한 것이다.

그러나 프톨레마이오스 13세와 그 측근들은 이에 반발했고, 주모자는 왕실 재정을 맡고 있던 환관 포티누스Pothinus였다. 포티누스는 이집트군 사령관에게 "군대가 여성의 지시를 받는 것은 수치다"라고 설복하며 그를 자기편으로 끌어들이는 데 성공했다. 이렇게 시작된 알렉산드리아 전쟁에서 카이사르는 병력 열세로 고전했다. 그는 함대가 적의 수중에 넘어가거나 바다로 향하는 출구가

막히는 것을 우려해 먼저 적의 해군을 공격하는 데 집중했고, 그 결과 이집트의 함대는 불타 사라졌으며, 불길은 항구를 넘어 알렉산드리아 도서관까지 번졌다. 헬레니즘 문화의 상징이던 도서관은 약 40만 권의 장서와 함께 잿더미로 변했다.

그럭저럭 버티고 있는 로마군을 돕기 위한 원군은 약 넉 달 뒤인 기원전 47년 2월, 시리아에서 도착했다. 병력을 보강한 카이사르는 반격에 나섰고, 전투는 곧 나일강 하류의 델타에서 벌어졌다. 전투는 한 달도 채 걸리지 않아 카이사르의 승리로 막을 내렸다.

프톨레마이오스 왕조의 영광을 되찾기 위해

선두에서 카이사르의 로마군과 맞서 싸우던 프톨레마이오스 13세는 도주하던 중 알렉산드리아 남쪽의 마레오리스호에서 익사했다. 기원전 47년 3월 27일, 카이사르는 승리자로서 당당히 알렉산드리아에 입성했다. 숙적이던 동생이 죽음으로써 클레오파트라는 마침내 자유롭게 행동할 수 있게 되었다. 동맹자이자 연인인 카이사르의 요청에 따라 그녀는 열세 살밖에 되지 않은 막내동생 프톨레마이오스 14세와 명목상 부부가 되었다. 겉보기에는 공동통치처럼 보였지만, 이는 어디까지나 형식에 불과했다. 실질적으로는 클레오파트라가 단독으로 군림하고 있었으며, 카이사르와의 동거

관계 또한 공공연한 사실이었다. 그녀는 이런 허울뿐인 체제를 여유롭게 받아들이며 완전한 권력을 손에 넣었다.

이후 카이사르와 클레오파트라는 수십 척의 배를 거느리고 나일강 순항에 나섰다. 이 항해는 단순한 신혼여행이 아니었다. 카이사르에게는 정복한 이집트를 직접 시찰하는 의미였고, 클레오파트라에게는 로마의 강력한 후원을 등에 업은 자신의 승리를 과시하는 순행이었다. 그 후 카이사르는 시리아와 길리기아로 향했다. 그곳에서 폰토스 왕국의 파르나케스 2세Pharnaces II가 로마에 도전장을 내밀었기 때문이다.

기원전 47년 여름, 카이사르는 젤라 전투에서 폰토스 군대를 단숨에 격파했다. 그는 곧바로 로마 원로원에 세 단어로 된 짧은 보고를 보냈다. "왔노라, 보았노라, 이겼노라VENI, VIDI, VICI." 그 무렵 이집트에서는 클레오파트라가 이미 임신한 상태였다. 그녀는 태어날 아이의 이름을 아버지를 본떠 '카이사리온Caesarion'이라 지었고, 그 이름은 곧 두 사람의 관계를 세상에 드러내는 상징이 되었다. 이후 고대 이집트의 수도 멤피스에는 카이사리온의 영광을 기리는 신전이 세워졌으며, 클레오파트라의 통치는 새로운 국면으로 접어들었다.

왕좌를 되찾은 여왕의 권세는 절정에 달했다. 반란으로 잃어버렸던 왕위를 다시 되찾았고, 이제는 로마 군단의 보호 아래 이집트를 통치하고 있었다. 프톨레마이오스 왕조의 역대 군주들과 마찬가지로 그녀는 칙령, 법령, 통첩으로 나라를 다스렸고, 기근이 들면 수도 알렉산드리아를 우대하며 지방의 피폐한 상황을 무시했다. 모든 상인들은 돈을 내고 산 밀과 채소를 알렉산드리아로 보내야 했으며, 불복종에 대한 처벌은 사형이었다. 클레오파트라가 권력을 휘두르는 동안 국고는 빠르게 고갈되었다. 그뿐만 아니라 알렉산드리아 전쟁의 여파로 이집트 경제는 이미 타격을 받은 상태였다. 이것만으로는 모자라다는 듯 나일강의 유량 감소까지 겹치며 농민 반란이 일어났다.

클레오파트라는 이를 수습하기 위해 통화 가치를 3분의 1로 절하하고 수출 증진을 꾀했다. 고난이 이어졌지만 이집트는 여전히 지중해 통상의 중심이자 세계적인 밀 생산국이었기 때문에 기원전 47년 이후에도 일정한 번영을 누릴 수 있었다.

통치자가 된 이후 클레오파트라는 조상들이 소홀히 했던 파라오 시대의 의식과 관습을 중시했다. 신전의 성직자들을 우대하고, 그들에게 땅과 세제상의 여러 가지 특혜를 주었다. 또한 신앙심이 깊은 민중들과 고위 성직자들의 지지를 얻기 위해 신전 건설과 복원을 위한 자금을 아끼지 않았다. 그녀는 자신이 그리스의 신들뿐만 아니라, 이집트 토착신*들의 화신으로 비춰지길 원했다. 이는

---

* 남편을 따르는 아내이자 모범적인 어머니인 여신 이시스, 기쁨, 춤, 음악을 관장하는 여신 하토르(Hathor) 등이 있다.

그리스계가 주도하던 알렉산드리아뿐 아니라, 이집트 전역의 여왕으로 군림하려는 의지의 표현이었다.

1년 후, 카이사르는 클레오파트라를 로마로 초청했다. 그녀는 여러 차례 로마를 방문했고, 테베레강 오른편의 지아니콜로 언덕에 있는 카이사르의 저택에 머물렀다. 당시 카이사르에게는 세 번째 부인 칼푸르니아Calpurnia가 있었기에 클레오파트라의 체류는 로마 사회에 큰 추문을 불러일으켰다. 그러나 원로원은 카이사르의 뜻을 거스를 수 없었고, 클레오파트라와 동생 프톨레마이오스 14세에게 '로마 시민의 벗이자 동맹자'라는 칭호를 부여했다. 뿐만 아니라 로마인들이 경멸 섞인 시선으로 '이집트 여자'라 부르던 클레오파트라를 본뜬 황금상이 제작되어 율리우스 가문의 수호신 율리우스 게네트릭스Julius Genetrix를 모신 신전에 봉헌되었다. 이 지나친 예우는 곧 불안과 의혹을 낳았다. 더구나 "그 여자가 수도를 로마에서 알렉산드리아로 옮기려 한다"라는 소문이 퍼지면서 로마의 정치적 긴장은 한층 고조되었다.

기원전 44년 3월 15일, 종신독재관으로 임명된 카이사르는 이날 원로원 회의가 열리기로 되어 있던 폼페이우스 회랑에서 열네 명의 암살범에게 스물세 차례 칼을 맞고 숨을 거두었다. 암살자들은 카이사르가 황제로 군림하려 하자 로마의 공화정을 지키기 위해 불가피한 선택이었다고 주장했다. 위험을 감지한 클레오파트라는 아들 카이사리온을 데리고 로마를 떠나 알렉산드리아로 돌아왔다. 그녀는 곧 카이사르가 강제로 떠안긴 명목상의 남편 프톨레마이오스 14세를 처치해버렸으며, 일설에는 그녀의 지시로 독살되었다고 전해진다. 이후 클레오파트라는 아들 카이사리온을 공동 통치자로 세우고 프톨레마이오스 15세라 명명했다.

마케도니아 왕조에서는 본래 가까운 혈족끼리 권력을 다투고 숙청하는 전통이 존재했다. 클레오파트라 또한 이러한 전통에서 완전히 벗어나지는 못했다. 그러나 그녀의 목적은 단순한 권력 다툼이 아니었다. 동생을 추대하려는 세력과 군부의 반란을 경계하는 한편, 아들의 장래를 보장하고 프톨레마이오스 왕조의 영광을 되살리는 것이었다. 이 정치적 계산이 이후 그녀의 통치 전반에 깊은 영향을 미쳤다.

이제 이집트에서 완전한 권력을 휘두를 수 있게 된 클레오파트라였지만 아직 고민은 남아 있었다. 그리스와 시리아를 장악한 카이사르의 암살자 마르쿠스 유니우스 브루투스Marcus Junius Brutus와 가이우스 카시우스 롱기누스Gaius Cassius Longinus, 그리고 카이사르의 충실한 부관이자 후계자 마르쿠스 안토니우스와 카이사르의 양자 가이우스 율리우스 카이사르 옥타비아누스Gaius Julius Caesar Octavianus 중 그 어느 쪽도 섣불리 적으로 돌릴 수 없었기 때문이다. 카이사르가 암살된 뒤, 로마는 공화정을 지키려는 브루투스 일파와 제국을 세우려는 안토니우스 일파 간 내전이 벌어졌다. 약 2년의 전쟁 끝에 승리는 후자에게 돌아갔고, 안토니우스와 옥타비아누스는 이제 막 재편되는 로마 제국을 둘로 나누어 통치하기로 했다. 이후 로마 세계의 동방은 안토니우스가, 서방은 옥타비아누스가 맡게 되었다.

전략으로 다시 쓴 운명

기원전 41년, 동방 원정을 계획하던 안토니우스는 파르티아 제국을 정벌하기 위해 자금과 물자를 확보하고자, 자신의 지배하에 있는 여러 동방의 왕후들을 타르소스(현재 튀르키에 남부)로 불러 모았다. 그 가운데 가장 주요한 인물은 단연 클레오파트라였다. 그때 클레오파트라는 눈부시게 화려한 옷차림으로 타르소스에 입성하며 큰 화제를 불러일으켰다. 당대의 역사가 플루타르코스는 그 장면을 이렇게 묘사했다.

"클레오파트라는 선미에 금박을 입힌 배에 올라 돛을 활짝 펼치고 키드누스강을 거슬러 올라왔다. 은으로 만든 노는 피리와 횡적橫笛 그리고 하프가 빚어내는 음악 소리에 맞춰 물을 갈랐다. 그녀는 금실로 수를 놓은 닫집canopy 아래에 누워 화가들이 그린 비너스처럼 단장하고 있었다. 양옆에는 사랑의 신 큐피드처럼 예쁜 소년들이 서서 부채질로 바람을 보내주고 있었다. 또 바다의 요정 네레이데스Nereides와 아름다움의 여신 카리테스Charites로 분장한 시녀들이 배의 키와 밧줄을 조종하고 있었다."*

   그때까지 자신의 권력을 이토록 휘황찬란하고 교묘하게 연출해낸 여인은 단 한 명도 없었다. 어쩌면 클레오파트라는 역사상 최초로 세련된 이미지 전략을 구사한 여성 지도자였다고 할 수 있다. 클레오파트라가 도착하자 안토니우스는 그녀에게 사람을 보내 만찬에 초대하고 싶다는 말을 전했다. 그러나 클레오파트라는 이 막강한 권력자의 초대를 정중히 거절하고, 안토니우스가 먼저 자기에게 오는 것이 순서라고 답변했다. 자신이 예의 바르고 성품이 너그럽고 점잖다는 인상을 주고 싶었던 안토니우스는 결국 그녀의 제안을 받아들였다. 이윽고 그녀의 진영에서 열린 연회는 안토니우스의 상상을 훨씬 넘어서는 호화로움으로 꾸며졌고, 그의 마음은 완전히 클레오파트라의 손아귀에 들어갔다.

   그녀는 그 자리에서 동생 아르시노에Arsinoe가 자신을 쫓아낼 음모를 꾸미고 있을지도 모른다며 그녀를 제거해달라고 부탁했다. 클레오파트라의 매력에 사로잡힌 안토니우스는 그 청을 흔쾌히 받아들였을 뿐만 아니라, 클레오파트라의 초청에 따라 알렉산드리아로 가서 함께 겨울을 지내기로 결심했다. 앞으로 10년 이상 이어질 두 사람의 관계는 이렇게 시작되었다.

---

*   Lucius Mestrius Plutarchus, 《Parallel Lives》, 2세기 초.

알렉산드리아에서 두 사람은 고급 포도주가 끊이지 않는 연회를 즐기며 매일같이 향락과 쾌락에 젖은 나날을 보냈다. 특별한 측근들만이 초대받는 잔치는 그야말로 사치와 유희의 극치였다. 그들의 화려한 생활상에 관한 소문은 곧 바다를 건너 로마까지 퍼졌고, 당연히 '이집트 여자'에 대한 로마 시민들의 반감은 한층 더 깊어졌다. 플루타르코스는 이렇게 말했다. "클레오파트라는 안토니우스 안에 잠자고 있던 많은 열정을 일깨웠으며, 그 안에 남아 있던 선량하고 절제된 부분을 완전히 부숴버렸다." 이것이 바로 고대 로마인들이 클레오파트라를 바라보는 시각이었다. 로마인들의 눈에 클레오파트라는 정치적 현명함보다 상대를 타락시키는 존재로 비쳤다.

클레오파트라는 자신을 이시스Isis와 아프로디테Aphrodite의 화신으로 꾸며 안토니우스의 앞에 나타났다. 이에 걸맞게 하려는 듯 안토니우스는 자기를 오시리스Osiris(이시스의 남편)와 디오니소스Dionysus의 화신으로 여겼다. 두 사람은 신이 된 자신들에게 어울리는 삶을 살고 있었던 것이다. 군주의 신격화에 익숙했던 알렉산드리아 시민들은 이것을 하나도 이상하게 생각하지 않았다. 그들의 이러한 생활 방식은 두 사람이 냉정하고 침착하게 실행하여 성공을 거둔 종교 정책의 밑바탕이었으나, 두 사람을 적대시하는 로마인들의 눈에는 우스꽝스럽고 어리석은 행동거지로 비칠 수밖에 없었다.

기원전 40년이 끝나갈 무렵, 안토니우스는 시리아와 팔레스타인 지역을 점령하고 있던 파르티아 제국을 정벌하기 위해 출정했다. 그리고 6개월 후, 클레오파트라는 아들과 딸 쌍둥이를 낳았다. 이 무렵 로마에서는 또다시 권력 다툼이 벌어지고 있었는데, 안토니우스와 옥타비아누스가 모두 자신이 카이사르의 정당한 후계자라고 주장하고 있었기 때문이다.

카이사르가 후계자로 지명했지만 아직은 힘이 부족한 옥타비아누스는 외교 수단이 뛰어난 메케나스*를 동원하여 안토니우스와의 타협을 모색했다. 그의 노력으로 기원전 40년 '브린디시 협정'이 성사되었다. 로마 제국의 실력자 안토니우스, 옥타비아누스, 그리고 카이사르의 옛 동료 레피두스Lepidus가 제국의 영토를 셋으로 나누어 다스리기로 한 것이다. 안토니우스는 동방, 옥타비아누스는 서방, 레피두스는 남방이라고 할 수 있는 아프리카를 맡기로 했다. 이 협정을 공고히 하기 위해 두 가문 간의 혼인이 성립되었고, 안토니우스는 옥타비아누스의 여동생 옥타비아를 부인으로 맞이했다. 클레오파트라가 이 결혼을 기뻐할 이유는 단 하나도 없었다. 더구나 신혼부부는 알렉산드리아가 아닌 아테네에서 무려 2년 동안 함께 지내며 딸 안토니아를 낳았으니, 그녀의 심정이 어떠했을

---

* 2천년 후에 한국에서도 잘 알려지게 되는 이른바 '기업 메세나 운동'의 시조다. '메세나'는 메케나스의 프랑스식 발음이다.

지는 헤아리기 어렵지 않다. 그러나 안토니우스와 옥타비아누스 사이의 평화는 일시적일 수밖에 없었고, 두 사람 사이에는 다시 미묘한 긴장감이 감돌기 시작했다.

기원전 37년 가을, 안토니우스는 클레오파트라에게 안티오키아에서 만나자고 약속하는 편지를 보낸 뒤 동방으로 향했다. 두 사람이 다시 만난 것은 4년 만이었다. 그리고 언제나 그랬듯, 안토니우스는 클레오파트라 앞에 서면 그녀의 뜻대로 움직이는 남자가 되어버렸다. 이제 그의 연인으로만 지낼 마음이 없었던 클레오파트라는 안토니우스에게 정식 결혼을 요청했다. 안토니우스는 즉시 로마로 돌아가 둘째 출산을 기다리고 있던 아내 옥타비아와 부부의 인연을 끊고 그리스 예식으로 클레오파트라와 결혼식을 올렸다.

그는 클레오파트라가 낳은 쌍둥이를 적자로 인정하고, 아들에게는 알렉산더 헤리오스Alexander Helios(태양), 딸에게는 클레오파트라 세레네Cleopatra Selene(달)라는 이름을 지어주었다. 또한 안토니우스는 카이사르와 클레오파트라 사이에서 태어난 카이사리온의 후견인이 되었다. 결혼 선물로는 시리아 해안 지방 및 프톨레마이오스 왕조가 과거에 갖고 있었지만 뺏긴 크레타 섬, 그리스, 팔레스타인 지방 등을 넘겨주었다. 이리하여 클레오파트라의 권세는 전례 없이 막강해졌다.

두 사람 사이에는 곧 셋째 아이가 태어났고, 그들은 그에게 프톨레마이오스 왕가의 핏줄을 강조하기 위해 프톨레마이오스 피라델포스Ptolemy Philadelphus라는 이름을 주었다. 알렉산드리아로 돌아온 안토니우스와 클레오파트라는 헬레니즘 왕국의 전통을 따라 두 사람의 옆얼굴이 새겨진 기념 금화를 주조했다. 그리스 화폐는 안토니우스를 디오니소스, 클레오파트라를 아프로디테에 빗대어 새겼고, 이집트 금화에는 안토니우스를 오시리스, 클레오파트라를 이시스의 모습으로 표현했다.

이 소식을 들은 로마 사람들은 경악을 금치 못했다. 로마법상 재혼은 불법이었고, 더구나 로마의 속주들을 사실상 이집트의 지배하에 둔 것은 로마의 명예를 심각하게 훼손하는 일이었다. 안토니우스는 파르티아 정벌에 성공하기만 하면 로마인들도 모든 비난을 거둘 것이라고 믿었지만, 기원전 36년 봄부터 가을까지 이어진 파르티아 원정은 완전한 실패로 끝났다. 패배에 낙담한 안토니우스에게 클레오파트라가 달려와 다시 한 번 원정을 단행하자고 설득했지만, 부하 장병들은 물론 안토니우스 자신조차 더 이상 파르티아를 상대할 용기를 내지 못했다. 결국 그들은 상대적으로 파르티아보다 만만하다고 여긴 아르메니아 왕국을 공략하기로 결정한다.

기원전 34년 봄 안토니우스는 아르메니아를 침공해 점령했고, 그해 여름 알렉산드리아에서 성대한 개선식을 거행했다. 하지만 로마가 아닌 이집트의 수도에서 거행한 이 행사는 로마 시민들의 분노를 불러일으켰다. 플루타르코스는 개선식의 풍경을 이렇게 묘사했다.

"안토니우스는 수많은 군중을 김나시온*에 모이게 했다. 은으로 된 연단 위에 두 개의 황금으로 만든 옥좌가 있었는데 하나는 자신을, 다른 하나는 클레오파트라를 위한 것이었다. 그 옆에는 아이들을 위한 작은 옥좌도 놓였다. 그는 먼저 "클레오파트라와 그녀의 아들인 카이사리온이 이집트, 키프로스, 아프리카, 시리아의 여왕과 왕이다"라고 선언했다. 이어 자신과 클레오파트라 사이의 자녀들에게 '왕중왕'이라는 칭호를 부여했다. 알렉산더에게는 아르메니아와 메디아 그리고 정복할 예정인 파르티아를 주고, 프톨레마이오스에게는 페니키아, 시리아, 킬리키아를 주었다. 클레오파트라는 이시스 여신의 성스러운 옷을 걸치고 등장했으며, 대중들 앞에 나타날 때는 늘 이 옷을 입었다. 손님들을 접견할 때는 자신이 마치 새로운 이시스인 듯이 행세하였다."** 플루타르코스는 이 장면에서 연극같이 과장된 오만과 반로마적 의도를 읽어냈다. 이제 클라오파트라에게는 새로운 시대가 시작되었다. 그녀는 이를 기념하기 위해 새로운 달력을 제정해 기존의 것과 함께 쓰기로 결정했고, 그녀가 즉위한 지 17년이 되는 기원전 35년은 새 달력에서 II

---

*   고대 그리스에서 육체와 지성의 단련을 위해 쓰이던 시설.
** Lucius Mestrius Plutarchus, 《Parallel Lives》, 2세기 초.

년으로 표기되었다.

그녀는 활발한 외교 활동에도 나섰다. 먼저 아르메니아 왕과 조약을 맺고, 파르티아에 대항하기 위해 메디아Media 왕과도 협정을 체결했다. 또한 이집트의 이웃나라인 유대 왕국의 헤롯Herod 왕과 대립하며 그의 적을 도왔는데, 이는 과거 토지 영유권 분쟁으로 헤롯과 갈등을 빚은 데다 그를 회유하려다 실패한 일에 대한 보복이기도 했다. 클레오파트라는 오로지 프톨레마이오스 왕조의 영광을 부활시키기 위해 선조들의 영토를 되찾으려는 야심에 사로잡혀 모든 수단을 강구했다.

하지만 옥타비아누스는 로마의 패권을 공공연히 무시하는 클레오파트라의 처사를 더 이상 묵과할 수 없었다. 이리하여 안토니우스와 옥타비아누스는 결국 완전히 결별하게 되었다. 두 사람은 이제 거대한 로마 세계의 운명을 건 최후의 승부를 벌이지 않을 수 없었다.

악티움 해전: 국가를 삼킨 결단

안토니우스와 옥타비아누스의 대립은 거창한 정치 이념의 충돌이 아니었다. 단순히 누가 권력을 잡을 것인가를 두고 벌어진 권력 투쟁이었다. 그러나 이런 개인적 경쟁만으로는 대중의 지지를 얻기 어려웠다. 이 점을 누구보다 잘 아는 옥타비아누스는 개인 간의 싸움을 국가 간의 전쟁으로 교묘히 바꿔놓는 전략을 세웠다. 그는 사람들의 마음속에 "우리의 적은 안토니우스가 아니라, 로마의 장군을 이집트 여왕의 용병 대장으로 만들어버린 클레오파트라다"라는 인식을 심었다. 그 결과 기원전 32년 가을, 로마 본국의 지방자치체 연합은 옥타비아누스를 국가 로마를 지키기 위해 이집트를 정벌하는 파견군의 총사령관으로 선출했다. 이렇게 해서 카이사르의 후계 자리를 놓고 벌어지던 두 남자의 권력 투쟁은 공식적으로 로마와 이집트의 전쟁으로 기조가 바뀌었다.

안토니우스는 부하들에게 명망이 높은 장군이었다. 그는 병사들에게 아낌없이 보수를 나누어주고, 함께 어울려 술을 마시며 어깨를 두드려주는 호탕한 성격이었다. 그래서 조국의 정규군과 맞서 싸워야 할지도 모르는 상황에서도 안토니우스 휘하에 남은 장병들이 많았다. 그러나 그들 역시 전쟁의 최대 걸림돌이 무엇인지 알고 있었다. 대표로 나선 병사 한 명이 안토니우스를 찾아와 이렇게 건의했다. "이집트 여왕께서는 이집트로 돌아가시고, 앞으로 벌어질 대전에는 참가하지 않는 것이 좋을 듯합니다." 안토니우스는 즉답을 피했지만, 결국 그 충고는 받아들여지지 않았다. 클레오파트라가 직접 전장을 참관하고 싶어 했기 때문이다. 그녀는 로마와의 결전을 앞두고 흥분되어 있었고, 안토니우스라면 반드시 이길 것이라고 확신했다.

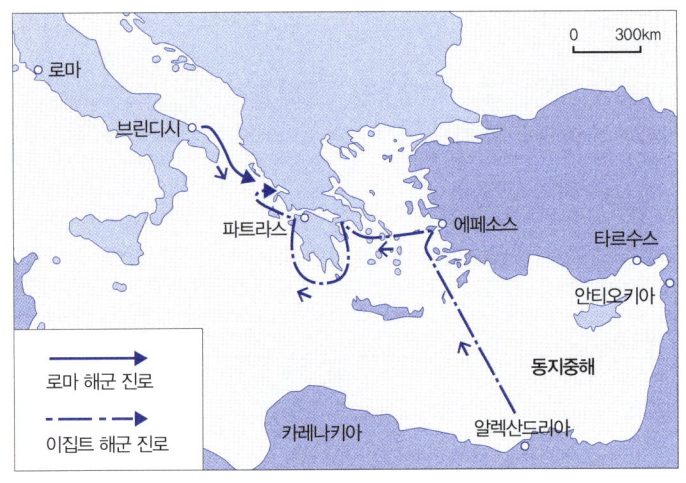

동지중해 약도

안토니우스는 에페소스에서, 옥타비아누스는 남이탈리아에서 각각 출정 준비에 돌입했다. 안토니우스 측 해군은 아테네 외항인 피레우스에, 옥타비아누스 측 해군은 타란토와 브린디시에 집결했다. 기원전 31년 3월, 옥타비아누스는 전군을 이끌고 그리스 북서부에 상륙했다. 그의 병력은 보병 7만 명, 기병 1만 2천 명, 함선 400척이었다. 한편 클레오파트라의 지원을 받은 안토니우스의 군대는 보병 6만 5천 명, 기병 1만 2천 명으로 육군 규모는 비슷했지만, 520척의 함선을 보유하고 있어 해군에서는 우세했다. 안토니우스는 이미 지난해 겨울에 그리스의 파트라스에 총사령부를 설치해 클레오파트라와 함께 겨울을 나고 있었다. 그의 함대는 파트라스에서 약 130킬로미터 떨어진 북서쪽의 프레베자만에 정박해 있었다. 양쪽 모두 전열을 정비해놓았으므로, 전투는 언제든 시작될 수 있는 상황이었다.

문제는 전략이었다. 작전회의에서는 지상전으로 먼저 승부를 낼 것인지, 아니면 해전으로 주도권을 잡을 것인지 의견이 두 갈래로 갈렸다. 안토니우스 휘하의 로마인 장교들은 총사령관인 안토니우스가 육지에서 싸우는 데 익숙하다는 이유로 지상전을 주장했고, 지상전에서 승리하자마자 프레베자만에 대기 중인 함대에 군을 태워 남이탈리아에 상륙하고, 단숨에 로마로 진격하자고 제안했다.

작전회의에 참석한 클레오파트라는 장교들과 다른 생각을 내놓았다. "우리는 해군력이 우세하니 바다에서 먼저 싸워야 합니다." 그녀의 주장은 단호했으나, 장교들은 즉각 반대 의견을 제시했다. "프레베자의 곶 안에 우리 함대를 온전히 대기시킨 것만으로도 이미 우위를 점하고 있습니다. 그 이점을 굳이 버리면서까지 해전을 먼저 벌일 이유가 있겠습니까?"

안토니우스는 양쪽의 주장을 모두 들은 뒤 잠시 생각에 잠겼다. 옥타비아누스 군대의 '등뼈'라 할 수 있는 백인대장百人隊長들을 두려워하던 그는 결국 클레오파트라의 제안을 받아들였다. 그들 중 상당수는 과거 카이사르 휘하에서 전장을 누비던 노련한 참전 용사들이었다. 안토니우스는 '카이사르의 백인대장'이라 불리며 용맹

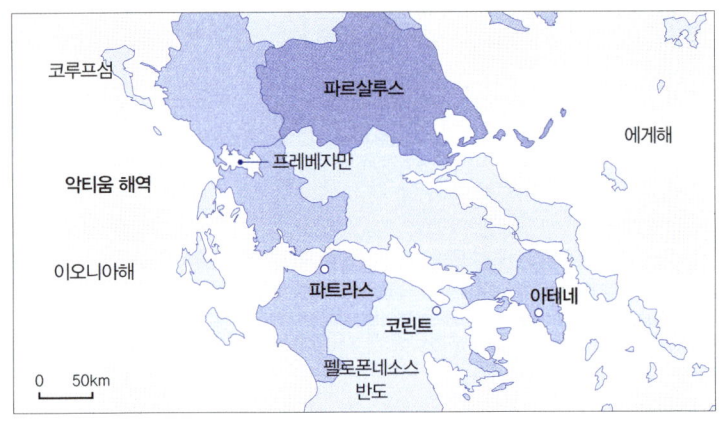

그리스 서부 해안 일대

의 상징인 그들이 얼마나 무서운 전투력을 지녔는지 잘 알고 있었다. 하지만 바다에서는 그들의 전투 감각과 지휘 능력이 제대로 발휘되기 어려웠고 클레오파트라 역시 이를 간파하고 있었다.

클레오파트라는 또 하나의 제안을 작전회의에서 관철시켰다. "만약 해전에서 승리하지 못하면 육군과 해군을 모두 이집트로 철수시켜 그곳에서 다시 싸움을 이어갑시다." 이렇게 작전회의에서 클레오파트라의 영향력이 커지자, 안토니우스의 지휘관들 사이에서는 불만이 쌓였다. 환멸을 느낀 안토니우스 휘하의 지휘관들이 하나둘씩 이탈하기 시작했고, 지휘관이 떠나가면 그를 따르던 병사들도 함께 사라졌다. 안토니우스는 탈주병을 가차 없이 처벌했지만, 사태를 막기엔 역부족이었다.

여름이 다가오자, 안토니우스 편에 서 있던 동방의 제후들 가운데서도 상당수가 옥타비아누스 쪽으로 투항했다. 풍부한 군자금과 식량을 보유한 안토니우스는 애초에 결전을 서두를 마음이 없었고, 자원이 부족한 옥타비아누스군이 지쳐가길 기다렸다가 적당한 시점에 싸움을 걸 심산이었다. 그러나 사태가 급속히 악화되자, 이제는 안토니우스가 초조함을 느꼈다. 더 이상 시간을 끌면 장병들의 동요가 커질 것을 우려한 안토니우스는 빨리 결판을 내고 싶어졌다.

기원전 31년 9월 2일 아침, 마침내 운명의 날이 찾아왔다. 싸움터의 이름을 따서 역사에 '악티움 해전'이라고 불리게 된 대전이었다. 날씨는 쾌청하고, 동쪽에서 불어오는 미풍은 프레베자의 곶에서 나오려고 하는 안토니우스에게 바람직한 상황이었다. 그는 강력한 해군력을 활용해 적군을 포위하는 작전을 구상했다. 한편 옥타비아누스의 총지휘관 아그리파Agrippa도 역시 포위전법으로 맞설 계획이었다. 그는 비록 해군력은 열세였지만, 프레베자만의 좁은 어귀를 공략하면 그 약점을 충분히 상쇄시킬 수 있다고 판단했다.

안토니우스 진영에서는 클레오파트라가 탄 기함을 지키는 중앙 함대가 후열에 배치되었고, 자신이 앞장서서 포위작전을 지휘할 우익 함대를 그 오른쪽에 두었다. 한편 옥타비아누스의 해군은 넓은 바다 위에서 활 모양의 진형을 이루고 적군을 기다렸다. 가운데에는 옥타비아누스의 중앙 함대가 있었고, 왼쪽에는 실질적인 전

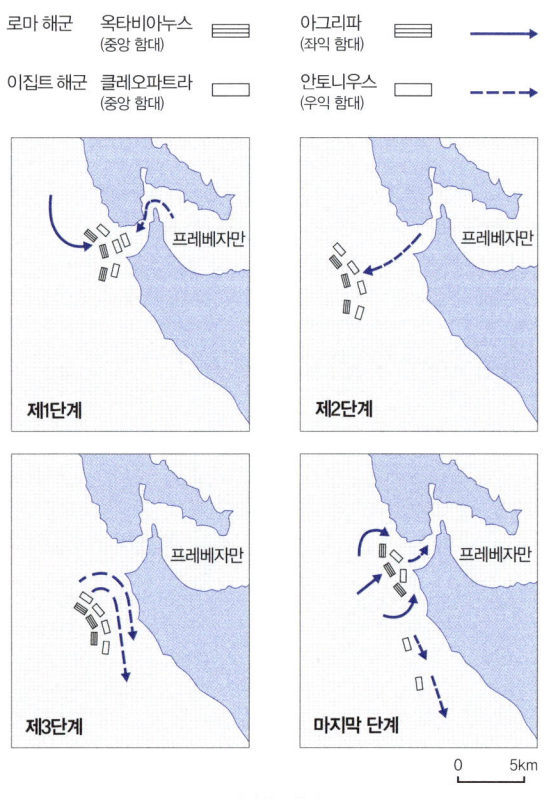

악티움 해전

투 지휘를 맡은 아그리파의 배가 자리했다.

전투 초반은 안토니우스의 예상대로 진행되었다. 바람의 방향과 마력馬力을 활용한 안토니우스군은 재빨리 적군으로 돌진했다. 전선이 넓어지자 클레오파트라가 탄 중앙 함대도 전투에 투입되었다. 해전은 이제 제2단계로 접어들어 순식간에 아수라장이 되었고, 450척의 함대와 400척의 함대가 맞붙은 바다 위에서는 불길이 치솟았다. 전장에는 부서진 선체와 비명으로 가득한 지옥 같은 처절한 풍경이 펼쳐졌다.

그런데 얼마 지나지 않아 바람이 동풍에서 북풍으로 바뀌었다. 단순히 전투를 참관하기만 하던 클레오파트라는 직접 지휘에 나서 있었는데, 눈앞에서 전개되는 끔찍한 참상을 견디지 못했는지 "더 세게 밀어붙여라" 대신 "돛을 올려라"라고 명령했다. 이 명령과 함께 이집트 해군의 기함과 이를 지키던 60척의 이집트 군선이 순풍을 타고 일제히 남쪽으로 퇴각했다. 우익에서 싸움을 지휘하던 안토니우스는 이 광경을 보자 정신을 잃은 듯 자신의 배에도 돛을 올리게 하여 클레오파트라의 배를 뒤쫓았다. 일설에 의하면 클레오파트라는 배 안에 실린 금은보화와 보석, 호화 가구들을 잃을까 두려워 황망히 도망쳤다고 한다.

총사령관이 떠난 안토니우스의 함대는 순식간에 혼란에 빠졌다. 아그리파가 지휘하는 적함대에 포위되고 프레베자만의 좁은 어귀에 갇힌 안토니우스의 함선들은 퇴로를 찾을 수 없었다. 결국 안토니우스 해군은 노를 올리며 항복하고 말았다. 고대의 역사가는 이 장면을 두고 냉정히 기록했다. "사나이로서 그의 삶은 이 순간에 끝났다."

로마 해군은 300척이 넘는 군선을 손에 넣었다. 파트라스에 남아 있던 안토니우스의 지상군은 총사령관이 돌아오길 8일 동안 기다렸다고 한다. 그러나 안토니우스에 대한 소식이 전혀 들리지 않자, 9일째 되던 날 결국 옥타비아누스에게 투항했다. 옥타비아누스는 항복한 병사들에게 관용을 베풀며 그들의 목숨을 살려주었다.

한편 이집트로 직행한 클레오파트라와 달리, 안토니우스는 남쪽으로 도망쳐 키레나이카(현재 리비아 지역)에 상륙했다. 그를 따른 것은 우익 함대의 군선 수십 척과 약 6천 명 정도의 병사들이었다. 안토니우스는 클레오파트라에게 서신을 보내 자신을 혼자 두어달라고 부탁했다. 그러나 클레오파트라는 남편이 없으면 자신의 안전도 위험해진다는 것을 잘 알고 있었다. 그녀는 남편에게 알렉산드리아로 돌아오라고 편지를 통해 간곡히 애원했고, 결국 두 사람은 알렉산드리아의 왕궁에서 재회했다.

두 사람은 잠시나마 평온한 삶을 즐겼다. 클레오파트라는 남편의 사기를 진작시키기 위해 갖은 노력을 기울였다. 안토니우스의 생일을 성대하게 축하하며 잔치를 벌이고, 위로와 격려를 아끼지 않았다. 하지만 안토니우스는 이미 모든 의욕을 잃은 상태였다. 그를 따르던 병사들마저 하루가 멀다 하고 옥타비아누스 진영으로 합류했고, 그의 휘하에는 아주 충성심이 강한 몇몇 부하들을 제외하면 규율이 무너진 병사들만 남아 있었다. 믿을 만한 막료들마저 떠난 현 상황에서 다시 일어설 수 없다는 것을 누구보다도 잘 알고 있는 사람은 안토니우스 자신이었다. 이번만큼은 클레오파트라가 아무리 설득해도 그는 옥타비아누스에 다시 맞서 싸울 마음을 먹지 못했다.

한편 악티움 해전에서 승리한 옥타비아누스는 곧바로 로마로 돌아가지 않았다. 그는 아그리파와 함께 그리스, 소아시아, 시리아를 순회하며 충성을 맹세하는 각국의 왕과 제후들을 만나 동맹 관계를 재정비했다. 또한 전쟁으로 엉망이 된 속주들의 통치 기구를 정비하기 위해 힘썼다. 악티움 해전의 승리는 곧 클레오파트라와 안토니우스가 지배하던 로마 동방 세계가 완전히 옥타비아누스의 수중에 들어왔음을 뜻했다. 이 방대한 지역에서 이제 두 사람을 지지하는 통치자는 존재하지 않았다.

최후의 선택을 둘러싼 논쟁

이듬해인 기원전 30년 봄, 시리아까지 진격한 옥타비아누스에게 안토니우스는 한 통의 서신을 보냈다. "나는 스스로 목숨을 끊을 테니 클레오파트라만은 살려주시기 바랍니다." 그러나 옥타비아누스는 답신조차 보내지 않았다. 대신 클레오파트라가 보낸 서신에는 짧은 답신이 돌아왔다. "나는 물러날 터이니 아들의 즉위는 인정해주시기 바랍니다." 클레오파트라의 간청에 대한 옥타비아누스의 답장은 아주 냉담하고 사무적이었다. "먼저 무장 해제부터 하십시오."

기원전 30년 7월, 마침내 옥타비아누스가 알렉산드리아에 상륙했다. 클레오파트라는 이전부터 건설할 것을 명령했던 거대한 영묘靈廟에 들어박혔다. 그 안에는 '프톨레마이오스의 보물'이라 불리는 막대한 재산이 보관되어 있었고, 그녀는 이 재보를 이용해 옥타비아누스와 거래를 시도할 생각이었다. 재보를 로마에 바치는 대신 이집트 왕국의 존속을 보장받으려 한 것이다. 옥타비아누스가 협상에 응하지 않으면 모든 보물을 불태워버리겠다고 으름장까지 놓았다. 한편 안토니우스는 로마군이 접근한다는 소식을 듣자 마지막 남은 기병대를 이끌고 적군을 향해 달려갔다.

7월 31일, 옥타비아누스가 선발대로 보낸 로마 기병대와 안토니우스의 기병대가 맞붙었다. 전세는 처음에는 안토니우스 쪽이 이길 듯하였으나, 그를 따르던 기병들이 돌연 적군에 투항하면서 전세가 기울었다. 이때 한 사자使者가 도착해 여왕의 죽음을 알렸다. 클레오파트라가 의도적으로 자기가 죽었다는 오보를 알리게 한 것이다. 소식을 들은 안토니우스는 절망한 나머지, 충실한 노예에게 자신을 죽이라고 명령했다. 그러나 칼을 받은 노예는 주인을 찌르지 않고 자신의 가슴을 찔렀다. 안토니우스는 자살조차 스스로 하려 하지 않았던 자신을 부끄러워하며, 노예의 가슴에서 뽑은 칼로 자신을 찔렀다. 그러나 그는 즉사하지 않았고, 피를 흘리며 심한 고통에 시달리던 안토니우스에게 여왕이 아직 살아 있다는 소식이 들려왔다. 오보를 후회한 클레오파트라가 자신이 살아 있음을 알린 것이다.

피를 많이 흘려 극도로 약해져 있는 안토니우스는 마지막 힘을 짜내 아직 몇 명 남아 있는 부하들에게 "나를 여왕의 곁으로 데려가라"라고 부탁했다. 이리하여 기원전 30년 8월 1일, 안토니우스는 사랑하는 여인의 품 안에서 숨을 거두었다.

같은 날 옥타비아누스가 알렉산드리아에 입성했다. 도시는 이미 완전히 제압되어 있었고, 이집트의 수도에서 이 승리자에게 저항하려고 하는 자는 하나도 없었다. 왕궁으로 향하던 옥타비아누스는 안토니우스가 죽었다는 소식을 보고받았다. 그는 아무런 감정도 드러내지 않은 채 "여왕은 반드시 생포하라"라고 명령했다.

클레오파트라는 여전히 협상 의지를 버리지 않았다. "영묘의 보물을 헌납하겠습니다. 대신 카이사르와의 사이에서 태어난 아들의 왕위 승계를 인정해주십시오"라는 기존의 요구를 되풀이했다. 그러나 옥타비아누스의 부하들은 이미 영묘에 침투하는 데 성공해 클레오파트라를 산 채로 끌고 나왔다. 이로써 클레오파트라의 재보도 옥타비아누스의 손아귀에 들어갔다.

왕궁에 끌려온 클레오파트라는 비로소 옥타비아누스가 자신의 자녀들에게 내린 운명을 알게 되었다. 열일곱 살이 된 카이사리온은 처형당했고, 열 살의 쌍둥이는 안토니우스의 전 부인 옥타비아에게 맡겨졌으며, 여섯 살의 막내 프톨레마이오스 피라델포스는 로마로 보내져 형제들과 함께 자라게 되었다.

남편과 보물 그리고 마지막 희망이던 장남까지 잃은 클레오파트라에게 남은 것은 아무것도 없었다. 이대로 로마에 끌려가면 그녀는 전리품으로 옥타비아누스의 개선식에 끌려나와 최고의 구경거리가 될 것이었다. 클레오파트라는 그 굴욕을 당하지 않고 여왕으로 죽기로 결심했다. 그녀는 옥타비아누스에게 "안토니우스가 잠들어 있는 무덤에 술을 따르고 싶습니다. 잠시 영묘에 가게 해주십시오"라고 애원했고, 옥타비아누스는 이를 허락했다.

감시하는 호위병들이 클레오파트라를 영묘까지 호송했고, 옥타비아누스의 명령대로 그들은 안에 들어간 여왕과 두 여자 노예를 문 밖에서 기다렸다. 잠시 후 벌어진 일에 대해서는 여러 설이 존재한다. 첫째, 클레오파트라는 항아리나 무화과 바구니에 숨겨 놓았던 코브라에게 팔을 물려 죽었다는 설이다. 둘째, 가느다란 바늘로 독을 직접 몸에 주입했다는 설도 있다. 셋째, 독사가 여왕의 팔이 아닌 가슴을 물었다는 이야기도 전해진다.

클레오파트라는 옥타비아누스에게 최후의 편지를 남겼다. "안토니우스와 함께 묻어주십시오." 젊은 승리자는 클레오파트라의 이 마지막 간청만은 들어주었다. 그리하여 두 사람은 함께 잠들었다. 그리스인 알렉산더 대왕이 페르시아를 정복하고 이집트를 지배하기 시작한 기원전 333년 이후, 약 300년이나 지속되었던 그리스 계통의 프톨레마이오스 왕조는 기원전 30년에 마지막 여왕 클레오파트라의 죽음과 함께 영원히 막을 내렸다.

이름이 상징이 되기까지

옥타비아누스의 권세가 하늘을 찌르던 시대, 클레오파트라를 악덕의 소유자로 묘사하며 그녀의 명예를 깎아내리려는 저자들이 많이 나타났다. 그들이 그린 클레오파트라의 모습은 대체로 왜곡되어 있었다. '부를 추구하고 만족할 줄 모르는 야심가이자 인색한 귀인', '방탕하고 관능적인 왕관', '한도를 모르는 잔인성으로 피붙이들을 잔인하게 박해한 여자'. 이러한 묘사는 클레오파트라를 단순히 '타락한 이국의 여인'으로 축소시켜 버렸다.

사실 이런 평가는 단지 그녀만의 몫이 아니었다. 권력을 행사했던 거의 모든 여성 지도자들은 남성 중심의 역사서에서 혹독한 평가를 받아왔다. 그뿐만 아니라, 클레오파트라는 외국인이라는 이유로 더 가혹한 대가를 치렀다. '근친혼을 일삼던 프톨레마이오스 일족의 딸'로 불린 클레오파트라는 그리스인이면서 동시에 이집트인이었다. 로마인들은 그녀가 체현했던 오리엔트풍의 품행을 퇴폐적이라 단정 지었다. 그들에게 클레오파트라는 덕 높은 공화정 로마의 가치관을 위협하는 존재였다.

그럼에도 고대의 저술가들이 전해온 클레오파트라 이야기는 후세의 상상력을 자극했다. 수 세기가 흐른 뒤, 1606년 윌리엄 셰익스피어William Shakespeare는 이 전설을 소재로 한 비극 《안토니우스와 클레오파트라》를 쓰기에 이른다. 뜨겁고 치명적인 사랑이 두 사람을 파멸로 몰아넣는 그 작품은, 그녀를 단순한 요부가 아닌 운명의 여인으로 재탄생시켰다.

오페라 또한 이에 못지않았다. 1724년 게오르크 프리드리히 헨델Georg Friedrich Händel은《이집트의 율리우스 카이사르》를 작곡했고, 이후 루이 엑토르 베를리오즈Louis Hector Berlioz, 쥘 마스네Jules Massenet가 잇따라 클레오파트라를 주제로 한 오페라를 작곡했다. 연극계도 클레오파트라에 관심을 기울였다. 1890년, 빅토리앵 사르두Victorien Sardou의《클레오파트라》에서 '사나이의 운명을 망가뜨린 여자' 역을 당시 유명 배우 사라 베르나르Sarah Bernhardt가 맡은 바 있다. 그리고 8년 후, 버나드 쇼Bernard Show는 희극《율리우스 카이사르와 클레오파트라》를 통해 그녀를 '경박하고 번덕스러운 단발머리의 젊은 여자'로 희화화했고, 이 작품은 얼마 있지 않아 영화로도 제작되었다.

영화계 역시 그녀의 이야기에 매혹되었다. 프랑스의 영화 제작자 조르주 멜리에스Georges Melies가 1899년 클레오파트라를 제재로 처음 영화화했고, 미국의 세실 드밀Cecil B. DeMille이 1934년에 그 뒤를 이었다. 그러나 가장 상징적인 작품은 단연 조지프 L. 맹키위츠Joseph L. Mankiewicz 감독의《클레오파트라》(1963)였다. 비비안 리Vivien Leigh, 소피아 로렌Sophia Loren, 엘리자베스 테일러Elizabeth Rosemond Taylor 등 당대의 쟁쟁한 배우들이 차례로 클레오파트라를 연기하며 '절세의 미인 클레오파트라'라는 이미지가 확고하게 뿌리를 내렸다.

화가들도 이 고대의 슈퍼스타를 외면하지 않았다. 시대와 화풍에 따라 각기 다른 방식으로 해석하며 그녀를 그려내는 작업을 마다하지 않았다. 이탈리아 화가 지오반니 바티스타 티에폴로Giovanni Battista Tiepolo는 흰 가슴을 드러낸 금발의 여인으로 클레오파트라를 묘사했다. 요염하면서도 비극적인 여왕의 이미지였다. 특히 그녀의 자살은 한 마리의 뱀이 아름다운 여성의 가슴 위에 몸을 서리고 있는 모습으로 수많은 화가에게 영감을 주었다. 이 장면은 고대 비극이자, 동시에 극적이며 관능적인 장면을 그리도록 하는 예술적 모티프로 자리 잡았다.

광고계도 클레오파트라라는 이름을 화려한 마케팅의 아이콘으로 활용했다. 그녀의 이름은 담배, 향수, 비누, 통조림, 풀, 타일, 세정제, 심지어는 요실금 방지 제품에까지 쓰였다. 클레오파트라는 어느새 한 나라의 여왕이 아니라, 욕망과 매혹을 상징하는 브랜드 그 자체가 된 셈이다.

하지만 이집트의 마지막 여성 군주를 단순히 '남자를 유혹하는 여인'으로만 치부하는 것은 지나치게 피상적이다. 그녀는 자신의 매력을 이용했을지는 모르지만, 그것은 단순한 유혹이 아닌 뚜렷한 정치 전략이었다. 이집트가 로마의 식민지로 전락하지 않도록 동맹 관계를 맺고, 국외 세력의 도움을 받아 자국민의 지지를 끌어내며, 프톨레마이오스 왕조가 잃어버린 영토를 되찾으려 했다. 클레오파트라는 이 목표들 중 일부를 일시적이나마 달성했지만, 끝내 모든 것을 잃고 스스로 목숨을 끊을 수밖에 없었다.

위대한 파라오들은 후세에 여러 건축물과 보물을 남겼다. 쿠푸Khufu는 피라미드를, 람세스 2세Ramesses II는 장대한 사원을, 투탕카멘Tutankhamun은 호화로운 매장품을 남겼다. 반면 클레오파트라가 남긴 것은 대부분이 그녀를 비방하려는 의도로 얼룩져 전승되는 이야기들이었고, 그녀가 이룩한 업적은 거의 전해지지 않는다. 그러나 그녀의 전설은 엄연히 역사에 새겨져 있으며 시간이 지나면서 그 의미 또한 새롭게 해석되었다.

클레오파트라는 고대에서 드물게 실질적인 권력을 행사한 여성 지도자였다. 여러 언어에 능통하고 외교 감각이 뛰어났던 그녀는 복잡하게 얽힌 로마와의 관계 속에서 왕국의 독립을 유지하기 위해 노력했다. 동시에 한 왕조의 마지막 통치자로서 자신의 책무를 끝까지 다한 인물로 역사에 남아 있다.

전략적 제휴의 두 얼굴

카이사르와 클레오파트라, 그리고 안토니우스와 클레오파트라의 관계를 현대의 경영학 용어로 설명하자면 '전략적 제휴strategic alliance'라 할 수 있다. 한때 기업 세계를 휩쓸었던 이 개념이 진정한 의미를 갖기 위해서는 우리 회사의 강점이 상대방의 약점을 보완하고, 그 반대의 경우도 성립해야 한다. 그래야만 두 조직은 서로의 부족함을 메우며 함께 성장할 수 있다. 그러나 약점과 약점이 만나면 결코 강점이 되지 않는다.

안토니우스에게는 탁월한 지휘력과 충성스러운 부하들이 있었고, 클레오파트라는 풍부한 자원과 물자를 손에 쥐고 있었다. 두 사람이 이를 조화롭게 결합했다면, 분명 막강한 전략적 제휴가 될 수 있었다. 그러나 현실은 남의 힘을 빌려 프톨레마이오스 왕조의 부흥을 꿈꾼 클레오파트라의 허영심과 그녀의 매력에 사로잡힌 안토니우스의 눈먼 사랑이 만들어낸 불균형한 결합이었다. 결국 이 연합은 약점과 약점이 만난 제휴였고, 중요한 순간마다 안토니우스의 지도력과 막강한 군대, 클레오파트라의 물적 자원도 힘을 발휘하지 못했다.

현대 경영학 이론에 따르면, 기업은 반드시 뚜렷한 경쟁우위를 갖춘 다음 경쟁사를 공격해야 한다. 그런 관점에서 해군력에서 우위를 점하고 있던 안토니우스가 바다에서 먼저 싸우기로 한 전략은 나쁘지 않았다. 그러나 클레오파트라는 경쟁우위를 세게 밀어붙여야 할 결정적인 시점에 후퇴를 명령했다. 전략적 경쟁우위는 현장에서 적극적으로 활용해야만 의미가 있으며, 쓰이지 않는 경쟁우위는 존재하지 않는 것과 같다. 경쟁사를 공격할 때는 우리 회사가 갖고 있는 전략적 경쟁우위를 마음껏 발휘하도록 해야 한다.

이 점에서 클레오파트라의 결정은 오늘날 경영자들에게도 뼈아픈 교훈을 남긴다.

그녀가 왜 결정적인 순간에 눈을 돌렸는지는 분명하다. 클레오파트라는 현장경영 중심의 지도자가 아니었기 때문이다. 끔찍한 전투 장면의 실상을 직접 마주하자, 그녀는 본능적으로 도망가고 싶었던 것이다. 훌륭한 경영자는 보고서나 부하 직원의 의견에만 의존하지 않는다. 부하의 견해는 언제든 개인적 성향과 이해관계에 의해 변질되기 때문이다. 진정한 경영자는 직접 두 눈으로 현장을 확인해야 한다. 《전쟁론》의 저자 카를 폰 클라우제비츠Carl von Clausewitz는 이렇게 역설하고 있다.

"전략은 함께 싸움터에 뛰어들어 현장에서 구체적인 내용을 지시하고 수시로 전체 계획을 수정해야 한다. 싸움터에서는 계획을 바꿔야 하는 상황이 끊임없이 일어나기 때문이다. 따라서 전략은 한순간도 현장에서 눈을 돌리면 안 된다."

끝으로, 전문성과 권한 위양의 관계를 짚어볼 필요가 있다. 아데나워는 경제 문제를 과감하게 에르하르트에게 맡겼고, 마리아 테레지아도 큰 전략적 결정만 자신이 내린 뒤 세부 사항은 전문성이 있는 측근들에게 일임했다. 반면 클레오파트라는 전투 경험도, 군사적 통찰도 없으면서 작전회의에 직접 참석해 과도한 영향력을 행사했다. 그 결과 의사결정의 수준을 낮출 뿐만 아니라 군지휘관들의 사기를 크게 떨어뜨렸다. 사기 저하는 곧 충성심과 전투력 약화로, 나아가 전열의 이탈로 이어졌다.

전투에서나 기업 경영에서나 최고지도자의 역할은 같다. 전문가를 존중하고 그들에게 충분한 권한을 위양해야 한다. 클레오파트라는 그 원칙을 이해하지 못했고, 바로 그 점이 안토니우스 진영의 패배를 결정짓는 원인의 하나가 되었다.

7장

|의지|

야망은 상상을
초월하는 힘이 된다

시대를 뒤흔든 전무후무한 여걸
측천무후

중국의 기나긴 역사에서 여성이 황제에 오른 것은 단 한 번뿐이었다. 바로 당나라의 측천무후 則天武后가 그 주인공이다. 물론 한나라의 여후 呂后나 청나라의 서태후 西太后처럼 황제를 대신해 국정의 실권을 장악한 여인들도 있었다. 그들 역시 '여걸'이라는 이름에 걸맞은 미증유의 삶을 살았다. 그러나 여후와 서태후가 끝내 황후의 지위에 머물렀던 데 비해, 측천무후는 스스로 황제의 자리에 오르며 명실공히 국가의 절대 권력을 쥔 인물이었다. 그런 의미에서 측천무후야말로 진정한 의미의 여걸이라 말할 수 있다.

세계사 전체로 보면 여성 군주가 아주 드물지만은 않았다. 우리나라에서도 삼국시대 신라의 선덕여왕, 진덕여왕, 진성여왕 등 세 명의 여왕이 있었고, 서양은 영국의 엘리자베스 1세와 빅토리아

Victoria, 오스트리아의 마리아 테레지아, 스페인의 이사벨 1세Isabel I 등 세계사에 큰 영향을 준 여성 정치지도자가 적지 않았다. 근현대에 들어서는 이스라엘의 골다 메이어Golda Meir, 인도의 인디라 간디Indira Gandhi, 영국의 마거릿 대처, 독일의 앙겔라 메르켈 등 걸출한 여성 최고지도자들이 잇따라 등장했다.

그러나 측천무후는 여성으로 황제의 자리에 오르기까지 오늘날의 시각으로는 상상조차 할 수 없는 장벽을 뚫어야 했다. 당시 중국은 철저한 유교적 가치관이 지배하던 남성 중심 사회였다. 여성의 사회적 지위는 아주 낮았으며, 정치적 영향력은 사실상 존재할 수 없었다. 한나라 시대의 예법서인 《대대례大戴禮》에는 남편이 아내를 곧장 내칠 수 있는 일곱 가지 조건이 상세히 열거되어 있을 정도였다.

- 시부모에게 순종하지 않는다.
- 자식을 낳지 못한다.
- 행실이 음탕하다.
- 질투심이 많다.
- 무거운 병이 있다.
- 말이 많다.
- 도둑질을 한다.

이처럼 당시 여성의 인권은 거의 인정받지 못했고, 사회적 진출은 사실상 불가능에 가까웠다. 측천무후는 바로 이러한 제도적, 문화적 제약을 정면으로 돌파한 인물이다. 더구나 그녀는 스페인의 이사벨 1세나 영국의 엘리자베스 1세처럼 태어날 때부터 여왕이 될 운명을 타고난 이도 아니었다.

잔혹함인가 결단인가, 유일한 여제가 남긴 궤적

'후궁 3천 명'이라는 표현이 다소 과장되긴 했지만, 실제로 중국 황실에는 황후 외에도 수많은 후궁이 존재했다. 그리고 후궁들 사이에는 엄격한 서열이 있었다. 당나라 시기에는 귀비, 숙비, 덕비, 현비가 각각 한 명씩 있었으며, 이 네 사람을 '부인'이라 불렀다. 그 아래에는 소의, 소용, 소원, 수의, 수용, 수원, 충의, 충용, 충원 역시 한 명씩 있었고 이들을 '구빈'이라 불렀다. 그 밑으로는 첩여, 미인, 재인이 각각 아홉 명씩 도합 스물일곱 명, 그리고 맨 아래에는 보림, 어녀, 채녀가 각각 스물일곱 명씩, 모두 여든한 명이 있었다. 이렇게 신분이 나누어져 있었으니 같은 후궁이라 해도 귀비와 채녀의 차이는 그야말로 하늘과 땅만큼이나 컸다.

측천무후가 열네 살에 제2대 태종의 후궁이 되었을 때 지위는 재인에 불과했다. 그리고 태종이 죽은 후, 그녀를 총애하던 황태자

이치李治가 제3대 고종으로 즉위하면서 다시 후궁이 되었을 때는 소의에 올랐다. 그런 측천무후가 황제의 자리에 앉기 위해서는 먼저 소의보다 신분이 높은 네 명의 부인과 황후를 차례로 밀어내야 했다. 그다음 국정의 실권을 잡고 황제를 대신해 나라를 다스려야 했는데, 이는 피로써 피를 씻는 권력투쟁을 앞두고 있음을 뜻했다. 집안 배경조차 미약했던 측천무후는 이 험난한 싸움을 홀로 해내며 마침내 승리의 월계관을 차지했다.

측천무후가 황제로 재위한 기간은 690년 아들 예종睿宗을 폐위시키고 새 왕조인 주周를 창건한 뒤, 705년 재상 장간지張柬之의 건의를 받아들여 태자에게 황위를 물려줄 때까지 15년이었다. 이 기간 동안 그녀는 이미 고령이었고, 정치적 활력은 예전만 못했다. 80여 년의 그녀의 삶 가운데 가장 빛나던 때는 654년 고종의 후궁이 된 이후 황제에 오르기까지의 36년이었다. 이 시기 그녀는 권력에 대한 열망을 불태우며 온갖 권모술수를 동원해 자신의 목표를 향해 치열하게 나아갔다. 그 과정에서 중신과 황족은 물론, 친자식조차 걸림돌이 된다면 용서하지 않았다. 이러한 행적 때문에 그녀는 '잔인한 군주'라는 평가를 피할 수 없었으나, 이러한 평가의 이면에서 우리는 권력을 잡기 위해 모든 것을 걸었던 한 인간의 무시무시한 집념을 읽어낼 수 있다.

전통적인 남성 중심 사관에 비추어보면, 여성 황제인 측천무후의 출현은 용납하기 어려운 사건이었다. 실제로《당서唐書》와《자치통감資治通鑑》 등 정통 역사서들은 대체로 그녀에게 인색한 평가를 내린다. 《구당서舊唐書》의 〈측천무후 본기本紀〉에는 "암탉이 울면 집안이 망한다"라는 속담을 인용하며 "그녀는 심히 부도덕한 성정을 가졌으며, 간사하고 질투심이 많은 행태를 보였다"라고 서술되어 있다.

그러나 다른 한편에서는 그녀의 정치적 능력과 인재 등용 정책에 주목하며 긍정적인 평가를 내린다. 그녀의 통치기에 큰 국가적 내란이나 경제적 파탄이 없었다는 점에서 유능한 정치가로 평가받을 만한 면모도 있었다. 《신당서新唐書》의 〈후비열전后妃列傳〉은 다음과 같이 측천무후의 정치가로서의 수완을 인정하고 있다. "상벌에 관한 한 군신群臣을 가차 없이 다스렸다. 비록 위를 넘보는 주제넘은 태도를 보이기도 했으나 아랫사람을 살뜰히 돌보아 천수를 누렸다."

《자치통감》에서는 측천무후를 "교묘한 지혜가 있고 권모술수에 능했다"고 표현한다. 이런 평가를 보면 그녀는 판단이 빠르고 임기응변에 능한 지도자였음을 알 수 있다. 때로는 도리에 어긋나는 행동을 했지만, 정치의 요체와 핵심을 정확하게 파악하고 있는 최고의 여걸이었다.

최하층에서 시작된 권력의 첫걸음

측천무후의 아버지 무사확武士彠은 병주문영並州文永(현재의 산서성) 출신의 목재 상인이었다. 재산을 모은 뒤 수나라의 하급 관리가 된 그는 지역 사령관으로 부임한 훗날 당의 초대 황제 고조高祖가 될 이연李淵의 부하로 들어가게 된다. 이후 이연이 군사를 일으키자 사확은 그에 합류했으며, 제2대 태종 시대에는 지방장관을 역임하고 공부상서工部尚書(오늘날 국토교통부 장관) 자리까지 올라갔다. 따라서 집안이 나쁜 편은 아니었으나, 딸 무조武照가 태종의 후궁으로 부름을 받았을 때 그는 이미 이 세상 사람이 아니었다. 어머니는 사확의 후처 양楊씨였고, 무후는 두 사람의 둘째 딸로 태어났다. 그녀의 출생 연도는 여러 설이 있으나, 여기서는 624년설을 따르기로 한다.

태종이 어린 후궁 무조를 각별히 총애했다는 기록은 없다. 무조는 매우 강한 성격의 소유자였기에 오히려 황제의 마음을 사로잡지 못했을 가능성이 크다. 이에 관해 한 일화가 전해지는데 훗날 측천무후가 스스로 회고한 이야기라 사실일 가능성이 높다. 당시 태종은 사사총師士驄이라는 준마를 기르고 있었는데, 성질이 사나워 훈련시키는 데 애를 먹었다. 그때 곁에서 시중을 들던 무조가 몸을 쑥 내밀며 이렇게 말했다고 한다. "폐하, 저에게 철제 채찍과 쇠로 만든 굵은 채찍, 그리고 비수를 주십시오. 먼저 철제 채찍으로 말을 제압하고, 그래도 말을 듣지 않으면 굵은 쇠 채찍으로 머리를 찌르겠습니다. 여전히 복종하지 않는다면 비수로 목을 베겠습니다."

어린 후궁이 감히 태종의 애마를 제 손으로 다루겠다고 당돌하게 나선 것이었다. 측천무후는 황제가 "그대의 뜻을 장하게 여긴다"라고 말했다며 자랑스럽게 덧붙였지만 태종이 독하고 어린 무조에게 마음을 주었을 리 없었다. 이런 여인에게는 부드럽고 소심한 성격의 남자가 더 어울렸고, 훗날 그녀의 운명을 바꾸게 되는 황제 고종이 바로 그런 유형이었다.

태종은 후계자 선정을 두고 고심하던 끝에, 639년 온순하고 고분고분한 아홉째 아들 치를 황태자로 책봉했다. 새 왕조가 어느 정도 안정을 찾은 시점에서, 공명심을 내지 않고 신하의 말에 귀 기울여 견실하게 나라를 다스릴 성품의 후계자를 원했던 것이다. 태종의 이런 판단은 결과적으로 중국 최고의 여걸 측천무후를 낳게 되었다.

일설에 따르면, 무조는 태종의 후궁으로 있을 때부터 이미 황태자 치와 보통 관계가 아니었다고 전해진다. 649년 태종이 세상을 떠나자 무조는 감업사에 비구니로 보내져 출가하게 되었는데, 고종은 즉위한 지 얼마 지나지 않아 무조를 다시 궁궐로 불러들였다. 이 사건의 배경에는 황후 왕王씨와 숙비 소蕭씨의 갈등이 있었다. 왕씨는 명문가 출신이었지만 아들을 낳지 못했고, 그 때문에 황제는 숙비를 더 총애했다. 이에 황후는 소숙비를 견제할 방법을 찾던 중 황제가 감업사에 행차하여 무조와 옛정을 새로이 한다는 소문을 듣게 되었다. 황후는 황제에게 무조를 환속시켜 궁으로 불러들이자고 건의했고, 고종은 황후의 의견을 즉각 받아들였다. 이리하여 무조는 다시 후궁의 자리에 돌아오며 인생의 두 번째 막을 열게 되었다.

앞서 언급했듯 역사서들은 측천무후를 '교묘한 지혜가 있고 권모술수가 많았다'라고 평가한다. 이는 물론 칭찬의 말은 아니지만, 동시에 그녀가 유난히 영리하고 뛰어났다는 뜻이기도 하다. 무조는 자신의 천성적 자질을 마음껏 발휘해 주어진 기회를 확실히 제 것으로 만들었다. 정식으로 고종의 후궁이 된 무조는 처음에는 아주 충실하고 바지런히 황후를 섬겼고, 이에 만족한 황후는 일부러 나서서 그녀에게 소의라는 높은 자리를 주자고 황제에게 진언했다.

그러나 그 관계는 곧 황후가 예측하지 못한 방향으로 흘러갔다. 무조는 고종보다 다섯 살 연상으로, 황제에게는 말하자면 첫사랑 같은 존재였다. 황후가 소숙비를 견제하려고 불러들였던 무조는 단숨에 황제의 마음을 빼앗았다. 얼마 지나지 않아 고종은 무조에게 깊이 빠져들었고, 그녀 없이는 잠시도 지내지 못할 정도가 되었다. 자신이 직접 등용한 인물에게 권력을 빼앗긴 황후는 뒤늦게 소숙비와 손을 잡고 무조를 견제하려 했지만, 이미 상황은 돌이킬 수 없었다.

명문가 출신답게 자존심이 강했던 황후는 후궁들로부터 호감을 얻지 못했다. 반면 무조는 치밀하게 인간관계를 관리했다. 황제가 하사한 물품을 다른 후궁들과 아낌없이 나누며 그들의 환심을 샀고, 이를 통해 자연스럽게 궁중 내의 정보망을 장악했다. 그녀는 이렇게 얻은 정보들을 하나하나 고종에게 일러바치며 황제의 신임을 얻었다. 황제는 황후가 하는 말 따위에는 더 이상 귀를 기울이지 않았다. 이렇게 해서 무조는 궁중의 권력 구도에서 확실한 주도권을 잡았고, 이후 황후의 지위를 향한 본격적인 서막이 열리게 되었다.

황후 자리를 둘러싼 피의 승부

황후와 소숙비라는 두 경쟁자를 제치고 고종의 절대적인 총애를 독차지하게 된 무조는, 이 무렵부터 황후에 오르겠다는 생각을 굳혔다. 그러나 목표를 달성하기 위해서는 현 황후의 위상을 더 깎아내려야 했다. 무조는 본인의 평판에 걸맞은 아주 대담하고 냉혹한 계략을 실행에 옮겼다.

무조는 고종과의 사이에서 아들 하나와 딸 하나를 두고 있었는데, 황후를 계략에 빠뜨리기 위해 이제 막 태어난 딸을 희생시키기로 마음먹었다. 어느 날, 황후는 무조의 처소에 들러 갓난아기를 어르고 돌아갔다. 그 사이 무조는 일부러 자리를 비웠고, 얼마 지나지 않아 고종이 몸소 무조의 처소를 방문했다. 고종이 방에 들어오자 무조는 아기를 보여주기 위해 이불을 젖히고는 '악' 하고 비명을 질렀다. 누군가가 아기의 목을 졸라 죽였던 것이다. "혹시 다녀간 사람이 있느냐?"라는 황제의 물음에, 시녀들은 "방금 황후께서 아기를 보고 가셨습니다"라고 대답했다. 무조는 통곡하며 쓰러졌고 고종은 큰 충격에 휩싸였다. 실은 황후가 다녀간 뒤 무조가 제 손으로 딸의 목을 졸라 죽인 것이었지만, 그녀의 치밀한 연극은 완벽했다. 이 사건 이후 고종은 황후를 폐하고 무조를 그 자리에 앉히는 방안을 진지하게 고려하기 시작했다.

황후의 폐위 문제는 후궁들 사이의 내부 문제를 넘어 국가 권력 구도에 영향을 미치는 중대사였다. 고종의 뒤에는 선대 황제 태종의 유언을 받은 원로 중신들, 장손무기長孫無忌, 저수량褚遂良, 이적李勣, 우지령于志寧 등이 버티고 있었고, 그들 다수는 여전히 막강한 영향력을 지니고 있었다. 특히 장손무기는 고종의 큰아버지로, 그 존재만으로도 막강한 정치적 장벽이었다. 고종은 무조를 데리고 장손무기의 자택을 방문하여 황후 폐위 의사를 넌지시 비추기도 했는데, 장손무기는 모르는 체하며 그 이야기를 언급하지 않으려 했다. 딸의 부탁을 받은 어머니 양씨는 장손무기의 집을 수차례 오가며 설득을 시도했지만 장손무기는 꿈쩍도 하지 않았다.

그러나 시간이 흐르자 무조에게 협력하는 신하들이 생겨나기 시작했다. 그 중심에는 예부상서(교육 및 제사 담당 장관) 허경종許敬宗과 중서시랑(기획 및 문서 작성 담당 차관) 이의부李義府가 있었다.《구당서》는 이 두 사람을 '재주는 뛰어났으나 행실이 경박했다'라고 평했는데, 실제로 이들은 당대 일류의 문장가였으나 사생활이 문란하고 품행에 문제가 있었다. 또한 행정부 내부에서 정치적 신망이 높은 사람들도 아니었다. 하지만 그들은 무조의 뜻을 받들어 그녀를 황후로 옹립하기 위한 여론전을 활발히 전개하였고, 당시 무조에게 든든한 우군이 되었다.

결국 고종은 이 문제를 공식적으로 해결하기 위해 원로회의를 소집했다. 이때 초대받은 원로는 앞서 열거한 네 사람이었는데, 이적은 아프다는 핑계로 회의에 불참했다. 회의 전, 저수량은 다른 원로들에게 이렇게 말했다. "오늘 회의의 의제는 황후 문제일 것입니다. 폐하께서는 뜻을 굳히신 듯하니 반대하면 죽음을 면치 못하겠지요. 그러나 선제께서 돌아가실 때 '조심해서 태자를 보좌하라'는 말씀을 직접 제게 하신 바 있습니다. 죽음을 무릅쓰고 간언하지 않으면, 돌아가신 폐하를 뵐 낯이 없을 것입니다."

회의가 열리자 고종은 장손무기에게 먼저 의견을 물었다. "황후는 아들이 없지만 무소의는 아들이 있습니다. 그래서 소의를 황후로 맞이하려 하는데 어떻게 생각하시오?" 저수량이 말을 이어받아 반대 의견을 밝혔다. "아뢰옵기 황공하오나, 황후께서는 훌륭한 집안 출신입니다. 돌아가신 선제께서 폐하를 위해 몸소 고르신 분이

지요. 선제께서 돌아가실 때, 폐하의 손을 잡고 저에게 '아들과 딸을 그대에게 맡긴다'고 하신 말씀이 지금도 생생히 귓전을 맴돌고 있습니다. 특별한 허물이 없는 분을 폐위하신다면, 선제의 뜻을 거스르는 일이 될 것입니다. 아무쪼록 다시 생각해주시기를 감히 건의드리는 바입니다."

고종은 언짢은 기색을 감추지 못한 채 회의를 다음 날 다시 열기로 했다. 하지만 다음 날 열린 회의에서도 저수량은 더욱 강경하게 반대 의견을 개진했다. "황후를 바꾸시려면 천하의 명문에서 고르셔야지, 어찌 선제를 모셨던 후궁을 새 황후로 삼으려 하십니까?" 말을 끝낸 저수량은 가지고 있던 홀笏*을 내던지고 이마를 계단에 찧으며 물러나겠다는 뜻을 밝혔다. 고종은 "이 발칙한 놈을 당장 끌어내라!"라고 호통을 쳤고, 무조 역시 안채에서 "저 놈을 죽여버려라"라고 소리를 질렀다.

순식간에 대궐이 혼란스러워졌고 장손무기가 점잖게 나서 사태를 수습했다. "저수량은 선제께서 죽은 뒤의 일을 부탁한 중신입니다. 죄가 있다고 하더라도 형벌을 가할 수는 없습니다." 동석하고 있던 우지령은 처음부터 끝까지 아무 말도 하지 않았다고 전해진다. 이렇게 고종의 황후 폐위 계획은 원로들의 반대로 궁지에 몰렸

---

* 벼슬아치가 임금을 뵐 때 조복(朝服)에 갖추어 손에 쥐던 패.

다. 심지어 재상 한원韓瑗과 내제來濟마저 반대 의견을 올리며 고종은 점점 행동을 취하기 어려운 처지에 놓였다.

이런 고종을 구한 이는 다름 아닌, 지난번 회의에 참석하지 않았던 원로 이적이었다. 황후 문제를 둘러싼 형세를 조용히 지켜보던 그는, 고종에게 이렇게 말했다. "이것은 폐하의 집안 문제이니 굳이 신하에게 물으실 일은 아닙니다." 그야말로 허울 좋은 책임회피 발언이었지만, 이 한마디는 궁지에 몰린 고종을 구하기에 충분했다. 그때 무조 옹립파의 허경종이 나서서 이렇게 덧붙였다. "시골의 늙은이도 보리가 열 섬쯤 남으면 새 아내를 맞고 싶어지는 법입니다. 하물며 천자께서 황후를 교체하시려는데 어찌 남들이 이러쿵저러쿵할 일이겠습니까?"

655년, 무조가 황후의 자리에 오른 것은 고종의 후궁으로 들어간 지 4년째 되는 해였다. 강경파였던 저수량은 이미 담주의 도독으로 좌천되어 지방으로 내쳐진 상태였다.

뜻에 방해가 된다면 주저하지 않는다

천 년에 한 번 나올까 말까 한 명군으로 칭송받는 선대 태종과 달리 고종은 지나치게 평범한 군주였다. 태종에게는 아들이 열네 명이나 있었는데, 하필 고종이 후계자로 지명된 것은 나라의 원로 장손무기가 그를 강력히 추천했기 때문이었다. 《신당서》는 이 선택을 명군의 천려일실千慮一失, 즉 '천 가지 생각 가운데 단 한 가지의 실수'로 보았다. "태종은 아들을 보는 눈이 어두웠다. 황태자를 정할 때 스스로 결단하지 못했고, 결국 멍텅구리를 골랐다." 후세의 역사가들이 '멍텅구리'라는 점잖지 않은 말을 쓰는 것이 무리가 아닐 만큼 고종은 마음이 약하고 우유부단한 인물이었다. 이런 성격으로는 최고지도자로서의 자질이 부족했으나 이미 엎질러진 물이었다. 더구나 치세 중반에 접어들며 그는 중풍에 시달리기 시작했고, 신체적 불편에 두통이 심해졌으며 시력도 점차 약해졌다.

한편 무후는 지기 싫어하는 성격에 머리가 비상하게 좋은 여인이었다. 그런 그녀에게 어리숙한 남편을 휘어잡는 일은 그야말로 '식은 죽 먹기'였을 것이다. 무후는 처음부터 주도권을 쥐고 자신의 야망을 실현하기 위한 길을 걷기 시작했다. 황후로 책봉된 해, 그녀는 정치적 발판을 굳히기 위한 작업을 차근차근 진행시켰다. 우선 과거 경쟁자였던 옛 황후 왕씨와 소숙비를 잔인하게 죽여버렸다. 그녀는 두 사람에게 태형 100대를 가한 뒤 손발을 자르고 술독에 넣고 "뼛속까지 취하게 하라"는 명령을 내렸다고 한다. 가엾은 두 사람은 며칠 후 세상을 떠났다.

이듬해인 656년, 태자 충忠을 폐하고 자신이 낳은 네 살배기 아들 홍弘을 태자로 옹립하며 측천무후의 정치적 기반은 더욱 공고해졌다. 그러나 숙청의 매서운 바람은 후궁을 제거하는 데 그치지 않고 조정에도 무섭게 불어닥쳤다. 무후는 자신을 반대했던 두 재상, 한원과 내제를 지방 장관으로 내쫓고 황제를 다시는 만날 수 없도록 영구 추방했다. 그런 다음 이의부와 허경종을 잇따라 재상에 발탁하며 정권 장악을 완성했다. 이후 태종을 섬기며 고종을 후계자로 세웠던 원로 장손무기마저 반역죄를 덮어쓰고 659년 자살을 강요당했다. 이로써 조정은 무후의 영향력 아래 완전히 장악되었고, 고종은 점점 존재감을 잃어갔다.

이렇게 세월이 흐르자 이제 고종도 무후가 두려워졌다. 황제가 재상 상관의를 불러 상의하자 재상은 이렇게 말했다. "온 나라 사람들이 무후를 원망하고 있습니다. 차라리 폐하께서 먼저 결단하시는 것이 낫지 않겠습니까?" 이에 찬성한 고종은 그 자리에서 즉시 상관의에게 무후를 폐하는 조칙을 작성하라고 명했다. 그러나 궁정은 이미 무후의 세력이 장악하고 있었고, 소식을 들은 무후가 곧장 달려왔을 때 조칙 초안은 아직 황제의 책상 위에 있었다. 이를 본 무후가 추궁하자 고종은 단번에 기가 꺾였다. "상관의가 그렇게 하자고 했을 뿐이오."

책임을 신하에게 떠넘긴 황제의 태도는 무후의 분노를 더욱 자극했다. 상관의는 즉시 반역죄로 몰려 처형되었고, 그의 가족들은 노비로 전락해 마치 물건처럼 나라에서 몰수해버렸다. 이 사건은 664년에 일어났으며, 고종은 683년 세상을 떠나기 전까지 약 20년간 명목상 황제 자리를 유지했으나 실권은 완전히 무후의 손에 있었다. 고종은 이제 허수아비에 지나지 않았고, 권력을 완전히 장악한 무후는 국정을 자신의 뜻대로 좌지우지하기 시작했다.

이 시기 사람들은 황제와 황후를 함께 일컬어 '이성二聖'이라 부르기 시작했다. 그러나 실상은 황후의 단독 통치에 가까웠고, 674년 무후는 스스로 제안을 올려 황제는 천제天帝, 황후는 천후天后로 칭하도록 하였다. 이는 실질적인 권력 관계를 더욱 명확히 반영하는 방향이었다고 말할 수 있다.

무후는 자신의 뜻을 거스르는 이를 결코 용서하지 않았다. 자식이라 해도 예외는 아니었기에 황태자의 수난극은 여러 차례 반복되었다. 먼저 네 살 때 황태자가 된 홍은 성장하면서 겸허하고 예의 바른 청년으로 자라 사람들의 기대를 한 몸에 받았다. 그러나 그는 때때로 어머니의 행동에 제동을 걸었고, 이 때문에 무후는 점차 아들을 불편한 존재로 여기기 시작했다.

675년, 궁중에는 처형된 소숙비의 두 딸이 연좌죄로 감금되어 있었다. 홍은 불쌍한 이복누이들에게 연민을 느껴 그들을 신하에게 시집보내자고 고종에게 청원했다. 친딸의 혼사를 반대할 이유가 없는 고종은 찬성했지만, 이 소식을 들은 무후는 격노했다. 그녀는 그날로 두 공주를 신분이 낮은 군인에게 강제로 시집보내버렸고, 얼마 지나지 않아 홍은 갑작스레 숨을 거두었다. 당시 무후가 독살했다는 소문이 퍼졌는데, 이 풍문도 사실무근이라 말하기는 어렵다.

홍이 죽은 뒤 황태자가 된 이는 그의 아우 현賢이었다. 고종과 조정의 기대를 받으며 성장한 현은 다음 황제가 되는 길을 순조롭게 걷고 있는 듯 보였다. 그러나 현은 남을 헐뜯기 좋아하는 궁녀들이 퍼뜨린 악의적 소문에 큰 상처를 입게 되었다. 현이 무후가 낳은 아들이 아니라, 그녀의 누이인 한국부인과 고종 사이에서 태어났다는 소문이었다. 이 말을 들은 현은 불안과 의심에 시달렸고, 술과 여자로 마음을 달래려 했다. 무후가 편지를 보내 꾸짖고 타일러도 오히려 그는 모든 것이 더욱더 의심스럽고 무서워졌다.

그즈음 명숭엄明崇儼이라는 승려가 무후의 신임을 얻고 있었다. 그는 종종 현에 관한 험담을 무후에게 들려주곤 했는데, 어느 날 밤 명숭엄이 누군가에게 살해당했다. 범인으로 지목된 사람은 다름 아닌 현이었다. 수사가 진행되자 태자의 동궁에서 수백 벌의 갑옷이 발견되었고, 사건은 단순 살인에서 역모 사건으로 발전했다. 물론 이는 누가 보아도 억지로 꾸며낸 조작이었다. 고종은 아들을 용서해주려 했지만, 무후는 완강했다. 680년, 결국 고종은 태자 현을 폐하고 서민으로 강등하는 명을 내렸다. 4년 후, 파주에 유배된 현에게 무후가 보낸 사자가 찾아와 자살을 강요했고, 그는 32세의 나이로 짧은 생을 마쳤다.

현의 뒤를 이어 태자가 된 이는 아우 철晳이었다. 그러나 그는 위의 두 형과는 달리 고종을 닮아 어리석고 우유부단했다. 고종이 683년에 세상을 떠나자, 그는 당의 제4대 황제 중종中宗으로 즉위했고, 무후는 선제의 황후이자 황태후로서 막강한 영향력을 행사하게 되었다.

그런데 즉위 직후 중종은 황후 위씨의 아버지 위현정韋玄貞을 문하시중으로, 유모의 아들을 오품관으로 임명하려 했다. 이는 황제로서 위엄을 보여주려는 시도였는데, 재상 중서령 배염裴炎이 즉각 반대하고 나섰다. 중종은 발끈하며 이렇게 호통쳤다. "내가 마음만 먹으면 천하를 줄 수도 있다. 감히 재상 따위가 나를 막느냐!" 앞날이 염려된 배염은 이 일을 무후에게 보고했고, 무후는 이 사건을 계기로 중종을 폐위하기로 마음을 굳혔다. 다음 날 그녀는 문무백관을 불러 그 자리에서 직접 아들을 폐위했고, 중종은 병사들에게 끌려나가며 "제가 무슨 죄가 있습니까?"라고 울부짖었다. 그러자 무후는 냉정히 대꾸했다. "너는 위현정에게 천하를 주려 했다. 그것이 죄가 아니란 말이냐?" 중종은 노릉왕廬陵王으로 강등되어 유폐되었고, 그의 재위 기간은 불과 54일이었다. 그 후 황제로 옹립된 이는 중종의 아우 단旦으로 당의 제5대 황제 예종睿宗이다. 그러나 이제 당나라는 측천무후 한 사람이 쥐락펴락하는 나라가 되었고, 예종은 정치에 일체 손을 댈 수 없는 이름뿐인 군주였다.

타인의 입과 귀를 내 것처럼 다루다

무후가 나라를 제 마음대로 다스리게 되면서 그녀의 조카 무승사武承嗣와 무삼사武三思를 비롯한 무씨 일족이 정부의 주요 요직을 차지했다. 그러나 이렇게 무씨 집안이 세력을 확장하는 것을 탐탁지 않게 여기는 인물들도 많았다. 강골이었던 재상 배염처럼 죽을 각오를 하고 간언하는 강직한 인물도 있었지만, 반대로 무후를 타도하기 위해 군사를 일으키는 무리들도 있었다.

그 중심에는 과거 무후의 황후 책봉에 크게 도움을 주었던 원로 이적의 손자 이경업李敬業이 있었다. 이경업은 불만 세력을 모아 남쪽 양주에서 반란을 일으켰지만, 준비 부족과 미숙한 지휘로 불과 한 달 만에 패배했다. 이때 거병의 격문을 작성한 시인 낙빈왕駱賓王은 무후의 전제 정치를 격렬하게 비난한 뛰어난 문장력으로 유명했다. 이를 본 무후는 "이토록 글재주가 뛰어난 인재를 내버려두고 재상은 도대체 무엇을 하고 있었는가?"라고 탄식했다.

684년 9월에 일어난 이 반란은 짧은 기간에 진압되었지만, 무후에게 큰 충격을 남겼다. 그녀는 제2, 제3의 반란이 언제든 일어날 수 있다고 생각했다. 당 왕실의 여러 왕족들은 물론, 겉으로는 충성하는 신하들조차 속내를 알 수 없었다. 불온한 움직임을 억누르려면 무엇보다 그들의 동향을 미리 알아차려야 한다고 판단한 무후는 공식적인 밀고 제도를 도입했다. 관청의 한 모퉁이에 구리로 만든 투서함을 설치해, 밀고자에게는 수도까지 역마와 숙소를 마련해주었다. 또한 밀고 내용이 무후의 뜻에 맞으면 공무원으로 특별채용되었는데 설사 정보가 틀려도 처벌은 없었다.

그러자 밀고자가 끊이지 않게 되었고, 이러한 제도 속에서 혹독한 검찰 관료 집단, 이른바 혹리酷吏의 끔찍한 공포정치가 행해졌다. 이 시절의 대표적인 혹리로는 색원례索元禮, 주흥周興, 내준신來俊臣, 만국준萬國俊, 후사지侯思之, 왕홍의王弘義 등이 있었다. 이들 중 상당수가 불량배 출신으로 모두 밀고 덕분에 출세한 패거리들이었다. 그들은 각자 수백 명의 깡패를 부하로 거느리고, 누군가가 용의자로 떠오르면 수십, 수백 명의 관계자를 한꺼번에 잡아들였다. 이들은 무후의 두터운 신임을 받았으나, 민중들은 '뱀과 전갈'이라 부르며 두려워했다. 용의자를 가혹하게 취조하며 자백을 받아내기 위해 잔인하고 끔찍한 방법을 동원했고, 죄수들은 고문 도구만 보아도 겁에 질려 거짓 자백을 늘어놓았다. 내준신과 만국준이 쓴 《나직경羅織經》이라는 책에는 억울한 자에게 죄를 뒤집어씌우는 수법이 낱낱이 기술되어 있었다고 한다. 혹리들이 근무하던 관청은 낙양성의 여경문麗景門 안에 있었는데, 사람들은 그곳을 예경문例竟門이라 불렀다. '예경'이란 '모두 목숨을 잃는다'라는 뜻으로 누구든 그 문 안에 들어가면 살아서 돌아오지 못한다는 공포의 상징이었다. 관리들은 황제를 알현하기 위해 조정에 들어가며 가족들에게 작별 인사를 남길 정도였다. 이처럼 무후는 반대 세력을 철저히 제압했으며, 혹리들이 날뛰는 세상이었으니 그 결과가 어떨지는 불 보 듯 뻔했다. 《자치통감》은 당시의 상황을 다음과 같이 전하고 있다.

- 앉아서 죽거나 유배된 대신이 헤아릴 수 없을 만큼 많았다.
- 당나라 황실의 친족들은 거의 몰락의 길을 걸었다.
- 무후는 혹리들을 앞세워 황제 집안의 친인척 수백 명을 죽이고, 이어 수백 가문에 달하는 대신들의 집안까지 손을 뻗쳤다.

이러한 공포정치 아래에서 690년 9월, 무후는 마침내 주 왕조를 창건하고 스스로 초대 황제의 자리에 올랐다. 예종은 무씨 성을 부여받고 황태자로 격하되었다. 그 후 무후는 705년 퇴위할 때까지 15년간 권좌를 지켰다.

그런데 무후의 즉위 과정에서 주목해야 할 점이 하나 있다. 그녀가 자신이 일방적으로 황제 자리를 빼앗는 행위를 정당화하기 위해 불교 경전 《대운경大雲經》을 이용했다는 사실이다. 무후는 《대운경》의 '정광천녀淨光天女가 여성의 몸으로 임금이 된다고 부처가 예언했다'라는 한 구절에 눈길을 돌렸다. 그녀는 이 부분이 자신이 여성 황제로 등극하는 것을 뜻한다고 주장하며 이 해석이 담긴 주석서를 널리 퍼뜨리고, 전국 각지에 《대운경》을 독송하는 대운사를 건립하도록 명했다.

서양에서도 군주들은 신이 왕권을 부여했다는 '왕권신수설'을 내세워 정통성을 확보하곤 했다. 7세기의 중국에서는 무후가 부처의 권위를 빌려 자신의 권력 찬탈을 정당화한 셈이다. 서양에서 왕권신수설이 오랫동안 힘을 가질 수 있었던 이유가 기독교의 절대적 권위 덕분이었던 것처럼, 무후가 불교 경전을 황제가 되기 위한 수단으로 삼았다는 사실은 당시 중국 사회에서 불교가 매우 성행했음을 잘 보여준다.

누구를 쓰고 누구를 버릴 것인가

무후는 그야말로 무시무시한 기세로 황제의 자리에 올랐다. 목적을 위해서라면 수단을 가리지 않았고, 목적 달성을 방해하는 걸림돌은 가차 없이 제거했다. 그녀의 수법이 지나치게 노골적이었기에 후세의 역사가들은 무후를 마치 악녀의 전형처럼 묘사하며 혹평했다. 그러나 무후는 단순히 냉혹한 권력자에 그치지 않았다. 그녀는 일의 경중과 선악을 분간할 줄 알았고, 사람을 꿰뚫어보는 안목을 지닌 총명한 여성이었다. 결코 무도하고 거칠기만 한 통치자는 아니었다. 그만큼 신하들에게는 모시기 어려운 상관이었고, 그 속을 헤아리기 힘든 윗사람이었다.

무후가 황제가 된 후의 일이다. 독실한 불교 신자였던 무후는 어느 날 온 천하에 가축 도살과 어패류 채집을 금지하라는 명을 내렸다. 그런데 때마침 장덕張德이라는 관리가 아들이 태어난 기념으로 양을 잡아 가까운 동료들에게 고기를 대접하며 금지령을 어겼다. 이때 손님 중 한 사람이 남은 고기를 몰래 숨겨 가져가서는 무후에게 밀고해버렸다. 다음 날, 무후는 일부러 장덕이 앉아 있는 자리로 다가가 말을 건넸다. "아들을 얻었다고 들었는데, 축하하네." 몸 둘 바를 모르며 감사의 뜻을 표하는 장덕에게 그녀가 물었다. "그런데 고기는 어디서 구했는가?" 장덕은 그저 바짝 엎드려 용서를 비는 수밖에 없었다. 그러자 무후는 담담히 이렇게 말했다. "내가 엄격히 금했는데도 어겼으니 고얀 놈일세. 허나 앞으로는 손님을 잘 가려서 부르는 것이 좋겠네." 그 한마디로 모든 일은 조용히 마무리되었고, 밀고자는 부끄러움을 감추지 못했다. 무후의 조치로 보건대, 그녀가 사안을 가려 판단할 줄 아는 통치자였음을 알 수 있다.

앞서 말했듯 무후가 권력을 독차지하면서 무씨 일족이 득세했고, 밀고자들이 관리로 발탁되기도 했다. 그래서 흔히 무후는 아무나 데려다 썼다고 생각하기 쉽지만, 실은 결코 그렇지 않았다. 그녀는 반대 세력을 제거하기 위해서 전과자나 혹리들을 동원했으나, 목적을 달성한 뒤 그들의 폐해가 눈에 띄면 깨끗이 정리해버렸다. 예를 들어, 무후를 황후로 추대하는 데 중심적인 구실을 한 이의부李義府는 그 공을 인정받아 재상에 올랐지만 뇌물을 받는 등 평판이 몹시 좋지 않았다. 결국 그는 투옥되어 유배지에서 분을 이기지 못하고 죽었다. 무후가 황제의 자리를 차지하는 과정에 앞장섰던 혹리들의 말로도 다르지 않았다. 그 창시자 색원례는 옥사했고, 사형을 면한 주흥은 귀양길에 원한을 품은 사람들에 의해 죽음을 맞이했다. 또 후사지와 왕홍의는 곤장을 맞아 죽었으며, 내준신은 목이 베여 시신이 저잣거리에 전시되었다. 심지어 원한을 가진 자들이 그 시신의 살을 먹었다는 기록도 있다. 불교에서 말하는 인과응보의 가르침을 생각나게 하는 비극적이고 끔찍한 결말이었다.

무후로서는 황제가 되기 위해서 사전에 땅고르기 작업이 필요했다. 그래서 그녀는 폭력배 동원이 불가피하다고 보았다. 그러나 그들이 일정한 선을 넘으면 가차 없이 내쳤다. 그들의 이용가치의 한계를 정확히 알고 있었던 것이다. 사람을 꿰뚫어보는 무후의 눈은 그만큼 냉철하고도 날카로웠기에 혹리들을 이용하더라도, 그들에게 이용당하는 일은 없었다.

또 무후는 황제가 되기 전부터 설회의薛懷義라는 승려를 총애하였다. 그는 무후의 신임을 등에 업고 조정을 드나들며 횡포를 부렸지만, 중신들조차 감히 제지하지 못했다. 그러던 어느 날, 그의 전횡을 보다 못한 재상 소량사蘇良嗣가 부하에게 명해 설회의의 뺨을 수십 차례 때리게 했다. 설회의가 이 일을 무후에게 고하자 무위는 좋은 말로 그를 타일렀다. "스님께서는 북문으로 드나드시는 것이 좋겠습니다. 남문은 재상이 왕래하는 곳이니 출입을 삼가시지요." 공사를 엄격히 구분한 것이다. 결국 무후는 궁녀들을 시켜 그 승려를 때려 죽이게 했다고 전해진다. 그를 한때 총애한 것은 사실이지만, 무후는 결코 그런 사람에게 깊이 빠지지 않는, 의지가 매우 강한 사람이었다.

한편 오랜 숙청으로 정계 및 관계의 인재층이 엷어지자, 무후는 민간에서 인재를 널리 등용했다. 이것은 일종의 명성 회복책이기도 했지만, 이렇게 해서 특별 채용된 인물들 중에는 옥석이 섞여 있었다. 당시 어떤 자가 무후를 '눈에 보이지 않는 황제'라고 비방하다 관헌에 붙잡혔는데, 무후는 웃으며 이렇게 지시했다. "너희들만 똑바로 하면 그것으로 충분하다. 사람들이 말하는 것 따위에 신경 쓰지 말고 풀어주어라." 무후는 자신에게 직접적인 위협이 되지 않는 사람들에게는 비교적 너그러웠다.

무후의 인사정책은 일관되게 실력과 실적 중심이었다. 겉으로 보기에는 아무렇게나 인재를 발탁하는 듯 보였지만, 무능한 자는 지체 없이 내쳤다. 결국 실력이 빼어난 자들만 남아 검증된 인재들이 조정을 이끌었다. 이런 면에서 그녀는 비할 데 없는 식별력을 지녔던 인물이었다. 오늘날 경영학에서 중시하는 능력주의meritocracy를 무후는 이미 7세기에 실천하고 있었던 셈이다.

이런 분위기 속에서 두각을 나타낸 인물이 바로 재상 적인걸狄仁傑이다. 그는 여러 차례 황제의 허물을 기탄없이 간하여 무후가 만년에 큰 허물이 없도록 하였다. 무후 또한 적인걸의 의견을 잘 받아들였고, 그를 늘 국로國老로 부르며 공경하였다. 700년, 적인걸이 세상을 떠나자 그녀는 통곡하며 이렇게 탄식했다고 한다. "하늘이

여, 나라의 큰어른을 어찌 이리도 빨리 데려가시나이까."

덧붙이면, 훗날 무후의 시대가 평화롭게 막을 내리도록 하는 데 크게 이바지한 장간지와 현종 시대에 명재상으로 이름을 날리게 되는 요숭姚崇은 모두 적인걸이 추천했던 인재들이었다. 이 밖에도 적인걸이 천거한 인물들은 한결같이 훌륭한 신하라는 칭송을 들었으니, 이는 곧 사람을 알아보는 무후의 눈이 얼마나 정확했는가를 보여주는 증거다.

문화가 꽃핀 치세

무후가 스스로 창건한 주 왕조의 성신황제聖神皇帝로 군림한 것은 690년부터 705년까지 15년 동안이었다. 그러나 고종을 대신해 국정을 맡았던 시기를 합치면, 무려 45년이라는 긴 세월 동안 당을 통치했다. 그렇다면 무후는 이 기간 동안 어떤 치적을 쌓았을까?

그녀의 통치가 가장 빛난 분야는 문화였다. 무후는 시인과 학자, 예술가들을 불러모으는 것을 좋아했다. 675년, 고종을 대신해 정권을 쥐고 있을 때부터 많은 문학 선비들을 모아 《열녀전列女傳》, 《신궤臣軌》, 《백료신계百僚新誡》, 《악서樂書》 등 천여 권의 서적을 편집하도록 했다. 황제가 되고 나서는 총애하던 장역지張易之와 장창종張昌宗 형제를 위해 공학부控鶴府라는 관공서를 새로 만들었고, 이교李

嶠, 장설張說, 송지문宋之問 등 쟁쟁한 문인들을 동원하여 《삼교주영三教珠英》이라는 대규모 분량의 책을 편집하게 했다. 이러한 문화의 진흥은 무후의 치세를 화려하게 장식했다.

또한 무후 자신도 독특한 문자 감각과 문학적 취향을 갖고 있었다. 황제의 자리에 오른 해, 그녀는 수도 낙양의 이름을 신도神都로 바꾸었고, 각 부처와 그 수장의 명칭도 다음과 같이 풍치 있고 우아하게 바꾸었다.

- 중서성中書省 → 봉각鳳閣
- 문하성門下省 → 난대鸞臺
- 상서성尙書省 → 문창대文昌臺
- 중서령中書令 → 내사內史
- 문하시중門下侍中 → 납언納言

무후는 치세 15년 동안 연호도 무려 열여섯 번이나 바꾸었는데, 이토록 빈번히 연호를 고친 황제는 무후 이전에도 이후에도 없었다. 그녀는 천책만세天冊萬歲, 만세등봉萬歲登封, 만세통천萬歲通天 같은 넉 자로 된 연호를 사용하기도 했는데, 이는 매우 드문 사례였다. 그 후 일본 나라시대의 천평감보天平感寶 같은 넉 자 연호도 측천무후를 흉내낸 것이라 전해진다.

무후는 황제의 칭호도 여러 차례 바꾸었다. 즉위할 때는 성신

황제라고 하였는데, 금륜성신황제金輪聖神皇帝(693년), 월고금륜성신황제越古金輪聖神皇帝(694년), 자씨월고금륜성신황제慈氏越古金輪聖神皇帝(695년), 천책금륜대성황제天册金輪大聖皇帝(695년) 등으로 바꾸었다. 또 그녀는 직접 이른바 측천문자則天文字라 불리는 새로운 문자를 제정했는데, 그 정제된 언어 감각은 바다 건너까지 영향을 미치며 그녀의 치세를 한층 화려하게 물들였다.

705년 1월, 병상에 있던 무후는 재상 장간지의 건의를 받아들여 태자에게 황위를 물려주었고 그 해 11월에 세상을 떠났다. 죽은 후 그녀에게는 측천대성황후則天大聖皇后라는 시호가 내려졌으며, 오늘날 우리가 부르는 '측천무후'라는 칭호는 여기서 유래되었다.

결단을 움직이는 거대한 힘의 원천

마키아벨리는 저서 《군주론》에서 권력을 얻고 유지하기 위해서라면 살인, 폭력, 기회주의적 행동, 약속 위반 등은 불가피하다고 보았다. 이러한 사상은 제18장 '지배자는 스스로 한 약속을 얼마나 지켜야 하는가'에서 잘 드러난다. 1469년 피렌체에서 태어난 마키아벨리보다 845년이나 앞서 중국 당나라에서 태어난 측천무후는 이른바 마키아벨리즘을 철저히 실천한 인물이었다. 따라서 남성 중심의 시각으로 쓰인 역사서에서 그녀의 평판이 좋을 리 없었다.

여기서는 그녀에 대한 도덕적 평가를 내려놓고, 불리한 조건 속에서도 세계 최대의 강국 당나라를 안정적으로 이끌어간 지도자로서의 리더십을 살펴보고자 한다. 그녀가 보여준 통치력은 오늘날 기업 지도자들에게 어떤 시사점을 던지는가?

세계 시장을 석권하고 있는 히든 챔피언 지도자들의 전략은 야망, 집중, 세계화라는 세 축으로 이루어져 있다. 즉, 자신의 분야에서 세계 최고가 되겠다는 야망을 바탕으로, 고도로 전문화된 제품이나 서비스를 세계시장에 집중적으로 내놓는 것이다. 그 핵심 동력은 바로 강력한 의지다. 후궁의 신분으로 황후의 자리를 넘보고, 더 나아가 새 왕조의 황제가 되겠다는 뜻을 품은 측천무후의 의지는 얼마나 강렬했을까. 전 세계를 누비며 불철주야 노력하는 히든 챔피언들의 의지처럼 그녀의 높은 야망은 상상을 초월하는 힘의 원천이 되었다.

또한 측천무후는 경쟁자를 꺾기 위해 그녀의 동향을 면밀히 살폈다. 이는 곧 "적을 알고 나를 알면 백번 싸워도 위태하지 않다"는 손자병법의 실천이었다. 기업 경영에서도 경쟁사 정보의 중요성은 아무리 강조해도 지나치지 않다. 기업은 경쟁사 정보를 체계적으로 수집, 정리, 분석하는 시스템을 반드시 갖추어야 한다. 그런데 여기서 꼭 강조하고 싶은 것은 경쟁사 정보가 자사의 창의력을 대체하거나, 결정적인 아이디어의 원천이 되어서는 안 된다는 것이다.

경쟁사 정보는 상대를 과소평가하거나, 대응이 늦거나, 중대한 실수를 막는 데 도움이 된다. 그러나 그것만으로는 선두가 될 수 없다. 예술이나 학문에서 남의 것을 베끼는 것으로는 진정한 성취가 불가능하듯, 기업도 창의력 없이 모방만으로는 앞서갈 수 없다. 특히 상대가 강력한 경쟁사이거나, 선진국 기업과 경쟁해야 하는 상황일수록 그들의 방식을 절대적인 기준으로 삼기 쉽다. 그러나 그들의 방식이 우리에게 꼭 맞는다는 보장은 없다. 따라서 경쟁사 정보나 선진국 기업의 경영 방식은 우리가 활용해야 할 많은 참고 자료 중 일부에 불과하다. 남을 연구하고 배울 때의 궁극적인 목적은 우리에게 맞는 우리 나름의 길을 찾기 위함이다.

앞서 살펴본 것처럼 측천무후는 시대를 앞선 제도를 통해 국가를 운영했다. 그녀의 리더십은 단순히 권력 유지의 수단이 아니라, 조직의 지속 가능성을 보장하는 제도적 혁신이었다. 실력 중심의 등용, 공정한 평가, 그리고 인재의 다양성을 인정하는 통찰은 오늘날 기업의 인사 전략과도 맞닿아 있다. 이처럼 능력과 공정성에 기반하는 당연한 원칙이 얼마나 잘 지켜지는가는 앞으로도 각 기업의 경쟁력에 크나큰 영향을 미칠 것이 틀림없다. 측천무후는 바로 그 원칙을 매우 일찍, 철저히 실천한 지도자였다.

참고 문헌

- 강진구, 《삼성전자 신화와 그 비결》, 고려원, 1996.
- 고익진, 《현대한국불교의 방향》, 담마아카데미, 2019.
- 곽철환, 《불교길라잡이》, 시공사, 1996.
- 김동성, 《세계사상교양전집 1 : 장자》, 을유문화사, 1968.
- 김장수, 《비스마르크》, 살림, 2009.
- 김주영, 《충무공 이순신의 리더십》, 백만문화사, 2004.
- 김헌식, 《이순신의 일상에서 리더십을 읽다》, 평민사, 2017.
- 나관중·이문열, 《삼국지 제9권》, 민음사, 1988.
- 대한불교조계종교육원, 《조계종사 (고중세편)》, 조계종출판사, 2004.
- 대한불교조계종 교육원 부처님의 생애 편찬위원회, 《부처님의 생애》, 조계종출판사, 2010.
- 도미니크 엔라이트, 《위트의 리더 윈스턴 처칠》, 한스컨텐츠, 2007.
- 류동호, 《땅에서 넘어진 자 땅을 딛고 일어나라》, 우리출판사, 1996.
- 마이클 레딘, 《마키아벨리로부터 배우는 리더십》, 리치북스, 2000.
- 무비, 《화엄경 강의》, 불광출판사, 1997.
- 민승규·김은환, 〈경영과 동양적 사고〉, 삼성경제연구소, 1996.
- 박일봉, 《손자병법》, 육문사, 2011.
- _____, 《채근담》, 육문사, 1988.
- 법륜, 《알기 쉬운 반야심경》, 중앙불교교육원출판부, 1991.
- 법정, 《그물에 걸리지 않는 바람처럼》, 샘터, 2002.
- _____, 《밖에서 찾지 말라》, 불일출판사, 1991.
- _____, 《숫타니파타》, 샘터, 1991.
- _____, 《새들이 떠나간 숲은 적막하나》, 샘터, 2000.
- 법정·류시화, 《살아 있는 것은 다 행복하라》, 위즈덤하우스, 2006.
- 사마천, 《사기세가》, 민음사, 2015.
- _____, 《사기 열전 세트(1-2권)》, 민음사, 2020.

- 스티븐 맨스필드, 《윈스턴처칠의 리더십》, 청우, 2003.
- 실리아 샌디스·조나단 리트만, 《우리는 결코 실패하지 않는다》, 한스미디어, 2004.
- 오긍, 《정관정요》, 글항아리, 2017.
- 유광렬, 《세계의 인간상 6》, 신구문화사, 1972.
- 유필화, 《가격정책론》, 박영사, 1998.
- _____, 《기업문화가 회사를 말한다》, 한언, 2002.
- _____, 《무엇을 버릴 것인가》, 비즈니스북스, 2016.
- _____, 《부처에게서 배우는 경영의 지혜》, 한언, 1997.
- _____, 《사랑은 사람이 아닙니다》, 교보문고, 2006.
- _____, 《승자의 공부》, 흐름출판, 2017.
- _____, 《시장전략과 경쟁우위》, 박영사, 1997.
- _____, 《역사에서 리더를 만나다》, 흐름출판, 2010.
- _____, 《위대한 패배자들》, 흐름출판, 2021.
- _____, 《CEO, 고전에서 답을 찾다》, 흐름출판, 2007.
- 유필화·김용준·한상만, 《현대마케팅론》, 박영사, 2019.
- 유필화·헤르만 지몬, 《아니다, 성장은 가능하다》, 흐름출판, 2013.
- _____, 《유필화와 헤르만 지몬의 경영담론》, 오래, 2010.
- 유필화·헤르만 지몬·마틴 파스나하트, 《가격관리론》, 박영사, 2012.
- 윤석철, 《프린시피아 매네지멘타》, 경문사, 1997.
- 이나모리 가즈오, 《이나모리 가즈오에게 경영을 묻다》, 비즈니스북스, 2009.
- _____, 《카르마 경영》, 서돌, 2005.
- 이선호, 《이순신의 리더십》, 팔복원, 2006.
- 이이화, 《이이화의 명승열전》, 불광출판사, 2019.
- 임원빈, 《이순신 승리의 리더십》, 한국경제신문, 2008.
- 중앙M&B 편집부, 《호암의 경영철학》, 중앙M&B, 1988.
- 지눌, 《보조국사전서》, 고려원, 1987.
- 한용운, 《불교대전》, 현암사, 1980.
- 헤르만 지몬, 《생각하는 경영 비전있는 기업》, 매일경제신문사, 1995.
- 홍하상, 《이병철 경영대전》, 바다출판사, 2004.

- _____, 《이병철 VS 정주영》, 한국경제신문사, 2004.
- 伊丹敬之, 《新·経営戦略の論理》, 日本経済新聞社, 1984.
- 井上信一, 《佛教経営学入門》, ごま書房, 1993.
- 稲葉襄, 《佛教と経営》, 中央経済社, 1994.
- 稲盛和夫, 《成功への情熱》, PHP研究所, 1999.
- 稲盛和夫·梅原猛, 《哲学への回歸》, PHP研究所, 1995.
- 小前亮, 《中國皇帝伝》, 講談社文庫, 2012.
- 坂本力信, 《佛教に学ぶ経営の秘訣》, ソ·テック社, 1991.
- ダイヤモンド·ハーバード·ビジネス編集部, 《未來創造企業の絶對優位戦略》, ダイヤモンド社, 1995.
- 鹽野七生, 《ローマ人の物語 I:ローマは一日にしてならず》, 新潮社, 1992.
- _____, 《ローマ人の物語 II:ハンニバル戦記》, 新潮社, 1993.
- _____, 《ローマ人の物語 III:勝者の混迷》, 新潮社, 1994.
- _____, 《ローマ人の物語 IV:ユリウス·カエサルルビコン以前》, 新潮社, 1995.
- _____, 《ローマ人の物語 V:ユリウス·カエサルルビコン以後》, 新潮社, 1996.
- _____, 《ギリシア人の物語 I》, 新潮社, 2015.
- 松村寧雄, 《新経営戦略「MY法」の奇跡》, 講談社, 1988.
- _____, 《佛教システムを活かす経営計畫の實踐》, ソ·テック社, 1994.
- 守屋淳, 《最高の戦略教科書 孫子》, 日本経済新聞出版社, 2014.
- _____, 《中國古典の人間学》, プレジデント社, 1984.
- _____, 《中國古典の名言録》, プレジデント社, 1987.
- _____, 《帝王学の知惠》, 三笠書房, 1988.
- _____, 《続·中國古典の人間学》, プレジデント社, 1989.
- _____, 《論語の人間学》, プレジデント社, 1989.
- _____, 《中國古典の家訓集》, プレジデント社, 1990.
- _____, 《韓非子の人間学》, プレジデント社, 1991.
- _____, 《十八史略の人物列伝》, プレジデント社, 1992.
- _____, 《中國宰相列伝》, プレジデント社, 1993.
- _____, 《中國古典人生の知慧》, PHP研究所, 1994.

- _____,《中國皇帝列伝》, PHP文庫, 2006.
- _____,《中國武將列伝》, PHP文庫, 2007.
- _____,《中國古典 一日一話》, 三笠書房, 2007.
- _____,《老子の人間学》, プレジデント社, 2007.
- _____,《莊子の人間学》, 一経BP社, 2009.
- _____,《諸葛孔明の兵法》, 德間書店, 2010.
- _____,《中國名參謀の心得》, ダイヤモンド社, 2010.
- _____,《人を惹きつけるリーダーの条件》, 日経ビジネス文庫, 2010.
- _____,《史記 人間関係力の教科書》, ダイヤモンド社, 2010.
- _____,《帝王学の教科書》, ダイヤモンド社, 2010.
- _____,《男の器量 男の値打ち》, KKロングセラーズ, 2011.
- _____,《リーダーのための中國古典》, 日経ビジネス文庫, 2011.
- _____,《中國古典の教之》, フォレスト出版, 2012.
- _____,《中國古典 一日一言》, PHP文庫, 2014.
- _____,《兵法 三十六計》, 三笠書房, 2014.
- _____,《孫子の兵法》, 産業能率大学出版部, 2014.
- _____,《孫子の兵法》, 三笠書房, 2014.
- _____,《孫子の兵法がわかる本》, 三笠書房, 2014.
- _____,《世界最高の處世術 菜根譚》, SB Creative, 2015.
- 守屋洋・守屋淳,《全訳 武経七書(全3巻)》, プレジデント社, 2014.
- 姚磊,《諸葛孔明 人間力を伸ばす7つの教え》, 日本能率協会マネジメントセンター, 2005.
- 吉武孝祐,《佛教による経営革新》, ソ-テック社, 1987.
- Anne Fulda, *Femmes d'Etat - L'art du pouvoir*, Éditions de l'Observatoire, 2023.
- Appleman, R. E., *Disaster in Korea*, Texas A&M University Press, 1989.
- _____, *Ridgway Duels for Korea*, Texas A&M University Press, 1989.
- Brunken, Ingmar S., *Die 6 Meister der Strategie*, Ullstein Buchverlag GmbH, 2005.
- Caesar, Julius, *The Gallic War*, Harvard University Press, 2004.
- Chandler, Alfred D., *The Enduring Logic of Industrial Success*, Harvard Business Review, March-April, pp. 130-140, 1990.

- Christensen, C. M., *The Innovator's Dilemma*, Harvard Business School Press, 1997.
- Carl von Clausewitz, *On War*, Princeton University Press, 1976.
- _____, *Vom Kriege*, Dümmlers Verlag, 1980.
- Craig, Gordon A., *Germany 1866-1945*, Oxford University Press, 1978.
- Cumings, B., *The Origins of the Korean War, vol 1: The Roaring of the Cataract, 1947-1950*, Princeton University Press, 1990.
- Drucker, Peter F., *The Effective Executive*, Harper & Row, 1967.
- _____, *The Practice of Management*, Charles E. Tuttle Company, 1972.
- _____, *Adventures of a Bystander*, John Wiley & Son, 1994.
- _____, *Managing in a Time of Great Change*, Truman Talley Books/Dutton, 1995.
- _____, *Management Challenges for the 21st Century*, Butterworth-Heinemann, 1999.
- _____, *Managing in the Next Society*, Truman Talley Books, 2002.
- Freund, Michael, *Deutsche Geschichte*, Bertelsmann GmbH, 1985.
- George, Bill, *True North*, Jossey-Bass, 2007.
- Hanson, Victor Davis, *The Savior Generals*, BLOOMSBURY PRESS, 2013.
- Herf, Jeffrey, *Divided Memory: The Nazi Past in the Two Germanys*, Harvard University Press, 1987.
- Herodotus, *The Histories*, Allen Lane, 2013.
- Kennedy, Paul, *The Rise and Fall of The Great Powers*, Random House, 1987.
- Kissinger, Henry, *World Order*, Penguin Press, 2014.
- Kissinger, Henry, *Leadership: Six Studies in World Strategy*, Penguin Press, 2022.
- Levitt, Theodore, *Marketing Myopia*, Harvard Business Review, July-August, 1960.
- Machiavelli, Niccolo, *Der Furst*, Alfred Kroner Verlag, 1978.
- _____, *The Prince*, Penguin Books, 1983.
- Millett, A., *The War for Korea, 1950-1951: they came from the north*, University Press of Kansas, 2010.
- Mommsen, Wilhelm, *Bismarck*, Rowohlt Verlag GmbH, 1966.
- Nalebuff, Barry J.·Brandenburger, Adam M., *Coopetition*, Harper Collins Business, 1996.

- Pfeffer, Jeffrey, *Competitive Advantage through People*, Harvard Business School Press, 1994.
- Plato, *The Collected Dialogues of Plato, including the Letters*, Princeton University Press, 1982.
- Pleticha, Heinrich, *Geteiltes Deutschland: Nach 1945*, Lexikon Verlag, 1986.
- Plutarch, *The Lives of the Noble Grecians*, University of Chicago Press, 1971.
- Porter, M, *Competitive Strategy*, The Free Press, 1980.
- _____, *Competitive Advantage*, The Free Press, 1985.
- Rees, D., *Korea: The limited war*, St Martin's Press, 1964.
- Reischauer, Edwin O., *Japan: The Story of a Nation*, Alfred A. Knopf, 1994.
- Ridgway, M. B., *The Korean War*, Da Capo Press, 1967.
- Roe, P. C., *The dragon strikes: China and the Korean war, June-December 1950*, Presidio Press, 2000.
- Schneider, Wolf, *Große Verlierer*, Rowohlt Verlag GmbH, 2004.
- Schulze, Hagen, *Kleine Deutsche Geschichte*, C. H. Beck, 1998.
- Seneca, Lucius A., *Vom Gluckseligen Leben*, Alfred Kroner Verlag, 1978.
- Simon, H., *Price Management*, North-Holland, 1989a.
- _____, *Die Zeit als strategischer Erfolgsfaktor*, Zeitschrift für Betriebswirtschaft, 59(1), pp. 70-93, 1989b.
- Simon, Hermann, *Unternehmenskultur-Modeerscheinung oder mehr?*, in Hermann Simon (Hrsg.), Herausforderung Unternehmenskultur, Schaffer-Poeschel Verlag, 1990.
- _____, *Simon für Manager*, ECON Verlag, 1991.
- _____, *Lernoberflache des Unternehmens*, in Hermann Simon und Karlheinz Schwuchow (Hrsg.), Managementlernen und Strategie, Schaffer-Poeschel Verlag, 1994.
- _____, *Hidden Champions*, Harvard Business School Press, 1996.
- _____, *Geistreiches für Manager*, Campus Verlag GmbH, 2000a.
- _____, *Führungsherausforderungen im 21. Jahrhundert*, Festvortrag anlässlich der Verleihungen der Jakob-Fugger-Medaille an Reinhard Mohn, 2000b.
- _____, *Think!*, Campus Verlag GmbH, 2004.
- _____, *Hidden Champions des 21. Jahrhunderts*, Campus Verlag, 2007.

- _____, *Hidden Champions. Aufbruch nach Globalia*, Campus Verlag, 2012.
- Simon, Hermann·Fassnachet, Martin, *Preismanagement* (3판), Gabler, 2009.
- _____, *Preismanagement* (4판), Gabler, 2016.
- Soffer, J. M., *General Matthew B. Ridgway: From Progressivism to Reaganism*, Praeger, 1998.
- Spiegel, B., *Führung der eigenen Person*, Vortrag am Universitätsseminar der Wirtschaft, Schloß Gracht, 1988.
- Stephenson, P.R.·W.L. Cron·G.L. Frazier, *Delegating Pricing Authority to the Sales Force: The Effects on Sales and Profit Performance*, Journal of Marketing, 43 (Spring), pp. 21-28, 1979.
- Sun Tzu, *The Art of War*, Oxford University Press, 1982.
- _____, *The Art of War* (translated by Thomas Cleary), Shambhala, 1988.
- Thucydides, *History of the Peloponnesian War*, Penguin Books, 1972.
- Ullrich, Volker, *Otto von Bismarck*, Rowohlt Verlag GmbH, 1998.
- Weber, Max, *Die protestantische Ethik und der Geist des Kapitalismus*, Gütersloher Verlagshaus Mohn, 1981.
- Weintraub, S., *How to remember the forgotten war: The Korean conflict erupted fifty years ago this June*, American Heritage, 2000.
- Whelan, R., *Drawing the line: The Korean War, 1950-1953*, Little, Brown, 1990.
- Whitfield, Stephen J., *The Culture of the Cold War*, Johns Hopkins University Press, 1991.
- Winkler, H.A., *Zerreißproben*, C. H. Beck, 2015.
- _____, *Geschichte des Westens: Vom Kalten Krieg zum Mauerfall*, C. H. Beck, 2015.
- _____, *Geschichte des Westens: Die Zeit der Weltkriege*, C. H. Beck, 2016.
- _____, *Geschichte des Westens: Die Zeit der Gegenwart*, C. H. Beck, 2016.
- Williams, Charles, *Adenauer: The Father of the New Germany*, Wiley, 2000.
- Wolfrum, Edgar, *Die geglückte Demokratie*, Pantheon, 2007.
- Yoo, P.H.·R.J. Dolan·V.K. Rangan, *Dynamic Pricing Strategy for New Consumer Durables*, Zeitschrift für Betriebswirtschaft, 57(Oktober), pp. 1024-1043, 1987.
- Zelikow, Philip·Rice, Condoleezza, *Germany Unified and Europe Transformed*, Harvard University Press, 1995.

세상을 바꾼 결단의 리더들

2025년 12월 24일 초판 1쇄 발행

지은이 유필화
펴낸이 이원주

책임편집 류지혜, 박인애 **디자인** 정은예
기획개발실 강소라, 김유경, 강동욱, 고정용, 이채은, 최연서
마케팅실 양근모, 권금숙, 양봉호 **온라인홍보팀** 신하은, 현나래, 최혜빈
디자인실 진미나, 윤민지 **디지털콘텐츠팀** 최은정 **해외기획팀** 우정민, 배혜림, 정혜인
경영지원실 강신우, 김현우, 이윤재 **제작실** 이진영
펴낸곳 (주)쌤앤파커스 **출판신고** 2006년 9월 25일 제406-2006-000210호
주소 서울시 마포구 월드컵북로 396 누리꿈스퀘어 비즈니스타워 18층
전화 02-6712-9800 **팩스** 02-6712-9810 **이메일** info@smpk.kr

ⓒ 유필화(저작권자와 맺은 특약에 따라 검인을 생략합니다)
ISBN 979-11-24070-30-7(03320)

- 이 책은 저작권법에 따라 보호받는 저작물이므로 무단전재와 무단복제를 금지하며, 이 책 내용의 전부 또는 일부를 이용하려면 반드시 저작권자와 (주)쌤앤파커스의 서면동의를 받아야 합니다.
- 잘못된 책은 구입하신 서점에서 바꿔드립니다.
- 책값은 뒤표지에 있습니다.

쌤앤파커스(Sam&Parkers)는 독자 여러분의 책에 관한 아이디어와 원고 투고를 설레는 마음으로 기다리고 있습니다. 책으로 엮기를 원하는 아이디어가 있으신 분은 이메일 book@smpk.kr로 간단한 개요와 취지, 연락처 등을 보내주세요. 머뭇거리지 말고 문을 두드리세요. 길이 열립니다.